上海市中小企业改制上市

操作手册

（2015）

上海市中小企业上市促进中心　主编

上海交通大學出版社
SHANGHAI JIAO TONG UNIVERSITY PRESS

内容提要

企业的发展离不开完善的资本市场支持，上市是企业应对挑战、抢占先机的最优选择，也是企业突破自我、跨越式发展的客观要求。而改制正是上市的起点，更是上市的前提和基础。改制之初，企业的股东要有充分的物质准备和心理准备，统筹设计、精心组织，做好成本、风险及决策评估，选择确定一条操作性强、风险小、效率高、代价低的最优路径。改制上市考验着企业实际控制人及公司决策层和经营管理层的勇气和决心，更是一场智慧和实力的考量。

我们根据资本市场的最新动态，编制了《上海市中小企业改制上市操作手册(2015)》，希望此书能够对处于改制阶段或正在为改制而犹豫和彷徨的中小企业有所裨益和帮助。本书共分10章，重点围绕中小企业改制的基础知识、法律和财税处理原则、公司治理架构构建、改制重组操作流程以及市区扶持政策等内容进行介绍，并收录了部分企业改制过程的现实案例。

本书可供中小企业管理者阅读。

图书在版编目(CIP)数据

上海市中小企业改制上市操作手册. 2015/上海市中小企业上市促进中心主编. —上海：上海交通大学出版社，2015
ISBN 978-7-313-13814-9

Ⅰ.①上…　Ⅱ.①上…　Ⅲ.①中小企业—上市公司—上海市—手册
Ⅳ.①F279.275.1-62

中国版本图书馆 CIP 数据核字(2015)第 229623 号

上海市中小企业改制上市操作手册(2015)

主　　编：上海市中小企业上市促进中心
出版发行：上海交通大学出版社
地　　址：上海市番禺路 951 号
邮政编码：200030
电　　话：021-64071208
出 版 人：韩建民
印　　制：上海宝山译文印刷厂
经　　销：全国新华书店
开　　本：787mm×1092mm　1/16
印　　张：15
字　　数：288 千字
版　　次：2015 年 10 月第 1 版
印　　次：2015 年 10 月第 1 次印刷
书　　号：ISBN 978-7-313-13814-9/F
定　　价：68.00 元

前言 *Preface*

从1990年上海证券交易所第一记开市锣声敲响，中国资本市场仅用20多年时间就完成了从懵懂幼稚到日臻成熟的过渡，迅速成长为全球规模最大的新兴市场。资本市场的发展为各类经济成份，尤其是民营经济和中小企业，提供了产业与资本充分结合的平台，为众多怀揣梦想、锐意进取的企业家创造了施展才干、实现梦想的舞台。

2007年，上海市经济信息化委、市科委、市金融办和上海证监局等四部门启动了上海中小企业改制上市培育工程；2010年，全市16个委办局联合出台了《关于推进本市中小企业上市工作的实施意见》；2011年，市中小企业发展专项资金中设立了改制上市培育项目；2012年，上海股权托管交易中心正式成立、上海市中小企业上市促进中心挂牌等，一系列举措彰显出上海市委、市政府对本市中小企业改制上市工作的重视。在各方共同努力下，截至2014年底共推动本市107家中小企业在境内、外资本市场上市，累计募集资金750.33亿元。其中有66家中小企业在沪深交易所上市，30家在美国上市，11家在香港上市，分别募集资金422.64亿元、46.02亿美元、87.61亿港元。此外，本市另有358家企业分别在“全国中小企业股份转让系统”和“上海股权托管交易中心”挂牌。

企业的发展在于科技创新和资本支持，健康而活跃的资本市场更是企业获得外部资本的源泉。在“大众创业、万众创新”和上海要建设成为“最有全球影响力的科创中心”的背景下，一大批战略新兴企业如雨后春笋般涌现出来。这些企业若能利用好资本市场，实现跨越式发展，占得先机，成为行业标杆，为“中国制造2025”打下扎实基础具有重大意义。企业若需登陆资本市场，股份制改造恰是上市的前提和基础。改制之初，企业的股东要有充分的物质准备和心理准备，统筹设计、精心组织，做好成本、风险及决策评估，选择确定一条操作性强、风险小、效率高、代价低的最优路径。改制上市考验着企业实际控制人及公司决策层和经营管理层的勇气和决心，更是一场智慧和实力的考量。

作为上海推进中小企业改制培育工作的牵头单位，我们深感责任重大。近年来，在加大改制推进力度、深化改制培育机制、落实改制扶持政策的同时，我们也在着力加强与企业改制相关的宣传和培训。多年来，我们已组织各种形式的培训活动超过数十(期)场，参加接受培训的拟上市企业达到近2 000家次。培训内容重点针对企业改制过程中可能涉及的要点问题和关键环节予以指导和提示。2011年，在业界专家和专业机构的帮助支持下，我们编撰了《上海市中小企业改制指南》，作为每期培训的必备教材，也面向全市中小企业免费发放。《上海市中小企业改制指南》以聚焦改制上市实务操作和政策、办事查询为特色，深受读者的青睐与广泛好评。2013年经过修订，该书正式更名为《上海市中小企业改制上市操作手册》，此后每年根据资本市场的最新动态，我们会对该书进行更新、归纳、整理和充实。今年我们根据企业并购重组浪潮的兴起、场外市场"新三板"的扩容、海外市场股权融资等热点和政策变化修订推出了《上海市中小企业改制上市操作手册(2015)》，希望此书能够对处于改制阶段或正在为改制而犹豫和彷徨的中小企业有所裨益和帮助。

本书的编撰工作得到了上海证券交易所、深圳证券交易所、金茂凯德律师事务所、广发律师事务所、天健会计师事务所(特殊普通合伙)、立信资产评估公司和招商银行股份有限公司等单位的鼎力支持。本书的相关章节及内容分别由金茂凯德律师事务所李志强一级律师、王向前律师、张摩西律师和周亮律师，广发律师事务所赵叶青律师，天健会计师事务所(特殊普通合伙)顾洪涛和周立新，立信资产评估公司张美灵和招商银行陈刚执笔，在此深表感谢。市中小企业上市促进中心陈峰负责选题策划、组织讨论、文稿编辑和审定，市经济信息化委副主任傅新华、市中小企业办主任郑晓东、市中小企业上市促进中心副主任顾月明对本书的总体策划和最终定稿进行了审查指导。在此，谨对所有参与本书编撰、提供支持和帮助的单位和个人表示衷心的感谢！

尽管我们对本书进行了修订完善，尽最大的努力来帮助中小企业改制上市，但是现实中每个企业都不可避免地面临着一些个性化问题。我们希望您能通过阅读本书获得收益与帮助，也期待着能够与您交流，在此诚请社会各界能给本书提供宝贵的意见和建议，也预祝有志的中小企业早日改制上市！(联系方式：ssmessme@163.com)

编　者

2015年9月

目录 Contents

第五章　改制操作实务

第六章　股份公司的成立及规范运作

第七章　企业并购与重组

第八章　政府部门办事流程

第九章 IPO审核重点及失败案例

第十章 附 录

第一章
资本市场概要

第一章 资本市场概要

第一节 我国资本市场建设概要

近年来我国多层次资本市场不断发展壮大，多层次资本市场体系不断完善，不仅有效地拓宽了广大中小企业的融资渠道，充分发挥了市场配置资源的基础性作用，同时也有力地支持了我国实体经济又好又快发展。2014 年 3 月 25 日，国务院总理李克强主持召开国务院常务会议部署进一步促进资本市场健康发展。会议指出，要依靠改革创新，坚持市场化和法治化方向，健全多层次资本市场体系。健全多层次资本市场体系，有利于拓宽企业和居民投融资渠道，促进实体经济发展，对优化融资结构、提高直接融资比重、完善现代企业制度和公司治理结构、防范金融风险具有重要意义。

主板、中小企业板、创业板和场外市场是我国多层次资本市场建设的四个重要组成部分，由于服务对象的不同，各层次市场在发行标准、制度设计、风险特征、估值水平等方面都有所区别。

1. 主板(含中小企业板)

目前上海和深圳两个证券市场都是主板，中小企业板是主板的一部分。两地发行条件相同，在定位上，上交所主要面向经营相对稳定、盈利能力较强的大型成熟企业，深交所中小企业板主要面向进入成熟期但规模较主板小的中小企业。

2014 年 3 月 27 日，中国证监会发布《发行监管问答——首发企业上市地选择和申报时间把握等》，明确首发企业可以根据自身意愿，在沪深市场之间自主选择上市地，不与企业公开发行股数多少挂钩，中国证监会审核部门将按照沪深交易所均衡的原则开展首发审核工作。根据上述问答，审核部门取消了原有沪深交易所关于企业上市股本限制的做法，并对具备条件进入后续审核环节的企业，按受理顺序顺次安排审核进程。

根据上交所股票上市规则，公司发行后股本总额不少于人民币 5 000 万元。换言之，公司上市前股本大于 3 750 万股、首次公开发行大于 1 250 万股的公司即可申请在上交所上市。截至目前已在上交所上市的公司中，发行股本数量最小的仅为 1 500 万股。可见，中小企业已经可以在沪深两个市场之间自由选择上市地。

2. 创业板

创业板于2009年10月正式推出，主要目的是促进自主创新企业及成长型创业企业的发展。从发行条件上来看，创业板公司应是具备一定的盈利基础、拥有一定的资产规模且需存续一定期限、具有较高成长性的企业。

3. 场外市场

(1) 全国中小企业股份转让系统(以下简称"新三板")。2013年1月16日，新三板正式揭牌运营，是经国务院批准设立的全国性证券交易场所。"正式揭牌运营后，全国性场外市场的运作平台将由证券业协会自律管理的证券公司代办股份转让系统转为国务院批准设立的全国中小企业股份转让系统有限公司；挂牌公司的准入和持续监管将纳入证监会非上市公众公司监管范围；市场运行制度将由证券业协会发布的试点办法转为全国中小企业股份转让系统业务规则。"自2006年1月中关村科技园区非上市股份有限公司股份报价转让试点工作启动起，截至2014年12月31日，该系统下共有1 572家挂牌公司。新三板的揭牌运营，标志着全国场外市场建设翻开了新的一页，也是全国场外市场建设从试点走向规范运行的重要转折，更是加快我国多层次资本市场建设与发展的重要举措。

(2) 股权托管交易市场。2011年11月，国务院下发了《关于清理整顿各类交易场所切实防范金融风险的决定》(国发〔2011〕38号)，同意建立由证监会牵头的清理整顿各类交易场所部际联席会议制度，拟建立全国统一规范的场外交易市场，提出了"顶层设计"概念，形成以新三板市场为主、券商自建柜台交易市场(OTC)并行、各地股权交易所为辅的多层次交易市场。目前全国股权托管交易中心有淄博齐鲁股权托管交易中心、武汉股权托管交易中心、上海股权托管交易中心、浙江股权交易中心等。

第二节　主板、中小板市场

● 上交所蓝筹股主板

上交所已初步形成以大型蓝筹企业为主、大中型企业共同发展的蓝筹股主板市场。首先，蓝筹股主板市场的本意是强板和重要之板，而并不是传统概念上的"大"板。截至2014年12月31日，上海市场中市值超过千亿元的上市公司有45家，约占沪市上市公司的4.46%；市值100亿～1 000亿元之间为285家，约占沪市上市公司的28.27%；市值50亿～100亿元之间为451家，约占44.74%；而50亿元以下的公司约占22.53%。可见，上交所的蓝筹股市场不仅有市值过千亿元的大型蓝筹企业，更有大批业绩稳定、盈利能力强、行业地位高、处于快速成长阶段或初期阶段的中型新型蓝筹企业。

其次，在上交所上市的蓝筹企业中，不仅包括国民经济支柱企业，也包括细分市场的龙头企业、优秀民营企业、国家扶持的战略新兴行业企业。上交所上市公司涵盖了国民经济的主要行业，既包括金融、石油化工、消费、煤炭等传统行业，也包括信息技术、生物医药、文化传媒、新能源、节能环保、高端装备制造等新兴行业。

中小企业板发展情况

中小企业板于 2004 年 6 月 25 日正式推出，至今已 10 余年(其中 2005 年下半年因配合沪深股市实施股权分置改革，暂停发行上市，2006 年 6 月，中小企业板 IPO 重启)。在这短短几年中，全国各地优秀中小民营企业纷纷踏上这一新的直接融资平台。截至 2014 年 12 月 31 日，中小企业板上市公司达 732 家，总发行股本 347 059 190 594 股，总流通股本 255 204 958 229 股，平均市盈率 41.06 倍。

中小企业板上市公司具有高股价、高市盈率、高换手率的“三高”特征。

主板(中小企业板)的功能定位及对发行人的基本要求

主板(中小企业板)主要服务于即将或已进入成熟期、盈利能力强的中小企业。对发行人的基本要求包括：

(1) 主体资格。依法设立且合法存续的股份有限公司。自股份有限公司成立后，持续经营时间应当在 3 年以上，但经国务院批准的除外；有限责任公司按原账面净资产值折股整体变更为股份有限公司的，持续经营时间可以从有限责任公司成立之日起计算。

(2) 财务指标。最近 3 个会计年度的累计净利润超过 3 000 万元人民币(净利润以扣除非经常性损益前后较低者为计算依据)；最近 3 个会计年度经营活动产生的现金流净额累计超过 5 000 万元人民币或最近 3 个会计年度累计营业收入超过 3 亿元人民币；最近一期无形资产(扣除土地使用权、水面养殖权和采矿权等后)占净资产的比例不超过 20%；最近 3 个会计年度的财务报告中无虚假记载。

(3) 独立性。应具有完整的业务体系和直接面向市场独立经营的能力；资产应当完整；人员、财务、机构以及业务必须独立。

(4) 同业竞争。与控股股东、实际控制人及其控制的其他企业间不得有同业竞争；募集资金投资项目实施后，也不会产生同业竞争。

(5) 关联交易。与控股股东、实际控制人及其控制的其他企业间不得有显失公平的关联交易。应完整披露关联方关系并按重要性原则恰当披露关联交易；关联交易价格公允，不存在通过关联交易操纵利润的情形。

(6) 股本及公众持股。发行前股本总额不少于人民币 3 000 万元；上市股份公司股本总额不低于人民币 5 000 万元；公众持股至少为 25%；如果发行时股份总额超过人民币 4 亿元，发行比例可以降低，但不得低于 10%；企业的股权清晰，控股股东和受控股股东、实际控制人支配的股东持有的企业股份不存在重大权属纠纷。

(7) 公司治理。企业已经依法建立健全股东大会、董事会、监事会、独立董事、董事会秘书制度，相关机构和人员能够依法履行职责；企业董事、监事和高级管理人员符合法律、行政法规和规章规定的任职资格；企业的董事、监事和高级管理人员已经了解与股票发行上市有关的法律法规，知悉上市公司及其董事、监事和高级管理人员的法定义务和责任；内部控制制度健全且被有效执行，能够合理保证财务报告的可靠性，生产经营的合法性，营运的效率与效果。

（8）其他要求。企业最近3年内主营业务和董事、高级管理人员没有发生重大变化，实际控制人没有发生变更；企业的注册资本已足额缴纳，发起人或者股东用作出资的资产的财产权转移手续已办理完毕，企业的主要资产不存在重大权属纠纷；企业的生产经营符合法律、行政法规和公司章程的规定，符合国家产业政策；最近3年内不得有重大违法行为。

● 中小企业板行业分布情况

截至2014年12月31日，中小企业板732家上市公司的行业分布如表1.1所示。

表1.1 中小企业板行业分布情况

行业名称	股票数（只）	总股本（万股）	总市值（亿元）
农林牧渔	14	827 290.54	978.08
采矿业	6	384 404.08	426.66
制造业	588	25 393 531.71	37 512.34
水电煤气	4	238 687.79	278.80
建筑业	24	1 548 904.49	1 966.31
批发零售	20	1 621 380.34	1 982.30
运输仓储	8	20 409.094	262.69
住宿餐饮	2	110 846.40	107.48
信息技术	32	1 334 748.43	3 052.07
金融业	4	1 516 855.36	2 196.71
房地产	9	710 078.27	751.00
商务服务	7	396 388.01	752.38
科研服务	5	139 911.22	197.73
公共环保	7	205 688.49	436.93
文化传播	2	7 311.30	156.71
总计	732	34 705 919.06	51 058.20

案例:思源电气在中小企业板成功上市并再融资

上海思源电气股份有限公司(以下简称“思源电气”)成立于1993年12月,2004年8月5日在中小企业板成功上市,是较早在中小企业板上市的企业。借助资本市场,思源电气已成为国内知名的专业研发和生产输配电及控制设备的高新技术企业,也是电力设备制造与服务业中发展最快的上市公司之一。

思源电气2004年8月5日上市时,发行价格为16.45元/股,总股本为5 300万股,可流通股本为1 340万股。2005年实施股权分置改革后,所有股份均为流通股,其中,无限售条件的股份为3 484万股,占公司总股本的32.87%,有限售条件的股份为7 116万股,占公司总股本的67.13%。公司于2007年先以非公开发行的方式增发850万股人民币普通股,实际募集资金4.023亿元;后又以资本公积金转增股本的方式,向全体股东每10股转增5股,共转增5 725万股,总股本由11 450万股增加至17 175万股。公司于2008年以资本公积金转增股本的方式,向全体股东每10股转增6股,共转增10 305万股,总股本由17 175万股增加至27 480万股。公司于2009年再一次以资本公积金向全体股东每10股转增6股,共转增16 488万股,至此公司总股本增至43 968万股。

思源电气的发展历程印证了一家中小企业上市后,从5 300万股本起步,逐步发展壮大,增至如今43 968万股的历程。公司多次分红也给股东带来了丰厚的利益。

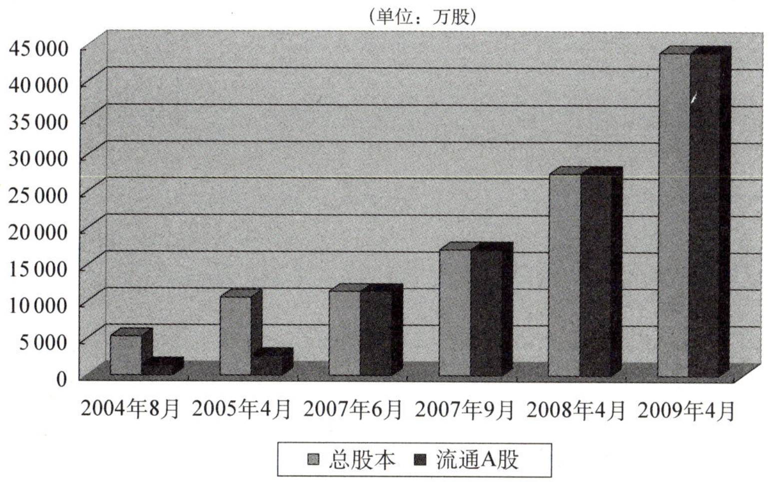

图1.1 思源电气股本变更情况

表 1.2 中小企业板市价总值最大的 20 家上市公司(截至 2014 年 12 月 31 日)

名次	证券简称	总市值(亿元)	总股本(股)
1	海康威视	898.43	4 069 128 026
2	洋河股份	850.91	1 076 420 000
3	国信证券	833.12	8 200 000 000
4	比亚迪	814.59	2 476 000 000
5	苏宁云商	664.47	7 383 043 150
6	上海莱士	615.86	1 365 241 810
7	宁波银行	511.20	3 249 828 401
8	西部证券	449.40	1 200 000 000
9	山西证券	403.00	2 518 725 153
10	歌尔声学	374.43	1 526 430 119
11	金风科技	357.66	2 694 588 000
12	荣盛发展	300.97	1 898 135 393
13	金螳螂	296.05	1 762 205 793
14	杰瑞股份	293.44	959 884 486
15	康得新	275.40	951 885 976
16	东华软件	271.30	1 520 458 828
17	大华股份	256.87	1 170 270 750
18	信立泰	231.76	653 760 000
19	立讯精密	230.28	831 931 887
20	森马服饰	222.78	670 000 000

第三节 创业板市场

创业板发展情况

创业板自 2009 年正式启动以来，截至 2014 年 12 月 31 日，上市公司共 406 家，总发行股本达到 1 077.26 亿股，总流通股本达到 687.69 亿股，平均市盈率为 64.51 倍。创业板上市公司市价总值为人民币 21 850.95 亿元，创业板上市公司流通市值为人民币 13 072.90 亿元。

与中小企业板上市公司进行对比，创业板上市公司规模通常较小。中小企业板公司上市时流通股本多集中在 2 500 万股至 5 000 万股之间，而创业板公司上市时的流通股本多集中在 1 300 万股至 3 500 万股之间。同时，相较于中小企业板，创业板上市公司的市盈率更高。

● 创业板的功能定位及对发行人的基本要求

创业板以自主创新企业及其他成长型创业企业为服务对象，这些企业的成长性特点突出，已具备一定的规模和盈利能力，在技术创新、经营模式创新等方面非常活跃。发行人的基本要求包括：

(1) 主体资格。依法设立且持续经营 3 年以上的股份有限公司。有限责任公司按原账面净资产值折股整体变更为股份有限公司的，持续经营时间可以从有限责任公司成立之日起计算。

(2) 财务指标。最近 2 个会计年度连续盈利，最近 2 个会计年度净利润累计不少于 1 000 万元，且持续增长；或者最近一个会计年度盈利，且净利润不少于 500 万元，最近一个会计年度营业收入不少于 5 000 万元，最近 2 个会计年度营业收入增长率均不低于 30%。净利润以扣除非经常性损益前后孰低者为计算依据。最近一期末净资产不少于 2 000 万元，且不存在未弥补亏损。

(3) 独立性。资产完整，业务及人员、财务、机构独立，具有完整的业务体系和直接面向市场独立经营的能力。

(4) 同业竞争。与控股股东、实际控制人及其控制的其他企业间不存在同业竞争，募集资金投资项目实施后，也不会产生同业竞争。

(5) 关联交易。与控股股东、实际控制人及其控制的其他企业间不得有严重影响公司独立性或者显失公允的关联交易；应完整披露关联方关系并按重要性原则恰当披露关联交易；关联交易价格公允，不存在通过关联交易操纵利润的情形。

(6) 股本及公众持股。最近一期末净资产不少于 2 000 万元，且不存在未弥补亏损，发行后股本总额不少于 3 000 万元，企业的股权清晰，控股股东和受控股股东、实际控制人支配的股东所持企业的股份不存在重大权属纠纷。

(7) 公司治理。具有完善的公司治理结构，依法建立健全股东大会、董事会、监事会以及独立董事、董事会秘书、审计委员会制度，相关机构和人员能够依法履行职责，并且公司的董事、监事和高级管理人员符合法律、行政法规和规章规定的任职资格；公司的董事、监事和高级管理人员已经了解与股票发行上市有关的法律法规，知悉上市公司及其董事、监事和高级管理人员的法定义务和责任；内部控制制度健全且被有效执行，能够合理保证财务报告的可靠性、生产经营的合法性、营运的效率与效果。

(8) 具有持续盈利能力。不存在如下情形：经营模式、产品或服务的品种结构已经或者将发生重大变化，并对公司的持续盈利能力构成重大不利影响；行业地位或公司所处行业的经营环境已经或者将发生重大变化，并对公司的持续盈利能力构成重大不利影响；公司在用的商标、专利、专有技术、特许经营权等重要资产或者技术的取得或者使用存在重大不利变化的风险；公司最近一年的营业收入或净利润对关联方或者有重大不确定性的客户存在重大依赖；公司最近一年的净利润主要来自合并财务报表范围以外的投资收益；其他可能对公司持续盈利能力构成重大不利影响的情形。

(9) 其他要求。最近3年内主营业务和董事、高级管理人员没有发生重大变化，实际控制人没有发生变更；企业的注册资本已足额缴纳，发起人或者股东用作出资的资产的财产权转移手续已办理完毕，公司的主要资产不存在重大权属纠纷；公司的生产经营符合法律、行政法规和公司章程的规定，符合国家产业政策；最近3年内不得有重大违法行为。

● 创业板保荐机构重点推荐的九大行业和审慎推荐的八大行业

创业板对行业要求较高，2010年3月19日中国证监会发布《关于进一步做好创业板推荐工作的指引》，创业板保荐机构应重点推荐九大行业，须审慎推荐八大行业。

重点推荐的九大行业为：①新能源；②新材料；③信息；④生物与新医药；⑤节能环保；⑥航空航天；⑦海洋；⑧先进制造；⑨高技术服务。

审慎推荐的八大行业为：①纺织和服装；②电力、煤气及水的生产供应等公用事业；③房地产开发与经营、土木工程建筑；④交通运输；⑤酒类、食品、饮料；⑥金融；⑦一般性服务业；⑧国家产业政策明确抑制的产能过剩和重复建设的行业。因此，中小企业应根据自身状况及利益诉求，选择最适合自己的板块上市。

● 创业板行业分布情况

创业板上市公司主要集中于电子信息、生物医药、连锁经营、智力密集型服务、新能源、新材料、节能环保等领域，也出现了一些主板上市公司尚未涉及的新产品，如移动互联、技术检测、文化创意、医疗连锁、农机连锁及新商业模式等。

截至2014年12月31日，创业板上市公司共406家，其行业分布如表1.3所示。

表1.3 创业板行业分布情况

行业名称	股票数(只)	总股本(万股)	总市值(亿元)
农林牧渔	6	132 357.17	138.89
采矿业	4	144 548.36	187.11
制造业	288	7 218 950.03	13 357.03
水电煤气	1	31 627.49	39.50
建筑业	5	178 334.33	330.03
批发零售	3	66 886.75	88.50
运输仓储	3	42 914.10	55.53

（续表）

行业名称	股票数（只）	总股本（万股）	总市值（亿元）
信息技术	71	1 847 268.51	5 001.82
商务服务	3	155 782.61	325.44
科研服务	7	235 636.09	304.34
公共环保	5	17 085.556	556.40
卫生	3	107 491.95	335.56
文化传播	7	439 939.08	1 130.80
总计	406	10 772 591.99	21 850.95

表 1.4　创业板市价总值最大的 20 家上市公司（截至 2014 年 12 月 31 日）

名次	证券简称	总市值（亿元）	总股本（股）
1	碧水源	372.52	1 070 897 205
2	东方财富	338.20	1 209 600 000
3	华谊兄弟	326.37	1 237 643 204
4	乐视网	272.88	841 190 063
5	机器人	257.95	654 852 000
6	光线传媒	239.40	1 012 704 000
7	汇川技术	228.29	782 212 871
8	万达信息	225.06	500 814 121
9	神州泰岳	219.67	1 323 268 087
10	朗玛信息	209.52	112 647 134
11	掌趣科技	205.41	1 297 608 394
12	三环集团	205.40	428 800 000
13	蓝色光标	203.76	964 781 550
14	乐普医疗	193.26	812 000 000
15	爱尔眼科	180.03	653 574 074
16	尔康制药	179.43	454 480 000
17	汤臣倍健	171.08	728 010 940
18	聚龙股份	169.74	549 504 000
19	宋城演艺	168.00	557 775 000
20	华策影视	162.23	646 848 318

案例:创业板企业成功上市并超募资金

上海东富龙科技股份有限公司(以下简称“东富龙”)成立于1993年,是一家以真空冷冻干燥设备研发、生产、销售、服务为一体的规模型生产企业。通过10余年的发展,东富龙品牌凭借高品质的产品和优质的服务,在医药行业内赢得了良好声誉。

2011年1月24日,这家注册资本为人民币8 000万元的公司在创业板公开发行公众股2 000万股,发行价格为人民币86元,发行市盈率高达96.63倍,实际募集资金为人民币15.7亿元,超募人民币11.54亿元,超募比例达398%。由此可见,即使发行股本只有2 000万股,即使规模较小,只要是好企业,只要在某一行业的某一方面做到顶峰,企业也会创造历史和辉煌。

第四节　场外交易市场

● 全国中小企业股份转让系统

全国中小企业股份转让系统(以下简称“新三板”)是我国多层次资本市场的重要组成部分,是经国务院批准设立的全国性的非上市股份有限公司股权交易平台。其服务对象主要针对的是中小企业,其设立目的是解决初创期中小企业的融资及股份转让问题。

自2006年1月中关村科技园区非上市股份有限公司股份报价转让试点工作启动起,截至2014年12月31日,“新三板”下共有1 572家挂牌公司,总发行股本达到658.35亿股,总成交金额达到165.08亿元。“新三板”挂牌企业多属于新能源、新材料、信息技术、生物医药、节能环保、新文化等新兴产业。

与中小企业板、创业板相比,“新三板”没有硬性的财务指标要求,只需要企业业务明确,有2年持续经营记录,具有挂牌周期较短、费用较低、成功率较高的特点。同时,“新三板”挂牌可以不发行新股,在挂牌后再进行定向发行,由企业自行决定是否融资、融资时点和融资对象,且实行主办券商终身督导制度。在“新三板”挂牌给企业带来的机遇主要表现在以下几方面。

1. 增加企业融资渠道

经各方中介机构对“新三板”挂牌企业进行尽职调查,完成改制至挂牌等一系列工作后,挂牌企业的经营运作变得相对规范,信息披露真实、完整,企业信用水平得到有效提升,融资渠道变得多样化。

2. 提供阳光化、规范化的股份转让平台全国性统一市场

“新三板”作为国务院批准的全国统一场外市场,通过市场价格反映公司股份的价值,

一方面使得股东持有股份的价值得到充分反映，另一方面解决了投资者的退出渠道问题。《全国中小企业股份转让业务规则(试行)》及配套文件的出台，对挂牌公司股份公开转让的交易规则作出了规定，通过明确交易方式、规范登记结算制度，提供了规范有序的交易平台。

3. 反映挂牌公司的股份价值

通过在“新三板”挂牌，形成公司股票的市场价格，有利于提升公司股份的估值水平，凸显公司价值。依据目前的交易数据，挂牌公司的平均市盈率在20倍左右(定向增资20.20倍)。

4. 提高公司治理水平，为后续资本运作打下基础

通过在“新三板”挂牌，促使挂牌公司建立完善的法人治理结构和合理的信息披露制度，为公司后续资本运作打下基础。在规范运作方面，挂牌使得进入“新三板”的公司逐渐了解资本市场的运作规则，熟悉资本运作的监管法规，在规范信息披露和公司运营体制等方面不断完善；在上市运作方面，挂牌对公司今后进入创业板、中小板上市起到了热身作用，待公司各方面条件符合相关的要求后，便可申请IPO。

5. 增强宣传效应，提升品牌形象

企业在全国性市场“新三板”中挂牌，拥有独立的股票代码(430XXX)，信息在交易所行情系统中显示，势必吸引众多目光关注，可以很好地宣传企业，提高公司知名度，有利于业务拓展、公司发展，也有利于增强员工凝聚力。

6. 实施股权激励

企业在“新三板”挂牌后，也能像上市公司那样实施股权激励，通过授予管理层、核心技术人员期权、股权的方式引进人才、留住人才，帮助公司持续发展壮大。

7. 园区企业挂牌，政府提供财政补贴

园区企业在“新三板”挂牌，当地政府将对此提供财政补贴，补贴幅度由几十万至几百万不等，这将极大地降低企业的改制成本和挂牌成本。政府补贴力度大的地区，园区企业基本可以实现“零成本”改制和挂牌。

● 全国中小企业股份转让系统的功能定位及对挂牌企业的基本要求

“新三板”适合：①有进入资本市场的意愿但暂不符合主板、中小板或创业板条件的，或虽符合条件但不愿意漫长等待的企业；②已有一定的业务规模，但受资金紧张制约业务规模扩大的企业；③希望借助资本市场力量做大做强、规范经营、为长远发展铺路的企业；④具有创新业务模式、需要借此对外宣传的企业等。

股份有限公司申请股票在“新三板”挂牌，不受股东所有制性质的限制，不限于高新技术企业，应当符合下列条件：

(1) 依法设立且存续满2年。有限责任公司按原账面净资产值折股整体变更为股份有限公司的，存续时间可以从有限责任公司成立之日起计算。

(2) 业务明确，具有持续经营能力。

(3) 公司治理机制健全,合法规范经营。

(4) 股权明晰,股票发行和转让行为合法合规。

(5) 主办券商推荐并持续督导。

(6) 全国股份转让系统公司要求的其他条件。

● 全国中小企业股份转让系统挂牌业务流程

1. 改制

(1) 确定主办券商及其他中介机构,签订服务协议。

(2) 中介机构初步尽职调查,发现、解决问题,确认改制方案。

(3) 设立股份公司。

2. 规范及材料制作

(1) 全面尽职调查,发现解决问题。

(2) 会计师进场审计,出具两年一期审计报告。

(3) 律师进行尽职调查,出具法律意见书。

(4) 制作公开转让说明书等申报材料。

3. 券商内核

(1) 券商内核小组进行审核。

(2) 根据内核意见修改、补充文件。

4. 审核挂牌

(1) 向全国股份转让公司申报材料。

(2) 股转公司审查、反馈意见,券商牵头回复,股转公司同意挂牌,证监会核准(200人以下豁免)公开转让。

● 全国中小企业股份转让系统挂牌企业股票转让方式

2013年2月2日,中国证监会在网站公布《全国中小企业股份转让系统有限责任公司管理暂行办法》(以下简称《暂行办法》),自公布之日起实施。新三板股票转让将采取做市方式、协议方式、竞价方式或证监会批准的其他转让方式。

1. 协议方式

买卖双方在场外自由对接达成协议后,再通过报价系统成交。挂牌股票采取协议转让方式的,全国股份转让系统公司同时提供集合竞价转让安排。

2. 做市方式

挂牌股票采取做市转让方式的,须有2家以上从事做市业务的主办券商(以下简称"做市商")为其提供做市报价服务。

在证券市场上,由具备一定实力和信誉的证券经营法人作为特许交易商,不断地向公众投资者报出某些特定证券的买卖价格(即双向报价),并在该价位上接受公众投资者的买卖要求，以其自有资金和证券与投资者进行证券交易。做市商通过这种不断买卖来维持市场的流动性，满足公众投资者的投资需求。

3. 竞价方式

集中竞价交易是证券交易所内进行证券买卖的一种交易方式。目前，我国上交所、深交所均采用这一交易方式。一般来讲，是指 2 个以上的买方和 2 个以上的卖方通过公开竞价形式来确定证券买卖价格的情形。在这种形式下既有买者之间的竞争，也有卖者之间的竞争，买卖各方都有比较多的人员。集中竞价时，当买者一方中的人员提出的最高价和卖者一方的人员提出的最低价相一致时，证券的交易价格就已确定，其买卖就可成交。

● 全国中小企业股份转让系统挂牌业务成本

与主板、中小板及创业板相比，企业申请在新三板挂牌转让的费用要低得多。费用一般在 120 万元左右(依据项目具体情况和主板券商的不同而上下浮动)。具体成本主要有以下几点。

(1) 聘请中介机构的成本。拟登陆新三板的企业需聘请有资质的券商、律师、会计师、资产评估师等中介机构，对拟挂牌企业的相关事项进行调查并出具报告(大部分企业的所属园区已制定了改制及挂牌的补贴政策，大体能够覆盖中介机构成本)。

(2) 规范成本。挂牌后企业成为非上市公众公司，在税务、工商、质检、社会责任等方面的规范成本较以往有所增加。

全国中小企业股份转让系统挂牌业务各项成本费用如表 1.5 所示：

表 1.5　全国中小企业股份转让系统挂牌业务各项成本费用

收费项目	收费频率	收费标准	收取方
挂牌初费	一次性	3 万元(注：总股本 2 000 万以下)	股转公司
改制费	一次性	20 万～40 万元	主办券商
推荐费	一次性	50 万～80 万元	主办券商
挂牌审计费	一次性	15 万～30 万元	会计师事务所
评估费	一次性	5 万～10 万元	评估师事务所
律师费	一次性	10 万～20 万元	律师事务所
挂牌年费	持续收费	2 万元/年(注：总股本 2 000 万以下)	股转公司
持续督导费	持续收费	5 万～10 万元/年	主办券商
年度审计费	持续收费	5 万～10 万元/年	会计师事务所
股份登记费	持续收费	1 000 元/年	结算公司
分红手续费	持续收费	(红股面值＋现金股利)×0.035%	结算公司
名册登记费	持续收费	100 元/年	结算公司

全国中小企业股份转让系统挂牌业务各中介职责

全国中小企业股份转让系统挂牌业务中需要聘请的中介主要有券商、律师、会计师、资产评估师等，各自的职责如下：

（1）主办券商。从法律、业务与技术、财务3个方面对公司进行全面的尽职调查，形成尽职调查底稿、尽职调查报告、推荐报告、股份报价转让说明书等推荐挂牌材料；内核小组审核，召开内核会议并表决，出具内核意见；向全国中小企业股份转让系统上报备案材料，针对反馈意见进行补充调查，修改推荐挂牌材料，回复反馈意见。

（2）律师事务所。提交法律意见书；对公司股东名册出具鉴证意见。

（3）会计师事务所。出具挂牌所需最近2年（一期）的审计报告。

（4）资产评估机构。对新三板企业资产价值进行评定和估算；帮助拟挂牌企业进行股份制改造。

（5）挂牌公司。召开董事会和股东大会，就股份报价转让事项做出决议；配合推荐主办券商形成并完善推荐挂牌所需材料。

全国中小企业股份转让系统挂牌业务潜在的风险

（1）信息披露风险。企业上市后，应按照有关规定进行信息披露，这使企业完全暴露在公众的监督之下，从而增加了公司维护商业秘密的费用。

（2）补缴税款风险。若公司在上市前存在未依法纳税事项，则有可能存在依法补缴税款的风险。

（3）挂牌失败风险。这个风险主要来自于两个方面：①是企业自身，如果企业存在上市工作准备不足、股份运作不规范等问题，很可能造成企业挂牌失败的风险。②是中介机构，如果中介机构选择不当，中介机构的直接负责人和项目承做人员责任心不强，服务跟不上、不专业，很可能造成企业痛失最佳挂牌时机。

上海股权托管交易市场

2012年2月15日正式启动的上海股权托管交易市场，是一个面向特定投资者进行股份转让和实施定向增资的非公开市场，定位于对接统一监管的场外交易市场，致力于通过服务上海、长三角及其他地区科技型、中小型非上市股份公司股权的托管交易，为统一监管的场外交易市场及创业板、中小板乃至主板培育输送优质的企业资源。同时，该市场也是上海股权托管交易中心遵循中国证监会对中国多层次资本市场体系建设的统一要求，是上海市国际金融中心建设的重要组成部分，也是中国多层次资本市场体系建设的重要环节。

从交易制度设计来看，上海股权托管交易市场是一个面向特定投资者进行股份转让和实施定向增资的非公开市场，如严格要求挂牌的非上市股份有限公司股东不超过

200人,不进行非上市股份有限公司股份的公开发行;通过协议转让等特定对象之间转让方式进行交易,不采取集中竞价、做市商等集中交易方式;要求投资者买入卖出之间的时间间隔不少于5个交易日。从市场风险防范来看,注重通过多方面的合理制度设计和有效市场监管,防范金融风险,如:在市场准入方面,要求符合一定条件、规范运作、经推荐机构推荐和严格审核的非上市股份有限公司才能进场挂牌交易、融资,建立了投资者适当性制度,只有机构投资者和符合条件的自然人才能入市交易,严格把好市场准入关;在交易制度上,通过信息披露制度、控股股东及实际控制人所持股份分批进场转让制度、涨跌幅制度、暂停交易制度等来防范市场交易中可能出现的欺诈等违法违规行为及其他风险,切实保护投资者合法权益。

截至2014年12月31日,上海股交中心挂牌企业突破千家大关,挂牌数量达3 105家,覆盖了全国33个省市。

● 上海股权托管交易中心的优势

企业选择在股权交易中心挂牌,最主要的目的就是对接资本,解决其融资难、融资贵的问题。上海在这方面是比较有优势的,这体现在以下几方面:

(1) 上海股交中心有金融生态优势,整个上海的国际金融环境比较好,特别是2013年国务院正式批准设立中国(上海)自由贸易试验区,在国务院出台的关于中国(上海)自由贸易试验区总体方案中,明确提出支持股权托管交易机构在试验区内建立综合金融服务平台,这为上海股交中心的创新发展提供了绝佳的发展机会,也将成为上海股交中心的一大市场特色。

(2) 上海股交中心在非券商机构中培养了一批民营的专业化投行队伍,不仅有利于促进业务的快速开展,也为国内金融改革奠定了扎实的基础。同时,这里也培育了一批场外市场投资者,为投资市场逐步走向成熟贡献力量。上海股交中心正引领一大批传统PE投资者改变投资理念,专注于在上海股权托管交易市场投资并获利。

(3) 上海股交中心的市场功能发挥良好,如融资、交易功能通过几年的发展,已经做得比较好,在同类市场中都是领先的,上股交市场基本上进入了良性循环,在这里,各方参与者都能够受益,企业在此挂牌能够融到资,投资者拥有一个好的回报。

● 上海股权托管交易中心的主要功能

上海股权托管交易中心的主要功能包括:为非上市股份有限公司的股权托管、登记、转让、融资、结算、过户等提供场所、设施和服务;组织和监督股权托管交易活动;发布市场交易信息;代理股权买卖服务;为非上市股份有限公司进场挂牌提供咨询等综合服务;为多层次资本市场储备上市或挂牌企业资源;协助落实本市扶持企业上市发展的政策措施,并向有关职能部门提供政策参考。总体而言,上海股权托管交易中心为一、二级市场投资者提供多样化的金融产品和综合服务。

● 上海股权托管交易市场的定位及对挂牌企业的基本要求

目前，上海股权托管交易市场的主要挂牌对象是上海、长三角及其他地区科技型、中小型非上市股份公司，需满足以下条件：

(1) 业务基本独立，具备持续经营能力。

(2) 不存在显著的同业竞争、显失公允的关联交易、额度较大的股东侵占资产等损害投资者利益的行为。

(3) 在经营和管理上具备风险控制能力。

(4) 治理结构健全，运作规范。

(5) 股份的发行、转让合法合规。

(6) 注册资本中存在非货币出资的，应设立满一个会计年度。

(7) 上海股权托管交易中心要求的其他条件。

对第(6)条进行认定时，应遵循如下原则：对于注册资本中存在非货币出资、申请在上海股权托管交易中心挂牌的非上市公司，如为有限责任公司按原账面净资产值折股整体变更为股份有限公司的，公司存续时间从有限责任公司设立时开始计算；有限责任公司未按原账面净资产值折股整体变更为股份有限公司的，应待股份有限公司成立满一个会计年度后方可以申请挂牌；全部为货币出资的有限责任公司按原账面净资产值折股整体变更为股份有限公司的，不视为存在非货币出资。

● 上海股权托管交易中心挂牌业务流程

(1) 非上市公司召开董事会和股东大会，就同意在上海股权托管交易中心挂牌并进行股份转让相关事宜做出决议。

(2) 非上市公司委托上海股权托管交易中心推荐机构会员，聘请经上海股权托管交易中心认定的会计师事务所、律师事务所、资产评估事务所(必要时)为其挂牌提供专业服务。

(3) 推荐机构会员向上海股权托管交易中心报送预审材料。

(4) 会计师事务所进行独立审计并出具审计报告，律师事务所进行独立调查并出具法律意见书，推荐机构会员进行尽职调查并形成相关尽职调查文件。

(5) 推荐机构会员向上海股权托管交易中心报送申请文件。

(6) 上海股权托管交易中心对申请文件进行审核。

(7) 上海股权托管交易中心审核同意的，报上海市金融办备案。

(8) 获得上海股权托管交易中心出具同意挂牌的通知后，拟挂牌公司向上海股权托管交易中心申请股份简称和代码，与上海股权托管交易中心签订挂牌协议书，办理股份的集中登记。

(9) 拟挂牌公司在上海股权托管交易中心办理挂牌手续。

（10）挂牌前3日，拟挂牌公司在上海股权托管交易中心指定网站披露：《股份转让说明书》、《公司章程》、《审计报告》、《法律意见书》；推荐机构会员在上海股权托管交易中心指定网站发布拟挂牌公司挂牌公告。

● 上海股权托管交易中心挂牌注意事项

（1）挂牌公司披露的信息应在上海股权托管交易中心指定网站（www.china-see.com）发布，在其他媒体披露信息的时间不得早于指定网站的披露时间。

（2）挂牌公司股东、实际控制人、收购人等相关信息披露义务人应按照有关规定规范履行信息披露义务，主动配合挂牌公司做好信息披露工作，严格履行其作出的承诺。

（3）挂牌公司拟披露的信息属于国家机密、商业秘密或者上海股权托管交易中心认可的其他情况，可能导致其违反国家有关保密法律法规或者损害挂牌公司利益的，挂牌公司可以向上海股权托管交易中心申请豁免披露相关信息。

第五节　境外上市概述

一、主要的境外资本市场

（一）香港联合交易所主板和创业板（HKEX/GEM）

香港交易所立足于亚洲主要国际金融中枢——香港，是全球领先的交易所及结算所营运机构，按市值计是全球最大的交易所集团之一。

香港交易所是经营证券和衍生产品及相关的结算所，是香港上市公司的前线监管机构，旗下成员包括世界首屈一指的基本金属市场——英国的伦敦金属交易所（London Metal Exchange，以下简称LME）。

在香港，香港交易所的工作包括监管上市发行人，执行上市、交易及结算规则，以及主要在批发层面向交易所及结算所的参与者和用户提供服务。证券交易所及结算所在批发层面的服务对象包括发行人以及中介机构，例如投资银行或保荐人、证券及衍生产品经纪、托管银行及信息供货商等，而中介机构则直接服务于投资者。证券交易所提供的服务包括交易、结算及交收、存管及代理人服务以至横跨多种产品及资产类别的信息服务。

香港交易所通过旗下全资拥有的附属公司香港联合交易所及香港期货交易所经营香港唯一认可的证券市场及期货市场。香港交易所同时经营香港仅有的4家认可结算所：香港中央结算有限公司（香港结算）、香港期货结算有限公司（期货结算公司）、香港联合交易所期权结算所有限公司（联交所期权结算所）及香港场外结算有限公司（场外结算公司）。香港结算、期货结算公司及联交所期权结算所向参与者提供综合的结算、交收、存管及代理人业务，而场外结算公司则向会员提供场外利率衍生产品及不交收远期外汇合约结算服务。香港交易所通过旗下的数据发布公司香港交易所信息服务有限公司提供市场数据。

香港交易所通过 LME 在基本金属期货及期权交易中占据全球领先地位。LME 汇集现货实业与金融社群的参与者，是一个全日 24 小时运作且监管稳健的市场。在 LME，任何时候都有买家和卖家，随时都有最新的市场价格，市场用户必然可找到转移或应对风险的机会。LME 与业界紧密联系，金属生产商及消耗者若已无法找到其他渠道，LME 始终可为他们提供一个最后的现货市场，故不论全球金属价格上涨或下跌，他们任何时候都能够对冲风险。

香港交易所又与上海证券交易所和深圳证券交易所成立了合资公司——中华证券交易服务有限公司(以下简称"中华交易服务")。中华交易服务是于香港登记及注册成立的公司，锐意为推进中国资本市场的国际化作出贡献，为全球投资者提供涉足全球第二大经济体的机会。中华交易服务编制以沪深港三方市场交易产品为基础的跨境指数，并研究开发上市公司分类标准、信息标准及产品。

自首家中国内地国有企业于 1993 年赴港上市后，香港已成为来自不同行业的内地公司的主要集资市场。作为中国的国际金融中心，香港是中国与环球市场的主要联系，并在内地经济发展中扮演关键角色。

香港证券市场就其交易品种来说，包括股票市场、衍生工具市场、基金市场、债券市场。其中股票市场是主要组成部分。港交所提供 2 个市场供有意上市的公司选择，分别是主板和创业板。

香港证券市场主板一般为规模较大、成立时间较长、具备一定盈利记录的公司提供集资市场。主板市场的上市公司按行业可分为金融、公用事业、地产、综合企业、工业、酒店、其他共 7 大类，其中尤以前 4 类为主体。香港主板市场是一个运作体系科学、监管体系严密的市场。创业板于 1999 年第四季度推出，创业板相对主板来说对上市公司没有行业类别及公司规模的限制，且不设盈利要求，也无需像主板市场的上市公司那样必须具备 3 年业务记录，只需显示公司有 2 年的活跃记录，因此不少具有发展潜力但发展历史较短的公司会通过创业板申请上市交易。

(二) 伦敦股票交易所(LSE/AIM)

英国证券市场以其强大的实力一直是世界证券市场的核心，是世界上挂牌上市公司最多的证券市场，外国股份交易量最大的市场，也是近几年我国国内企业境外上市的重要目的地。英国证券交易市场分 4 个独立的市场，分别为伦敦主板、AIM、PLUS、SEAQ 系统，特别是 AIM 市场，以其面向中小企业的宽松定位，已经成为国内企业伦敦上市的首选。

伦敦证券交易所的特点如下：①上市证券种类最多，其中 50%左右是外国证券；②拥有数量庞大的投资与国际证券的基金；③运作着 4 个独立的交易市场；④伦敦在国际金融市场有着其独特的地位，它是全球贸易中心，实施 24 小时交易，有 547 家外资行，多于世界上任何其他金融中心；它同时是国际股票的交易中心，43%的国际股票交易在伦敦进行，而美国是31%；伦敦市场的机构投资者占据99%的价值和95%的交易量，而美国是一个高度零售市场，波动性更大；另外伦敦金属交易所处理世界95%的非铁金属交易，70%以上的世界采矿企业融资通过伦敦市场进行。

主板上市条件：公司一般须有3年的经营记录，并须呈报最近3年的总审计账目。如果没有3年的经营记录，某些科技产业公司、投资实体、矿产公司以及承担重大基建项目的公司，只要能满足伦敦证券交易所《上市细则》中的有关标准，也可上市。公司的经营管理者应能出具为其公司经营记录所承担的责任证明。公司呈报的财务报告一般须按国际或者英美现行会计及审计标准编制，并按上述标准独立审计。公司在本国交易所的注册资本应超过70万英镑，并且至少有25%的股份为社会公众持有。实际上，通过伦敦证交所进行国际募股，其总成本一般要求不少于2 500万英镑。公司须按伦敦证券交易所的规范要求（包括欧共体法令和1986年版金融服务法）编制上市说明书。

AIM市场是成立于1995年6月的另类投资市场（Alternative Investment Market），是继美国纳斯达克市场之后在欧洲成立的第一家二板市场，也是伦敦证券交易所向新创建的小企业提供融资服务的金融市场。无论是高科技公司还是传统制造业，抑或是第三产业的服务公司，均可在该市场挂牌上市。AIM市场对上市公司的资金实力、企业规模、经营历史、企业业绩以及投资者拥有股份的比例均无任何要求。另外，AIM的再融资相当便利，对上市后的再融资次数及金额没有限制（只要不涉及被反向收购），增发成本低，交易所不收取任何费用，手续简便，无须股东大会投票同意。中国浙江的昱辉阳光（Renesola）在英国AIM上市后，在短短的一年之内，完成了第8次增资，新增注册资本1 200万美元，新增投资额2 990万美元，使公司总投资达到2.176 5亿美元，注册资本达到1.025亿美元，在AIM上市后一年，在美国、中国香港同时上市。中国企业在AIM市场上市数量比其他任何国家都多。

AIM上市需要提交的文件：①上市申请前声明，向市场介绍公司情况，包括股东背景、股权、财务状况以及商业活动等；②短编报告，由审计会计师制作，相当于“审计报告”；③营运资本报告，该报告由会计师在企业和策划总监的协助下制作，提交给保荐人以及拟上市公司的董事，将作为董事出具声明的依据；④盈利预报告，虽然对于拟上市公司未来的盈利状况作出预测不是必要条件，但是如果能够作出合理、有说服力和吸引力的预测报告将有助于上市成功；⑤长编报告，该报告由会计师在短编报告、律师报告（或者法律意见书）及企业制作的盈利预测报告和营运资本预测报告的基础上制作而成，一般需要追溯公司运作3年的状况，目的是为保荐人作出该公司是否符合AIM上市条件的判断提供依据，同时也有助于招股说明书的撰写。长编报告的准备和提交过程是上市过程中最耗时、成本最高的关键步骤；⑥招股说明书，由保荐人在长编报告的基础上制作，该报告将对公司的价值判断产生重要影响；⑦公司声明和保荐人声明。

中国企业在AIM上市法律上的要求：①上市批准文件，AIM上市规则规定，所有公司在上市申请书内必须披露其董事的背景、股东身份、公司营业活动及财务情况。公司在AIM上市也可以通过一个更快的途径——已在一个被AIM认可的证券市场上市超过18个月。若满足此条件，公司无须准备一份完整的上市申请书即可在AIM申请上市；②公司财务，公司必须披露其在自计划挂牌交易日的6个月之前的经审计后的财务资料，该资料主要为中国境内运营主体的财务记录，AIM没有最低营业时间记录的要求；③公司营业记录，公司必须有同前款规定相同时期的独立营业的记录及营业额的记录，并且，若公司在上市前有过重要的收购项目，须证明这些收购项目也有适当的记录；④公司董事及高管人员，公司必须证明其董事及高层管理人员在有关业务上有足够的经验，并与公司没有利益上的冲突，而且要证明并没有不符合担任董事及高层管理人员资格的人存在；⑤尽职调查及出具意见，中国律师对中国境内运营主体进行全面的尽职调查，出具尽职调查意见，并对中国法律问题向交易所及提名保荐人进行解释和说明。

（三）美国股票市场(NYSE/NASDAQ)

美国资本市场呈现多层次结构。主板市场(纽约证券交易所、美国股票交易所和费城股票交易所)主要为美国国内乃至全球具有影响的大牌公司提供服务，而次板市场为中小企业提供很好的融资路径和市场退出机制，并可以此为跳板进军美国主板市场。这使得中国具有增长潜力但被主板市场拒之门外的中小企业上市筹资的梦想变为现实。我国民营企业一般选择在美国次板市场先上市，只要达到相关标准，就可以向上攀升，实现二次融资。

美国实行的是注册制的发行制度，也就是公司只要满足其上市条件，不需要相关部门的批准就可以登陆美国资本市场。

一级市场：又称初级市场或发行市场，专供未上市公司通过专业团队(律师、会计师、承销商、辅导券商及财务顾问等)的辅导，取得上市身份与股票在集中交易市场公开流通及交易之资格。

中国境内有所谓的"一级半"市场，该市场因交易标的的公司未经或尚未在上市团队辅导之中，仅达到一级市场一半之要求，故称"一级之半"市场，简称"一级半"市场。其实"一级半"市场泛指各地区的"产权交易所"或是"技术产权交易所"办理有限责任公司和股份有限公司的国家股或法人股权或自然人的股权转让与变更登记业务而言，在营运性质与功能上，和美国的"柜台买卖中心"十分相似。美国"柜台买卖中心"的全名是"Over The Counter"，简称"OTC"，但因中国的国情和证券环境与美国不同，中国的全名则称"产权交易中心"，在专业的金融角度应称作"Equity Trade Center"，简称"ETC"，交易的标的比美国的"柜台买卖中心"更广，包括物权、债权、股权、知识产权等财产权利。因此，"产权交易中心"若能引进美国全国性的电子揭示看板(Bulletin Board)每90秒更新披露一次撮合交易标的价、量信息的做法，相信"产权交易中心"不但能在国内扮演美国"柜台买卖中心"的角色，获取国内企业的信任，更能吸引更多国际投资人的关注，让中小企业不须舍本逐末、远渡重洋地到境外借壳上市。

二级市场：又称次级市场或交易市场，美国共有 7 个证券交易所：

(1) 纽约证券交易所(NYSE)。

(2) 美国证券交易所(AMEX)。

(3) 费城证券交易所(PHLX)。

(4) 芝加哥证券交易所(CSE)。

(5) 波士顿证券交易所(BSE)。

(6) 辛辛那提证券交易所(CSE)。

(7) 太平洋证券交易所(PSE)。

公开的交易配合的其他市场包括：

(1) 证券商：承销商、自营商、经纪商。

(2) 证券金融公司。

(3) 证券投资信托公司。

(4) 证券投资顾问公司。

(5) 证券集中保管公司。

三级市场：俗称店头市场——纳斯达克：

(1) 全国市场(NM)：上市，以美元为交易单位。

(2) 小资全市场(SCM)：上市，以美元为交易单位。

(3) 柜台买卖中心(OTC)：俗称上柜，以美分为交易单位，交易之股票又称"便士股"。

(4) 波特尔市场(PORTAL)：提供发行一年以上非公开发行之私募股票交易的市场。

(5) 粉纸交易市场(PONKSHEET)：私人公司，为垃圾股票交易的地方。

四级市场：又称电脑撮合市场，仅提供银行、保险公司及基金管理公司在网络上每 30 秒自动撮合交易一次。

1. 美国上市条件

美国最主要的证券交易市场有 3 个：纳斯达克(NASDAQ)、纽约股票交易市场(NYSE)和美国股票交易市场(AMEX)。公司只有在满足各市场对公司的要求后其股票或者是证券才能在市场上发行、交易。在美国上市的条件如表 1.6 所示。

表 1.6　在美国上市的条件

	纽约证券交易所	全美证券交易所	纳斯达克 全国板股市	纳斯达克 小板股市
净资产	4 000 万美元	400 万美元	600 万美元	500 万美元
市值(总股本乘以股票价格)	1 亿美元	3 000 万美元		3 000 万美元

（续表）

	纽约证券交易所	全美证券交易所	纳斯达克 全国板股市	纳斯达克 小板股市
最低净收入				75 万美元
税前收入	1 亿美元(最近 2 年每年不少于 2 500 万美元)	75 万美元	100 万美元	
股本		400 万美元		
最少公众流通股数	250 万	100 万或 50 万	110 万	100 万
流通股市值	1 亿美元	300 万美元	800 万美元	500 万美元
申请时最低股票价格	N/A	3 美元	5 美元	4 美元
公众持股人数，每人 100 股以上	5 000 人	400 人	400 人	300 人
经营年限	连续 3 年赢利	2 年经营历史		1 年或市值 5 000万美元

2. 美国上市方式

通常而言，中国公司进入美国的资本市场可以采取以下 4 种方式。

1) 普通股的首次公开发行(Initial Public Offerings，IPOs)

20 世纪 30 年代初期的股市灾难导致外国公司的股票在美国股市一落千丈，美国的投资人瞬间失去了数以亿计的资产，这一历史事件促使 1933 年的美国证券法正式实施。此后，美国证券法对境外公司在美国的普通股首次公开发行的监管与本土公司别无二致。毫无例外，该公司必须进行注册。根据公司的规模以及以前在美国的披露情况，美国证监会还制定了不同的表格，以供外国公司注册使用。

基本上，境外公司与美国公司一样，必须以同样的格式向美国证券委员会(SEC)和投资人披露同等的信息。对于许多境外公司来说，美国证券市场的披露制度是令人深感不适的。美国的财务披露和会计准则比许多国家的更加详细和严格，例如，其要求对公司的市场竞争性地位和管理阶层对前景预测的强制性披露，便是一个令外国公司头痛的例证，但是为了力争在这个浩瀚的资本市场上拥有一个位置，境外公司也只能入乡随俗了。为了软化此不适，美国证监会许可境外公司将其财务报表调节至符合美国的会计原则，并不一定要实际地按照美国标准来制作。

此外，境外公司的股票一旦公开交易，该公司还必须按照美国证券交易法的规定定期向 SEC 报告。

2) 美国存托股证挂牌(American Depositary Receipts，ADRs)

中国人寿保险股份有限公司于 2003 年 12 月 17 日、18 日分别在纽约证券交易所

(NYSE)和香港联交所正式挂牌交易。作为第一家两地同步上市的中国国有金融企业,其获得了25倍的超额认购倍数,共发行65亿股,募集资金35亿美元,创该年度全球资本市场IPO筹资额最高记录,取得了海外上市的成功。中国人寿保险就是中国企业通过ADR成功上市的例证。

美国证券业创造了这种将外国证券移植到美国的机制,存托股证交易提供了把境外证券转换为易交易、以美元为支付手段的证券。迄今为止,还有中国联通、中国移动、中石化等公司通过此方式在美国上市。

典型的ADR是如此运作的:

(1) 美国银行与一境外公司签订协议,约定由这一美国银行担任境外公司证券的存托人。

(2) 美国的存托人签发存托股证给美国的投资人。每一张存托股证代表一定数目的境外公司的证券,该凭证可自由交易。

(3) 美国存托人收购相应数量的境外公司的证券,一般该证券由境外的托管银行保管。

(4) 发行存托股证后,美国存托银行作为该股证持有人的付款代理人。该银行收取股利并转化为美元,然后将其分配给股证持有人。

(5) 存托银行作为存托股证的转让代理人,对该股证在美国的投资人的交易进行记录。该银行也时刻准备着把该股证转换为相应的境外证券。

美国证监会对ADR以及其所代表的境外证券区别对待。同时,ADR的发行也涉及证券的公开发行。因此,发行ADR的美国银行也需要注册,而该境外公司则须履行定期报告的义务。

但是,履行全面的注册和报告是特别昂贵和有负累的。鉴于此,美国证监会根据境外公司在美国证券市场的状况,制定了不同的ADR计划和相应的不同披露要求:

(1) 一级ADR。SEC对一级ADR的监管是最轻的。美国银行通过注册F—6表格,并附具存托协议和ADR凭证,便可建立一级ADR。

如果境外公司每年向美国证监会提交其在自己的国家所披露和公开的资料清单,其在美国的定期报告义务可免除。一级ADR可以在代理商和批发商的粉红单上报价,但是不能在证券交易市场交易或纳斯达克上报价。这一级ADR主要是为美国投资人提供对现成的境外公司的股票的投资通道,但是,不能用于筹集资金。

建立一级ADR的成本比较小,平均为25 000美元,境外公司的获益是很大的,通常股价会上升4%~6%。

(2) 二级ADR。二级ADR可以在美国证券市场交易。美国银行须利用F—6表格注册,境外公司须定期报告。为能在证券交易市场或是纳斯达克交易,境外公司还需要进行20—F表格注册。但如一级ADR一样,二级ADR不能作为筹集资金的手段。

适用二级ADR的境外公司无一例外地发现,《美国证券交易法》所要求的披露要求比自己国家的法律规定更细致、更深入。最重要的是,境外公司的财务必须符合美国的一般会计准则，例如：美国一般会计准则要求分类披露公司的运营情况，还有一些敏感（有时是令人尴尬）的资料，包括主要财产、任何重大的正在进行的诉讼或政府对公司的调查、10%股东的身份、管理层薪酬总和、公司及子公司或执行官之间的交易，等等。公司还必须每年更新 20—F 表格。

建立二级 ADR 的成本是巨大的，平均超过 100 万美元。但是带来的成效也是巨大的，其为境外发行公司所铺设的通向美国投资人的通道以及以美国一般会计准则为标准的披露，通常会促使公司股价上升 10%～15%。

（3）三级 ADR。境外发行公司将自己的证券向美国投资人作公开发行。这一级 ADR 的注册书必须本质上包括二级 ADR 的 20—F 年度报告所要求的内容。三级 ADR 是唯一的允许境外公司在美国融资的 ADR 形式，建立三级 ADR 必须按照类似于普通股首次公开发行的程序来进行。在美国的普通股公开发行一般成本超过 150 万美元。但是对于许多需要大量资金的境外公司来说，即使成本很高，三级 ADR 也是值得一试的，因为美国的公众资本市场提供了一个无可比拟的融资基地。

（4）全球存托股证（GDRs）。境外发行人也可以通过发行以美元为计价单位、全球发行的存托股证来促进其证券的交易。全球存托股证与美国存托股证的原理是一样的，唯一的区别在于全球存托股证是部分或全部在美国以外的区域运作。不论冠之以全球存托股证或美国存托股证，适用在美国部分的法律是一样的。

3）私募资金和美国证券法 144A 条例

私募资金是一种避免美国证券法要求的注册而又能在美国出售证券的做法。

但是，美国证券法规对于出售私募证券有很多限制。美国证监会 1990 年采纳的 144A 条例允许将某些符合条件的证券出售给合格机构投资人，而不需履行证券法的披露义务。但与 144A 条例关联的交易必须符合基本条件：

（1）该证券只能出售给合格机构投资人。

（2）证券发行时，该证券不能与在美国的任一证交所交易或是在如纳斯达克的券商询价系统报价的证券属同一种类。

（3）卖家和未来的买家必须有权利获得发行公司的一些从公众渠道尚未得知的信息。

（4）卖家必须确认，买家知道卖家可以依据 144A 条例来免除证券法的登记要求。

144A 条例还规定了合格机构投资人的条件。合格机构投资人通常包括美国银行、信用社和注册券商。

4）反向兼并

近年来，中国民营企业通过反向兼并（Reverse Merger）方式在美国上市方兴未艾。反向兼并，也称 Reverse Takeover（RTO），俗称借壳上市，是一种简便快捷的上市方式，是指一家私人公司通过与一家没有业务、资产和负债的上市公司合并，该私人公司反向并入该上市公司，使该上市公司成为一个全新的实体。

该上市公司也称为壳公司。私人公司并入上市公司后持有多数股权（通常是 90%）。

与IPO相比，反向收购具有上市成本明显降低、所需时间少以及成功率高等优势：一旦成为上市公司，公司的前景颇为可观；上市公司的市场价值通常远远高于同等行业、同等结构的私人公司；上市公司更易于筹集资金，因为其股票有市场价值而且可以交易；可以利用股票收购，因为公开交易的股票通常被视为购并的现金工具。

但是，反向兼并并非一蹴而就的获取资金的捷径，其只是募集资金的间接途径。所以，这一方式仅适宜于那些对资金的需求并不是特别急切，将要经历很长时间才能达到上市公司的规模和水平的公司，有助于其实现融资的长期目标。

3. 美国上市的优点

首先，美国证券市场的多层次、多样化可以满足不同企业的融资要求。在美国场外交易市场(OTCBB)柜台挂牌交易(此处说的交易(Trading)与我们严格意义上说的上市(Listing)是不同的，这里不作详述)对企业没有任何要求和限制，只需要3个券商愿意为这只股票做市即可，企业可以先在OTCBB买壳交易，筹集到第一笔资金，等满足了纳斯达克的上市条件，便可申请升级到纳斯达克上市。

其次，美国证券市场的规模是中国香港、新加坡乃至世界任何一个金融市场所不能比拟的，这在上文分析中国香港市场的时候有所提及。在美国上市，企业融集到的资金无疑要比任何其他市场要多得多。

最后，美国股市极高的换手率、市盈率，大量的游资和风险资金，股民崇尚冒险的投资意识等鲜明特点对中国企业来说都具有相当大的吸引力。

4. 美国上市的弊端

第一，中美在地域、文化和法律上的差异。很多中国企业不考虑在美国上市的原因，是因为中美两国在地域、文化、语言以及法律方面存在着巨大的差异，企业在上市过程中会遇到不少这些方面的障碍。因此，华尔街对大多数中国企业来说，似乎显得有点遥远和陌生。

第二，企业在美国获得的认知度有限。除非是大型或者是知名的中国企业，一般的中国企业在美国资本市场可以获得的认知度相比在中国香港或者新加坡来说，应该是比较有限的。因此，中国中小企业在美国可能会面临认知度不高、追捧较少的局面。但是，随着“中国概念”在美国证券市场越来越清晰，这种局面2004年来有所改观。

第三，上市费用相对较高。如果在美国选择IPO上市，费用可能会相对较高(1 000万～2 000万元人民币，甚至更高，和在中国香港上市相差不大)，但如果选择买壳上市，费用则会降低不少。

5. 美国上市与中国内地上市比较

中国内地上市优势：

(1) 企业在内地上市，应该可以说是享受天时、地利、人和的各种优势。因为在本土，企业无需面临各种语言、监管以及法律上的差异。

(2) 企业在内地上市，可以获得的认知度相对在海外上市会更高。因为企业在国内上市，更容易被投资者了解和熟悉，并得到他们的认同。

中国内地上市劣势：

（1）漫长的审核过程。在中国现阶段，公司上市采取的还是审核制。由企业向中国证监会提出上市申请，由中国证监会对企业的上市资格进行审核，符合条件的给予上市。由于申请上市的企业众多，而证监会每年审核批准上市的公司又局限在一定的数量，因此就造成了企业上市必须经过漫长的等待审核过程。前面提到的即使是在新开设的主板内的中小企业板，中小企业上市的门槛稍微降低了，但还是需要经过审核等待的过程。根据统计，每年在中国内地上市的企业不到100家，而已通过证监会核准并在排队的企业每年近400家，更多的企业则还处在向证监会申请的阶段。

（2）上市门槛高。《公司法》规定的企业上市的要求，尤其是对股本方面的要求是很多中小企业无法达到的。而新推出的中小企业板块，虽说是为中小企业服务，但其实上市的门槛并没有降低太多，甚至没有降低。

（3）上市费用并不低廉。在很多企业印象中，在中国内地上市所需要的费用应该是最低的。但实际上，在本土上市的费用并不低廉。基于对已经上市的公司的统计，在中国上市的平均前期费用大约为1 500万元人民币，这几乎与在美国等海外资本市场上市的费用没有太大区别。

适合在中国内地上市的企业：

基于上面对在中国内地上市的条件、优缺点的分析，适合在中国内地上市的企业是大型企业，并且企业不是急于需要发展资金，能够接受长时间的审核过程。鉴于主板推出了中小企业板块，如果中小企业可以接受排队审核的话，当然在国内上市是最好的选择。

适合在美国上市的企业：

无论是大型的中国企业，还是中小民营企业，美国上市都应该适合它们，因为美国的资本市场多层次化的特点以及上市方式的多样性为不同的企业提供了不同的服务，令各个层次的企业在美国上市都切实可行。

6. 美国上市程序及费用

国内企业赴美上市，尤其是纽交所上市相对程序繁杂，申请上市分两部分：向国内监管机构申请和向境外监管机构申请。在不同上市方案中，境内申请程序不同。在美国申请程序基本上分4步：资格审查（递交14份材料），正式申请（通过资格审查后4～5周内提交相关材料），注册登记（招股说明书及回答监管部门问题，修改材料直至满意），注册生效。

7. 美国公司上市费用

1）纽约交易所（NYSE）

非美国公司的上市费用

入市费，基本费用（一次交付）36 800美元。

股票或ADRS的发行数量，每百万股份的费用：100万～200万股为14 750美元，300万～400万股为7 400美元，500万～30 000万股为3 500美元，超过3亿股为1 900美元。最小总费用150 000美元，最大总费用250 000美元。

年费，每股或 ADR 的收费率：930 美元/每百万股份，最小年费 35 000 美元，最大年费 500 000 美元。

2）美国交易所（AMEX）

首次上市费用和年费用如表 1.7 所示。

表 1.7 美国交易所首次上市费用和年费用

股份数量	上市费（美元）	年费（美元）
500 万	35 000	15 000
500 万～1 000 万	45 000	17 500
1 000 万～1 500 万	55 000	20 000
1 500 万～2 500 万	65 000	20 000
2 500 万～5 000 万	65 000	22 500
5 000 万以上	65 000	30 000

3）纳斯达克（NASDAQ）

（1）全国市场。

入市费用，基本费用（一次交付）36 800 美元。

股票或 ADRS 的发行数量，每百万股份的费用：100 万～200 万股为 14 750 美元，300 万～400 万股为 7 400 美元，500 万～30 000 万股为 3 500 美元，超过 30 000 万股为 1 900 美元。最小总费用 150 000 美元，最大总费用 250 000 美元。

年费用如表 1.8 所示：

表 1.8 纳斯达克年费用

总流通股数量	年费用（美元）	ADRs 年费用（美元）
100 万	24 500	21 225
100 万～2 500 万	30 500	26 500
2 500 万～5 000 万	34 500	29 820
5 000 万～7 500 万	44 500	30 000
7 500 万～10 000 万	61 750	30 000
10 000 万以上	75 000	30 000

（2）小型资本市场。

入市费用，500 万股为 25 000 美元，500 万～1 000 万股为 35 000 美元，1 000 万～1 500万股为 45 000 美元，超过 1 500 万股为 50 000 美元。

年费用，1 000 万股以下为 17 500 美元，1 000 万股以上为 21 000 美元。

（四）韩国证券交易所(KRX)

韩国证券市场自1992年以来逐步扩大规模，到1998年实行全面开放。2005年1月，韩国证券交易所、韩国期货交易所和韩国创业板市场合并为韩国证券期货交易所，使其成为世界主要资本市场之一。为吸引中国企业前往韩国上市，以创建“东北亚最佳资本市场”为目标的韩国证券交易所甚至会同有关政府部门修改相关法律法规，允许外国企业在韩交所通过IPO发行股票并挂牌上市，并规定外国企业赴韩上市，标准与韩国本土企业一致。

韩国证券市场综合性强；外国投资者持股比例高，外国投资者持有韩国上市公司股票金额约占其总市值的40%；运作规范，全面采用电算化系统，网上交易金额占总成交额的40%～60%。

1. 中国企业在韩国上市的优势

韩国紧邻中国，同属亚洲经济圈，两国贸易投资日趋增加。1992年中韩建交以来，两国贸易每年平均递增20%～40%，2005年首次突破千亿美元大关，预期2015年或达3 000亿美元，韩国将成为中国第二大贸易合作伙伴。

中韩产业结构相似，其他金融市场上市企业多为金融、服务类企业，而中韩两国有着比较相似的产业结构，即以制造业为主，韩国制造业比重占53.3%，同时中韩两国IT产业发展也惊人的相似，这有利于韩国投资者对中国企业的理解，也有利于中国企业在韩国市场发展。

韩国融资速度快，在韩国申请上市不需要排队，实行发行注册制，一般情况下6～7个月即可完成融资。韩国股市短期流动资金约400万亿韩元，外国企业能募集到充足资金。

韩国证券市场非常重视境外企业，尤其是中国企业的发展，韩国投资者对中国股票的投资热情极高，中国企业在韩国上市会得到投资者和媒体的充分关注，这将带来极大的宣传效果。

2. 上市条件、费用、程序

在韩国证券市场上市的条件、费用和程序如表1.9所示。

表1.9 韩国证券市场上市条件、费用和程序

	主板	创业板
上市条件	**持续经营**：年限不得少于3年（承认转成股份公司以前有限公司的经营业绩） **净资产**：最近会计年度，净资产为100亿韩元（约5 500万元人民币）以上，净资产不得小于注册资本 **保留率**：50%以上，大型法人的保留率25%以上。保留率＝（净资产－注册资本）/注册资本	**持续经营**：年限同主板 **资本要求**：净资产为30亿韩元（约1 700万元人民币）以上，净资产不小于注册资本 **利润和净资产收益率**：①最近会计年度利润总额为正；②本期净利润不得少于20亿韩元（约1 200万元人民币）；最近会计年度ROE 10%以上

（续表）

	主　板	创　业　板
上市条件	**销售收入**：最近会计年度收入 300 亿韩元（约 1.7 亿元人民币）以上，最近 3 年平均销售收入 200 亿韩元（约 1.2 亿元人民币）以上 **利润和净资产收益率**：取各会计年度营业利润、利润总额和本期利润中最小值，不得小于以下要求：①最近会计年度利润不得少于 25 亿韩元（约 1 500 万元人民币）；②最近 3 年利润累计金额不得少于 50 亿韩元（约 2 800 万元人民币），最近会计年度 ROE 5%以上，最近 3 年 ROE 合计 10%以上，大型法人的 ROE 3%以上或者利润 50 亿韩元以上及现金流为正 **股权分散**：少数股东 10 000 名以上，韩国内招股量 100 万股以上 **审计意见**：最近 3 年为无保留意见	**股权分散**：少数股东 500 名以上，韩国内招股量 30 万股以上，IPO 少数股东 30%以上，公募 10%以上 **审计意见**：最近年度无保留意见
费用	**上市初费**：6 万股以下为 30 万韩元，每增加 1 万股加 3 万韩元 **上市年费**：①30 万股以下，35 万韩元起每增加 1 万股增加 5 000 韩元；②100 万～200 万股 70 万韩元起，每增加 1 万股增加 3 000 韩元；③200 万股以上，100 万韩元起，每增加 1 万股增加 1 000 韩元 **发行费用**：没有明确规定承销费用，承销费约为 5%，但是整体费用包括承销费用、审计费、律师费，占融资总额的 8%～10%	同主板
程序	上市审查 1.5 个月，公募 1～1.5 个月，上市 2～3 个工作日	1～3 周有价证券分析，第 4 周提出登记预备审查邀请书，第 2、3 月审查，第 4 月第 1 周通报登记预审审查结果，第 4 月第 2 周提出有价证券申请书，第 4 月第 4 周有价证券申报书效力生效，第 5 月第 1 周实施需求预测与定价，第 5 月第 2 周提出修改后申报书，第 5 月第 3 周请约，第 5 月第 4 周登记申请，第 6 月第 1 周缴纳股金，第 6 月第 2 周登记及买卖

（五）加拿大股票市场（TSX）

目前，加拿大主要有两间交易所，分别为多伦多证券交易所（位于加拿大多伦多市）与加拿大创业交易所（位于加拿大温哥华市）。两间交易所分工为：大型企业（高级股票）在多伦多交易所交易，中小型企业（初级股票）在加拿大创业交易所交易。

多伦多位于加拿大东部，是安大略省首府，也是加拿大第一大城市、重要港口，全国金融、商业、工业、文化中心。多伦多证券交易所（Toronto Stock Exchange，简称 TSX）

于1878年成立，至今已有120多年的历史。多伦多股票交易所是加拿大最主要的股票交易所（主板），规模位居加拿大第一，在北美地区是仅次于纽约证券交易所（NYSE）和纳斯达克（NASDAQ）的第三大证券交易所，也是世界上成交量最大的10家证券交易所之一，其主要为成熟大企业提供股票上市交易的场所。

（六）澳大利亚股票交易所（ASX）

中国企业赴澳大利亚上市已屡见不鲜，作为南半球较为发达的资本市场，澳大利亚交易所也是市值最高的世界十大上市的交易所之一，MSCI全球指数排名第八，目前澳大利亚交易所有2 000多家上市公司，属于制造、零售、传媒、交通、金融服务、采矿、生物技术、房地产、建筑、旅游、通信、医疗卫生、电子商务、基础设施等行业，分在产业板块和矿业油板块。1990年前，上市公司仍由矿业等资源性产业、制造业占主导地位，随后10年，在矿业资源性产业、制造业继续发展的同时，金融服务业和包括电信等业务在内的其他服务业发展迅速，其上市市值大大超过传统行业，这些变化为投资者提供了更多样化的选择，增加了整个股票市场的稳定性。

相比于美国、加拿大、中国香港及新加坡市场，澳大利亚资本市场的准入条件大大降低，特别合适中小企业的发展和融资需要，其上市标准充分考虑了中小企业和高增长企业的发展需求和融资要求，门槛低，时间快。

澳大利亚有一半以上的成年人购买股票，其公司购买股票的比例居世界第一，澳大利亚股票市场的显著特点是它是大而业绩稳定、发展前景优良的股票主导市场，投资者对所买的这些股票一般持久保有。

中国企业在澳大利亚证券交易所上市的优势：①门槛低，再融资机会大。由于澳大利亚是英联邦国家，它的证券上市规则、交易体系和法规监管与伦敦交易所非常相似，但它的门槛比伦敦的主板甚至创业板（AIM）都要低，一般来说，企业在澳大利亚上市后，经过一两年的发展，再到伦敦的创业板甚至主板进行二次上市，就会简单容易得多。由于澳大利亚是国际主流市场的一部分，能在澳大利亚上市的公司也基本上被看作是一个符合国际运行惯例的上市公司；②上市成本低，等待时间短。澳大利亚证券交易所的上市成本相对香港来说要低，一般占到融资额的5%～10%（取决于融资额的大小），其中包括承销商、律师和会计师费用及交易所收费。如果上市申请材料符合上市条件，从公司递交上市申请到得到ASX有条件的批准只要4～6周。

澳大利亚上市条件、上市方式、程序和收费

上市条件：①主营业务，近3年公司主营业务相同；②盈利要求，近3年总利润达到100万澳币以上，最近一个会计年度总利润达40万澳币；③有形净资产，在扣除融资金额后不得低于200万澳币（投资公司不得低于1 500万澳币）；④股份最低市值，上市时不低于1 000万澳币；⑤最低公众持股量，至少500人且每人至少持有股份价值2 000澳币或者至少400人且每人至少持有股份价值2 000澳币，其中关联方持有不低于股份总数25%的股票；⑥董事出具相关声明，公司所有董事向澳大利亚证交所出具证明，确认公司截至申请日尚无出现影响公司持续营利的状况；⑦公司应按《上市规则》披露相关信息、借款情况和董事收入。另外外国公司或者拥有外国分支以及联合企业的澳大利亚注册控股公司也可以在 ASX 上市，但必须有澳大利亚联结点，其中包括澳大利亚常驻代表来负责企业上市介绍书及持续遵守上市的规定。企业也必须任命个人代表该企业进行 ASX 文件和报告的递交、申明通知、与股票持有者或公众媒体联系。

ASX 上市方式：中国企业在澳大利亚证交所上市的主要方式有：澳大利亚红筹股、澳大利亚 X 股(类似中国香港的 H 股、美国 N 股、新加坡 S 股)。

ASX 上市程序：①选定中介，听取中介机构专业建议及决定是否上市；②和澳大利亚交易所商讨有关上市事宜；③由承销商准备招股说明书或信息备忘录；④提交招股说明书；⑤申请上市，交纳手续费；⑥审核申请，有条件的核准上市；⑦上市仪式，开始交易；⑧与 ASX 定期会议。

ASX 上市费用：ASX 上市的费用因企业实体而异，受诸如募资的具体情况和规模、参与的顾问数量和交易的程序等因素影响。包括律师费、会计和其他专家的酬金及广告和营销费用、印刷费用、股份注册费用、AXS 费用。

(七) 新加坡交易所主板和自动报价板(SGX/SESDAQ)

新加坡交易所(Singapore Exchange, SGX)是亚太地区首家集证券及金融衍生产品交易于一体的企业股份制化交易所。其前身为新加坡证券交易所，成立于 1973 年 5 月24 日，1999 年 12 月 1 日新加坡证券交易所(SES)与新加坡国际金融交易所(SIMEX)合并成新加坡交易所。

2000 年 11 月 23 日，新加坡交易所(SGX)挂牌上市，发行普通股 10 亿股，发行价为 1.10 新元。新交所股票是摩根士丹利新加坡自由指数(MSCI Singapore Free Index)、新加坡海峡时报指数(STI)等基准指数的组成部分。

新加坡自动报价市场的建立，目的在于使那些具有良好发展前景的新加坡中小型公司能筹集资金支持其业务的扩展。上市标准较为宽松和灵活，没有具体的公司规模要求，进入成本和年度上市费用也较低。

成立宗旨是要提供具有发展潜力的中小型企业到资本市场募集资金的一个渠道，且上市的条件较为宽松，主要着重于公司的发展前景。自动报价板股市成立之初，只开放给新加坡注册公司申请上市。自 1997 年 3 月起，新交所进一步将它开放给外国公司。所以，现在不论是新加坡本地公司还是外国公司都可以申请在第一股市(主板)或自动报价股市(二板)上市。

在 SESDAQ 系统上市的企业，如果上市后业务扩展，各方面达到主板市场要求，可以申请转为主板上市。

二、中国企业境外上市的主要形式

根据发行主体、证券种类、上市方式等，企业境外上市形式可进行各种分类。以是否直接以自己的名义申请为准，基本上可以归纳为直接上市和间接上市两大类。

1. 境外直接上市

是指国内企业直接以自己的名义向境外证券主管机构申请发行股票，并在该国（地区）证券市场挂牌上市。即我们通常说的 H 股、N 股、S 股等。H 股，是指中国企业在香港联合交易所发行股票并上市，取 Hong Kong 第一个字“H”为名；N 股，是指中国企业在纽约交易所发行股票并上市，取 New York 第一个字“N”为名；同样，S 股是指中国企业在新加坡交易所上市。

2. 境外间接上市

是指境内企业在境外设立公司，以境外公司的名义在境外发行股票和上市，香港的红筹股就是这种方式的典型表现。间接上市又可分为买壳上市和造壳上市。

（1）买壳上市，是指境内企业直接收购一家已在海外证券市场挂牌上市的公司的部分或全部股权，取得对该境外上市公司的控制地位，然后对其注入资产，达到境内企业在海外间接上市的目的。

（2）造壳上市，是指国内企业到境外设立公司，由该境外公司以收购、股权置换等方式对境内公司形成控股关系，然后将该境外公司在境外交易所上市。

买壳上市和造壳上市虽然形式不同，但本质都是通过将国内资产注入壳公司的方式，达到国内资产上市的目的。壳公司可以是已上市公司，也可以是拟上市公司。

说明：公司设立地可以是境外证券交易所所在地，也可以是美国 Delaware 州、百慕大群岛、英属维京群岛、英属开曼群岛及荷属安德烈群岛等地，在这些地方设立公司要求低，非常方便。

三、境外上市形式的特别要求

1. 红筹股

红筹股是指在中国香港和其他国家的证券市场通过在海外设立特殊目的的公司，以海外公司持有的境内公司的股权或资产上市。通常在开曼、百慕大或英属维尔京群岛等地，适用当地的法律和会计制度，但公司的主要业务资产在内地。

《国务院关于进一步加强在境外发行股票和上市管理的通知》中所列的“凡将境内企业资产通过收购、换股、划转以及其他任何形式转移到境外中资非上市公司或者境外中资控股上市公司在境外上市，以及将境内资产通过先转移到境外中资非上市公司再注入境外中资控股上市公司在境外上市”，都是红筹股之定义。

红筹股上市流程相对简单，但自从 2006 年 9 月 8 号，中国政府颁发十号文后，却增加了不确定性和成本。十号文的规定并没有完全排除红筹模股式海外上市的可能性，但需要得到商务部和证监会的批准；设定了一年的上市期限。故自其施行至今，并无企业能够完成上述规定的程序而成功海外上市。目前能上市的红筹股都是 2006 年 9 月

8号前所设立的境外控股公司及一些特殊案件。

2. H股

H股是指以人民币标明面值，以外币认购和进行交易，或香港联合交易所批准上市的股票。H股不仅必须遵守中国内地的法律，而且还要符合香港的上市要求。

中国证监会规定：H股上市企业净资产不少于4亿元人民币，过去一年税后利润不少于6 000万元人民币，并有增长潜力，按合理预期市盈率计算，筹资额不少于5 000万美元（高于香港主板的规定）。这项规定曾经将很多企业拒之门外，然而2012年中国证监会取消了该项“456”规则，对H股上市进行“松绑”，此后以H股方式上市的企业逐渐增加，2014年有19家。另外H股全流通问题也是企业考虑的主要因素，监管部门或将不久对此作出改革。

3. 香港创业板(GEM)

香港创业板市场是独立于主板市场以外的股票市场，在上市条件、交易方式、监管方法和内容上都与主板市场有很大差别。与主板市场相比，创业板市场以高增长公司为目标，不限行业及规模，注重公司增长潜力及业务前景；市场参与者须自律及自发地履行其责任；买者风险自负，适合有风险容量的投资者；以信息披露为本的监管理念；要求保荐人具有高度专业水平及诚信。

四、境外直接上市和间接上市优缺点比较

境外直接上市的优点是：为国外投资者了解国内企业的形象提供了平台，可以有力地提高公司在世界范围内的知名度，有利于公司发展。境外直接上市的主要困难是：国内法律与境外法律不同，对公司的管理、股票发行和交易的要求也不同。进行境外直接上市，公司需通过与中介机构密切配合，探讨出能符合境内外法规及交易所要求的上市方案。

与直接上市相比，间接上市的好处是可以避开国内有关法律的限制和复杂的审批程序，又可以避开上市所在地法律对外来公司严格的条件限制，因而上市成本较低，花费时间较短。此外，在境外注册的公司适用外国的会计和审计标准，容易获得境外证券市场的认可。因此，境外间接上市已成为我国企业充分利用海外壳资源达到境外上市融资的一种有效途径和方式。

五、境外上市工作流程

境外上市是一个重大的系统工程，企业要有充分的准备并且依照法律法规，做好如下事项：

1. 确立境外上市意向

企业对自身条件、产业趋势、项目可行性、市场潜力和扩张能力等因素进行充分分析，制定长期战略发展规划，并以此确定企业融资计划和并购扩张等资本经营的安排。并在此基础上充分考虑境外上市的必要性和可行性，最后作出是否选择境外上市的决定。

2. 以境内设立股份有限公司方式在境外上市需准备向中国证监会提交到境外上市申请文件和材料

3. 企业改制

聘请相关中介机构陆续进场工作，企业应选择既了解国内市场又熟悉海外资本市场、经验丰富并有良好业绩的中介机构，共同协商企业改制以及有关重组、发行、上市、上市后相关责任等多方面的事宜。

企业境外上市的一般程序是：

(1) 拟订股份制改组总体方案。

(2) 聘请中介机构进行尽职调查。

(3) 资产评估立项和财产清查。

(4) 在境内设立股份公司或以红筹方式设立海外特殊目的公司。

(5) 准备发行申请文件。

(6) 向监管机构提出正式申请文件。

主要境外资本市场上市条件之比较见表 1.10。

表 1.10　主要境外资本市场上市条件比较

国别和地区	主要交易市场	主要上市条件
美国	纽约证券交易所(NYSE)	过去 3 年税前盈利达 1 亿美元且最近 2 年每年税前盈利不少于 2 500 万美元
	纳斯达克(NASDAQ)	股东权益从数百万美元至数千万美元，具体交易市场标准不同
中国香港	主板	连续营运 3 年：头 2 年 3 000 万港元，最近 1 年 2 000 万港元
	创业板	连续运营 24 个月
新加坡	主板	过去 3 年税前盈利总计 750 万新元
	SESDAQ	无特别盈利要求
英国	伦敦证券交易所	市值不少于 700 万英镑
	AIM	无特别盈利要求
德国	初级市场	符合公司最少 1 年年限
	一般市场及高级市场	连续运营 3 年，发行时欧元市值至少 125 万欧元

主要资本市场 IPO 筹资成本之比较见表 1.11。

表 1.11　主要资本市场 IPO 筹资成本比较

费用类别	香港主板	香港创业板	纽交所	纳斯达克	英国 AIM 市场
上市初费	15 万～65 万港元	10 万～20 万港元	400 万人民币	10 万～40 万人民币	20 万人民币
承销费占筹资额比例	2.5%～4%	4%～5%	8%	6%～8%	3%～5%
保荐人费	200 万～400 万港元	100 万～200 万港元	1 500 万人民币	1 000 万人民币	500 万人民币
法律顾问费	100 万～250 万港元	100 万港元	300 万人民币	300 万人民币	300 万人民币
会计师费	150 万～250 万港元	70 万～150 万港元	400 万人民币	400 万人民币	350 万～400 万人民币
总成本占筹资额比例	15%～20%	10%～20%	15%～25%	15%～25%	15%～20%

说明：(1) 筹资成本与中介费用、发行定价方式有直接关系。
(2) 海外中介机构收费较高，企业还须聘请业内知名机构，也导致了费用的提高。

主要资本市场上市维持费用比较见表 1.12。

表 1.12　主要资本市场上市维持费用比较

可预测费用	香港主板	香港创业板	纽交所	纳斯达克	英国 AIM
上市年费	14 万～119 万港元/年	10 万～20 万港元/年	400 万元人民币/年	28 万～400 万元人民币/年	5 万～7 万元人民币/年
保荐人顾问费用	20 万港元	30 万港元	800 万元人民币	800 万元人民币	100 万～150 万元人民币
法律顾问费用	60 万～100 万港元	40 万～100 万港元	200 万元人民币	200 万元人民币	100 万～150 万元人民币
会计师费用	100 万港元	60 万～100 万港元	150 万元人民币	150 万元人民币	150 万元人民币
信息披露费（含印刷、上网）	30 万～50 万港元	30 万～50 万港元	50 万～100 万元人民币	50 万～100 万元人民币	50 万～100 万元人民币
总计	224 万～389 万港元	130 万～300 万港元	约 1 600 万元人民币	约 1 230 万～1 600 万元人民币	约 400 万～600 万元人民币

说明：除上述可估算成本外，境外资本市场上市还有很多较难量化的成本，如与境外投资者、监管机构交流的成本，宣传错位的成本等。

六、境内企业境外上市的注意事项

企业或企业家如选择在境外开拓市场和在境外上市，必须坚持以下 3 点：

（1）要有一个好的公司治理结构。

（2）要有持续发展的规划和安排。

（3）要有一支与企业长久经营相匹配的员工队伍。

第二章
改制上市（挂牌）概要

第二章 改制上市(挂牌)概要

第一节 改制上市(挂牌)决策

● 企业改制的概念

企业改制是企业体制性改革的简称，其本质是公司制度改革。通过制度改革对企业股权结构、组织形式、权力制约方式、财务制度等进行整体性革新，使企业适应生产力发展的要求，适应市场变化。

狭义上的改制是指国有企业改制成符合《中华人民共和国公司法》(以下简称《公司法》)要求的公司法人。从广义上讲，也包括以上市为目的，将有限责任公司改制成为股份有限公司。本书“改制”特指多种类型企业，以在境内外资本市场上市、挂牌为目的，按有关法律法规的要求，改制为股份有限公司，并完善法人治理结构。

● 公开发行并上市的含义

根据《中华人民共和国证券法》(以下简称《证券法》)的规定，公开发行是指下列情形：

(1) 向不特定对象发行证券。

(2) 向累计超过 200 人的特定对象发行证券。

(3) 法律、行政法规规定的其他发行行为。

公开发行可分为非上市公司首次公开发行(即 Initial Public Offering，“IPO”)和上市公司公开发行(包括公开增发和配股)。公开发行证券必须符合法律、行政法规规定的条件，并依法报经国务院监督管理机构或者国务院授权的部门(中国证券监督管理委员会，以下简称“中国证监会”)核准，任何单位和个人不得公开发行证券。

上市是指已经发行的证券经证券交易所批准后在交易所公开发牌交易的法律行为。

公开发行股票是股票上市的必要条件，但不是充分条件。我国证券市场中已有多起已公开发行但未能上市的事例，企业因种种原因，功亏一篑。

案例：立立电子，公开发行后未上市

宁波立立电子股份有限公司（以下简称“立立电子”）成立于2000年6月，主要业务为硅单晶锭、硅抛光片、硅外延片及功率肖特基二极管芯片的制造和销售，是中国最大的硅抛光片和硅外延片生产企业之一。

2008年2月29日，立立电子在中国证监会网站预披露了招股说明书申报稿，3月5日IPO申请获中国证监会审核通过，7月1日公司宣布网上申购的中签号码，预计7月8日挂牌上市。但7月7日，一家媒体发表了立立电子涉嫌“资产腾挪、二次上市”的报道，质疑其掏空浙江海纳资产。立立电子的上市之路也戛然而止。

2009年4月3日，中国证监会发审委否定了立立电子的首发申请，撤销立立电子公开发行股票核准决定，这是中国证监会首次做出发行撤销决定，立立电子也成为中国证券史上首例“募集资金到位，但IPO最终被否”的公司。

改制与上市（挂牌）的关系

任何一个资本市场，对上市主体的法律形式、公司治理、业务架构、财务等都有一系列具体要求，只有满足这些条件，才有可能上市。因此企业在上市前必须进行相应的改组改造。

一是公司形式上。根据《公司法》、《证券法》，企业上市之前必须改制为股份有限公司。企业到境外上市，也要对组织结构进行改制重组，在法律主体形式方面符合境外资本市场的要求。

二是规范运作上。全球各资本市场对上市公司的规范运作都有明确要求。通过改制建立现代公司制度，清晰产权结构，完善公司治理水平，建立科学决策和管理机制，是企业上市前的“必修课”。

改制是“上市”的准备阶段，改制工作的质量，是决定上市成功的基础。任何准备上市的企业，都应该高度重视企业改制，按照上市有关法律法规的要求，做好改制工作。

公开上市（挂牌）的意义

1. 筹集资金，壮大实力

资本市场融资效应显著。溢价发行股票使中小企业能在出让较少股份的情况下，筹集充足的资金，用于长期发展所需，企业规模和实力在短期内都能得到大幅提高。公司上市之后还可以通过多种手段实现再融资，从而大大增加公司的竞争力。

2. 明确发展战略

中小企业改制上市的过程,也是中小企业明确发展方向和发展战略的过程。企业要不断分析内外部环境,评价优势劣势,制定发展规划,并通过实施募集资金投资项目,实现发展目标。

3. 提升管理水平

改制上市有利于促进企业完善治理机制,建立现代企业制度,夯实基础管理,提高管理水平,从而促使企业持续健康发展。

4. 股东财富增值

目前股票发行上市的全流通机制已经建立,股票直接以市场价格定价,提升公司与控股股东持股的价值,股东能获得更大增值。

5. 提升企业形象

上市公司是行业的佼佼者。上市有利于企业树立品牌,提高企业形象,更有效地开拓市场,降低融资与交易成本。同时,随着网络媒体日益完善发达,上市公司信息可实时更新,公司上市后,可以借助媒体使更多人了解公司及产品,用低成本实现品牌效应,大大提高公司在国内的知名度,并且得到同行专家的认可。

6. 集聚优秀人才

股份制是实行股权激励计划的基础。在改制过程中或发行上市后,实行管理层持股、员工持股和股票激励计划,能增加管理层和员工的财富,增强公司对人才的吸引力。

此外,如在海外上市,还有利于企业在技术、市场、管理、人才国际化等方面获得更多的合作机会,为企业走向国际市场创造条件。

● 公开发行上市对中小企业的约束

企业改制为股份公司,从接受辅导机构辅导并到监管部门备案开始,就正式踏上了上市之路。在公司治理、规范运作、信息披露等方面,都要向上市公司看齐。而上市公司作为社会公众公司,为保护社会公众股东的权益,要接受更为严格的监管,社会责任和压力也更大。

1. 监管和监督部门增加

企业从辅导备案开始,要接受中国证监会和上海证监局的监管,接受来自保荐机构等中介机构的持续督导。公开发行股票并上市后,还要接受证券交易所的监管。

2. 公司透明度提高

公司向中国证监会上报 IPO 申请材料,必须按照《证券法》、中国证监会颁布的有关规定,真实、准确、完整、及时、公平地披露公司信息,公司及其董事、监事、高级管理人员应当保证信息披露内容的真实、准确、完整、及时、公平,没有虚假记载、误导性陈述或重大遗漏。公司上发审会前,《招股说明书》(申报稿)须在中国证监会网站上进行预披露(中国证监会发行监管部、创业板发行监管部于 2013 年 12 月 13 日联合发布《中国证券监督管理委员会发行监管部、创业板发行监管部关于首次公开发行股票预先披露等问题的通知》，要求保荐机构在向中国证监会提交首发申请文件的同时，一并提交预先披露材料，并根据反馈等更新预先披露材料。此时，公司各项信息就基本透明。公司上市后，还必须按照证券交易所颁布的《股票上市规则》等规定，进行信息披露。

3. 经营压力增加

在成熟资本市场，权益资本成本要高于债务资本成本，投资者购买公司的股票要求获得合理的投资回报。如果公司经营不善，业绩不佳，将会遭到投资者抛弃，对公司形象也是一种损失。

4. 大股东受到的约束力增加

大股东参与公司管理，必须严格遵守公司治理准则，大股东不能侵占公司资产，损害公司权益。在中小企业板上市的企业，其控股股东和实际控制人必须遵守《中小企业板上市公司规范运作指引》的要求；在创业板上市的企业，其控股股东和实际控制人必须遵守《创业板上市公司规范运作指引》，上市前还应当签署《控股股东、实际控制人声明及承诺书》，承诺不得滥用控制权损害上市公司及其他股东的利益。

第二节　上市地点选择

● 企业如何选择上市地点

选择合适的上市地，对拟上市企业来说是一个非常关键的问题，需要董事会审慎抉择。选择上市地的核心不是选择交易所，而是选择企业自己的股东和市场，这样才能使企业的发展与资本市场的发展相得益彰。企业选择上市地，一般应结合下列因素综合考虑：

(1) 一级市场的筹资能力(市盈率水平)、二级市场的流通性(市场活跃状况)、后续融资能力。

(2) 拟上市地是否与企业的定位和行业地位相适应。

(3) 拟上市地是否为企业主要业务和核心客户所在地。

(4) 拟上市地投资者对企业的认同度。

(5) 上市成本(包括初始上市成本以及后续维护成本)、上市所需时间。

(6) 拟上市地的地理位置、文化背景、上市标准等。

● 企业境内上市的主要优势

企业选择在境内或境外上市，应视各自具体情况而定，关键是找准定位。一般来说，企业在境内上市有如下优势：

（1）对境内相关的法律法规比较熟悉。

（2）上市初始成本和后续维护成本低。

（3）IPO 市盈率一般较高，融资量相对较大。

（4）主要产品和市场在境内的企业，容易得到投资者的认同，广告效应明显。

而对境内大多数企业来说，到境外上市可能存在一定困难，例如：

（1）对于境外的法律制度认识有限，以及文化背景、语言等存在差异导致交流困难，沟通效率低。

（2）上市成本高，上市初始成本和后续维护成本均为境内的数倍。

（3）IPO 市盈率普遍较低，融资量受限。

（4）聘用境外上市所需的专业人员比较困难，对特定人员依赖度高。

（5）面临的政策性批准程序较多，存在政策风险。

不过，到境外上市也有某些方面的优势，例如：审核周期相对较短，上市条件相对宽松等。

总之，绝大多数企业更适合在境内上市。当然，如果企业的主要产品和市场在境外，或者国际化程度高，能得到境外投资者的高度认同，或者企业规模大，需要多地上市解决融资问题，可选择合适的境外市场上市。

● 企业境外上市的主要优势

与境内上市相比，境外上市 IPO 及再融资时间周期较短；上市条例清晰，获得审批较容易；募集及再融资资金均为外汇；在上市过程中引进海外及国际性投资者，有利于吸收海外企业对管理、营运及市场开拓的经验，提升企业在国际市场的形象。但境外上市发行市盈率较低，发行及维持上市费用高，市场交易受国际资本市场的活动程度影响相对较大。

● 上市地对发行市盈率的影响

发行市盈率是指股票发行价格与每股盈利的比率。影响发行市盈率高低的因素包括：

（1）盈利预期。盈利预期是影响市盈率最重要的因素，盈利增长前景越佳，投资者也就愿意支付越高的价格，对应的市盈率也就越高。

（2）盈利的稳定性。一般而言，周期性行业和钢铁、航运行业的盈利波动性较大，市盈率也就相对较低，而盈利受经济周期影响较小、波动性较低的行业如消费、医药行业等市盈率就相对较高。

（3）公司治理水平、管理层能力、股利分红政策以及宏观经济、行业景气度等因素也会影响投资者对盈利增长前景和稳定性的看法，从而影响股票发行市盈率水平。

就境内市场而言，发行市盈率和上市地并无相关性。如果将公司按市值进行划分，可以发现，同行业规模相当的公司，无论在主板上市还是在中小板上市，市盈率并无明显差异。这是因为股票首次公开发行的审核标准、询价制度基本相同，且定价是由询价对象给出，这些询价对象本身是跨两个市场的，所以并不会因为公司在不同的市场上市就给出不同的价格。因此一家公司的定价多少，主要由公司所处行业、盈利能力、发展潜力等自身素质决定，而与上市地无关。

● 发行人股本规模与投资价值的误区

发行人股本规模与其投资价值并无直接联系。部分投资者在判断公司投资价值时，过分关注“股本扩张”因素，认为公司股本越小，投资价值越高，其实这是一个认识误区。当前在一级市场，不少投资者甚至机构投资者虽然倡导价值投资理念，但在对拟上市公司估值时，往往抓住“小股本”题材，偏执地认为其未来成长空间大，发展能力强，而高估其价值，从而对其过分炒作、虚张声势。与此同时，很多发行人为迎合这些投资者的投资偏好，刻意缩小发行股本，进而通过在上市后进行大比例送股转增股本，人为地制造利好信息与炒作热点。实际上，这种“小股本”、“高送转”炒作的现象带给投资者的只是虚假的繁荣景象。

对一个公司来说，决定其价值的根本因素是盈利能力及成长性，而不是其“股本”大小。换句话说，股本大小不决定投资价值，也不影响给投资者带来多少现金回报。例如，二级市场的股本扩张——“高送转”实质是股东权益的内部结构调整，对公司净资产收益率、盈利能力、资产规模、杠杆水平以及行业发展趋势都没有任何实质性影响，公司的基本面并没有变化。美国“股神”巴菲特直言：“股票分割”没有任何实际意义。此举只会增加交易成本（包括盈余公积及未分配利润转增股本须缴纳的个人所得税等），引起投资者对伯克希尔公司进行更多的投机交易。这好比吃不了整块比萨，而将它切成5块，饼的大小并没有实际变化。而在判断投资价值的时候，还是应该关注公司每股净资产、每股收益、股利政策、资产重组等公司内部因素，以及当前宏观经济情况、公司所在未来发展趋势以及证券市场状况等外部因素来综合判断公司的投资价值。

● 企业挂牌新三板的条件和主板以及创业板的比较

企业挂牌新三板的条件和主板、创业板的比较见表 2.1。

表 2.1　企业挂牌新三板的条件和主板以及创业板的比较

指标	新三板	主板、中小板	创　业　板
净利润	无硬性财务指标要求	净利润最近 3 年为正，且累计超过 3 000 万元；最近一期不存在未弥补亏损	最近 2 年连续盈利，最近 2 年净利润累计不少于 1 000 万元；或者最近一年盈利，最近一年营业收入不少于 5 000 万元
营业收入或现金流	无硬性财务指标要求，主营业务突出	最近 3 年营业收入累计超过 3 亿元，或最近 3 年经营现金流量净额累计超过 5 000 万元	

(续表)

指标	新三板	主板、中小板	创 业 板
股本要求	挂牌前总股本不低于500万元	发行前股本总额不少于人民币3 000万元	发行后股本总额不少于3 000万元
资产要求	无硬性财务指标要求,具有2年持续经营记录	最近一期末无形资产(扣除土地使用权、水面养殖权和采矿权等后)占净资产比例不高于20%	最近一期末净资产不少于2 000万元,且不存在未弥补亏损

国内创业板区别于海外创业板的特点

国内创业板借鉴了海外创业板成功经验,同时充分考虑我国具体国情,发行标准既具有海外创业板市场的普遍特点,又具有中国特色,表现在以下几点:

(1) 发行上市的量化标准严格:①我国创业板强调"净利润"要求,指标上也严于海外创业板市场;②我国创业板对企业规模有较高要求;③我国创业板对企业的成长性有定量要求;④我国创业板要求企业上市前不得存在"未弥补亏损",而海外创业板市场则少有类似规定。

(2) 对企业的定性规范要求更为明确细致。我国创业板发行上市条件的设计在突出保荐人等市场自律组织作用的同时,在"持续盈利能力"、"公司治理"、"规范运作"、"募集资金使用"等方面都设置了更为细致和明确的定性规范要求,以保证企业的质量和保护投资者的合法权益。

第三节 改制上市基本知识

改制上市的基本程序

根据《公司法》、《证券法》、中国证监会和证券交易所颁布的规章、规则等有关规定,企业公开发行股票并上市应遵循以下程序:

1. 改制设立

拟定改制重组方案,聘请保荐机构(证券公司)和会计师事务所、资产评估机构、律师事务所等中介机构对改制重组方案进行可行性论证,对拟改制的资产进行审计、评估、签署发起人协议和起草公司章程等文件,设置公司内部组织机构,设立股份有限公司。除法律、行政法规另有规定外,股份有限公司设立取消了省级人民政府审批这一环节。

2. 尽职调查与辅导

保荐机构和其他中介机构对公司进行尽职调查、问题诊断、专业培训和业务指导,学习上市公司必备知识,完善组织结构和内部管理,规范企业行为,明确业务发展目标和募集资金投向，对照发行上市条件对存在的问题进行整改，准备首次公开发行申请文件。目前已取消了为期一年的发行上市辅导的硬性规定，但保荐机构仍需对公司进行辅导。

3. 申请文件申报

企业和所聘请的中介机构，按照中国证监会的要求制作申请文件，保荐机构进行内核并负责向中国证监会尽职推荐，符合申报条件的，中国证监会在5个工作日内受理申请文件。

4. 申请文件审核

中国证监会正式受理申请文件后，对申请文件进行初审，同时征求企业所在省级人民政府和国家发改委意见，并向保荐机构反馈审核意见，保荐机构组织企业和中介机构对反馈的审核意见进行回复或整改，初审结束后发行审核委员会审核前，进行申请文件预披露，最后提交股票发行审核委员会审核。

根据近期中国证监会公告的《中国证监会发行监管部首次公开发行股票审核工作流程》与《中国证监会创业板发行监管部首次公开发行股票审核工作流程》，中国证监会对于中小企业和创业板企业的审核工作流程略微不同，中小企业板的审核流程分为受理、预披露、反馈会、见面会、初审会、发审会、封卷、核准发行等主要环节；创业板的审核流程分为受理、反馈会、见面会、问核、预先披露、初审会、发审会、封卷、会后事项审核、核准发行等主要环节。二者的主要区别在于创业板仍设有问核流程，且预披露时间较后。较之以往，创业板审核环节并无太大改变，而中小企业审核环节中有三处重大改变：一是鉴于已要求保荐机构建立公司内部问核机制，在首发企业审核过程中，不再设问核环节；二是将首发见面会安排在反馈会后召开，增强交流针对性，提高见面会效率；三是进一步提前了预披露时间，2013年12月13日，中国证监会发行监管部和创业板发行监管部联合出具了发行监管函[2013]328号《中国证券监督管理委员会发行监管部、创业板发行监管部关于首次公开发行股票预先披露等问题的通知》，规定保荐机构应在向中国证监会提交首发申请文件的同时，一并提交预先披露材料，意味着企业申请首次公开发行的招股说明书预披露时间提前至反馈会之前（按照原有规定，企业招股说明书预披露时间是在发审会召开前30天），这样对中介机构的要求更高，督促保荐机构进一步提升工作质量。

5. 中国证监会核准

发行申请经发行审核委员会审核通过后，中国证监会作出核准或不予核准的决定。

6. 路演、询价与定位

经中国证监会核准发行的企业，在指定报刊刊登招股说明书摘要及发行公告等信息，证券公司与企业进行路演，向投资者推介和询价，并根据询价结果协商确定发行价格。

7. 发行与上市

根据中国证监会规定的发行方式公开发行股票，向证券交易所提交上市申请，办理股份的托管与登记，挂牌上市，上市后由保荐机构按规定负责持续督导。

股份公司设立及股票审核上市流程见图 2.1 所示。

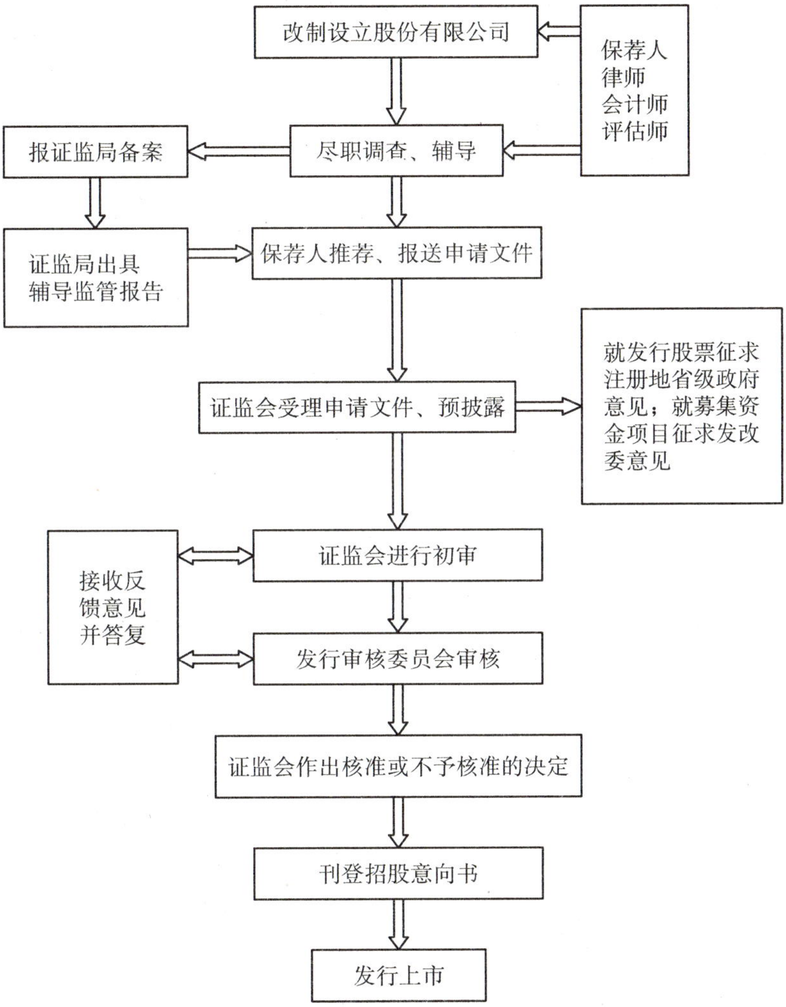

图 2.1　股份公司设立及股票发行审核上市流程图

● 企业发行上市在产业政策方面的要求

企业申请公开发行股票并上市，必须符合国家产业政策。国家鼓励和重点支持的产业、高科技产业、朝阳产业、增长型产业将得到优先支持。以下产业（或业务）将受到限制：

（1）国家限制发展和要求淘汰的产业（详见国家发改委颁布的《产业结构调整指导目录》）。

（2）受到宏观政策调控限制的产业。

（3）政策特别限制的业务，如国家风景名胜的门票经营权、报刊采编业务等。

（4）不能履行信息披露义务最低标准的有保密要求的业务（公司）。

股票发行上市过程中企业需要聘请的中介机构

股票发行上市一般需要聘请以下中介机构：

（1）保荐机构（股票承销机构）。

（2）会计师事务所。

（3）律师事务所。

（4）资产评估机构（如需要评估）。

企业发行上市过程中保荐机构的职责

保荐机构在企业发行上市过程中主要负责以下工作：

（1）协助企业拟定改制重组方案和设立股份公司。

（2）根据《证券发行上市保荐业务管理办法》、《保荐人尽职调查工作准则》以及《关于进一步加强保荐机构内部控制有关问题的通知》的要求对公司进行尽职调查，履行内部问核程序，由2名保荐代表人签署《关于保荐项目重要事项尽职调查情况问核表》，作为保荐工作报告的附件一并提交。《关于进一步加强保荐机构内部控制有关问题的通知》要求保荐机构在保荐项目中对37项重点事项进行尽职调查，包括但不限于：公司行业排名和行业数据；公司主要供应商、经销商情况；公司环保情况；公司拥有或使用专利情况；公司拥有或使用商标情况；公司拥有或使用计算机软件著作权情况；公司拥有或使用集成电路布图设计专有权情况；公司拥有采矿权和探矿权情况；公司拥有特许经营权情况；公司拥有与生产经营相关资质情况（如生产许可证、安全生产许可证、卫生许可证等）；公司违法违规事项；公司关联方披露情况；公司与本次发行有关的中介机构及其负责人、高管、经办人员存在股权或权益关系情况；公司控股股东、实际控制人直接或间接持有公司股权质押或争议情况；公司重要合同情况；公司对外担保情况；公司曾发行内部职工股情况；公司曾存在工会、信托、委托持股情况；公司涉及诉讼、仲裁情况；公司实际控制人、董事、监事、高管、核心技术人员涉及诉讼、仲裁情况；公司董事、监事、高管遭受行政处罚、交易所公开谴责、被立案侦查或调查情况；公司律师、会计师出具的专业意见；公司会计政策和会计估计；公司销售收入情况；公司销售成本情况；公司期间费用情况；公司货币资金情况；公司应收账款情况；公司存货情况；公司固定资产情况；公司银行借款情况；公司应付票据情况；公司税收缴纳情况；关联交易定价公允性情况；公司从事境外经营或拥有境外资产情况；公司控股股东、实际控制人是否为境外企业或居民；公司是否存在关联交易非关联化的情况。

（3）对公司主要股东、董事、监事和高级管理人员等进行辅导和专业培训，帮助其了解与股票发行上市有关的法律法规，知悉上市公司及其董事、监事和高级管理人员的法定义务和责任。

(4) 帮助企业完善组织结构和内部管理，规范企业行为，明确业务发展目标和募集资金投向等。

(5) 组织企业和中介机构制作发行申请文件，并依法对公开发行募集文件进行全面核查，向中国证监会尽职推荐并出具发行保荐报告。

(6) 组织企业和中介机构对中国证监会的审核反馈意见进行回复或整改。

(7) 负责证券发行的主承销工作，组织承销团承销。

(8) 与企业共同组织路演、询价和定价工作。

(9) 在企业证券上市后，持续督导企业履行规范运作、信守承诺、信息披露等持续督导义务。

● 企业发行上市过程中会计师事务所和注册会计师的职责

股票发行上市必须聘请具有证券从业资格的会计师事务所承担有关审计和验资等工作。主要工作如下：

(1) 负责企业财务报表审计，并出具三年或三年及一期的审计报告。

(2) 负责企业资本验证，并出具有关验资报告。

(3) 负责企业盈利预测报告审核，并出具盈利预测审核报告。

(4) 负责企业内部控制鉴证，并出具内部控制鉴证报告。

(5) 负责核验企业的非经常性损益明细项目和金额。

(6) 对企业主要税种纳税情况出具专项意见。

(7) 对企业原始财务报表与申报财务报表的差异情况出具专项意见。

(8) 提供与发行上市有关的财务会计咨询服务。

● 企业发行上市过程中律师事务所和律师的职责

企业股票公开发行上市必须依法聘请境内律师事务所担任法律顾问，其主要工作如下：

(1) 对改制重组方案的合法性进行论证。

(2) 指导股份公司设立或变更。

(3) 协助和指导企业制定法人治理规范运作的相关制度并遵照执行。

(4) 对企业发行上市涉及的法律事项进行审查并协助企业规范、调整和完善。

(5) 对发行主体的历史沿革、股权结构、资产、组织机构运作、独立性、税务等公司全面的法律事项等合法性进行判断。

(6) 对股票发行上市各种法律文件的合法性进行判断。

(7) 协助和指导企业起草公司章程等公司法律文件。

(8) 出具法律意见书。

(9) 出具律师工作报告。

(10) 对有关申请文件提供鉴证意见。

(11) 针对创业板企业需对公司董事、监事、高级管理人员及公司股东和实际控制人在相关文件上签名盖章的真实性提供鉴证意见。

● 企业发行上市过程中资产评估机构和评估师的职责

企业以实物、知识产权、土地使用权等非货币资产出资设立公司的,应当评估作价,核实资产。国有及国有控股企业以非货币资产出资或者接受其他企业的非货币资产出资,应当遵守国家有关资产评估的规定,委托有资格的资产评估机构和执业人员进行;其他的非货币资产出资的评估行为,可以参照执行。

自 2002 年 1 月 1 日起,各级财政(或国有资产管理,下同)部门对国有资产评估项目不再进行立项批复和对评估报告的确认批复(合规性审核),实行核准制和备案制。有关经济行为的资产评估活动由国有资产占有单位按照现行法律、法规的规定,聘请具有相应资质的中介机构独立进行,评估报告的法律责任由签字的注册资产评估师及所在评估机构共同承担。

经各级政府批准的涉及国有资产产权变动、对外投资等经济行为的重大经济项目,其国有资产评估实行核准制。凡由国务院批准实施的重大经济项目,其评估报告由财政部进行核准;凡由省级人民政府批准实施的重大经济项目,其评估报告由省级财政部门进行核准。对其他国有资产评估项目实行备案制。除核准项目以外,中央管理的国有资产,其资产评估项目报财政部或中央管理的企业集团公司、国务院有关部门备案。地方管理的国有资产评估项目的备案工作,比照上述原则执行。

企业申请公开发行股票涉及资产评估的,应聘请具有证券从业资格的资产评估机构承担,资产评估工作一般包括资产清查、评定估算、出具评估报告。

● 企业境内发行上市需要承担的费用

中小企业在境内发行股票并上市,涉及的成本费用主要包括中介机构费用、交易所费用和推广辅助费用三部分。其中,中介机构费用包括改制设立财务顾问费用、保荐与证券承销费用、会计师费用、律师费用、资产评估费用等;交易所费用主要包括交易所上市初费和年费等;推广辅助费用主要包括印刷费、媒体及路演的宣传推介费等。上述三项费用中,中介机构的费用是发行上市成本高低的主要决定因素,其金额变化直接决定上市成本的高低,其余两项费用在整个上市成本中所占的比例不大。

以上费用项目中,占费用主体部分的证券承销费用在股票发行溢价中扣除,并不影响企业的成本费用和利润。

有关费用项目及收费标准具体如表 2.2 所示。

表 2.2　企业境内发行上市费用项目及收费标准

项目	费用名称	收 费 标 准	支付时间
改制设立	财务顾问费用	参照行业标准由双方协商确定，一般在50万元左右	改制阶段支付
发行	承销费用	参照行业标准由双方协商确定，一般在800万～1 200万元之间	募集资金到位后支付
发行	会计师费用	参照行业标准由双方协商确定，中小企业板平均为226万元，创业板平均为179万元	按项目进度分阶段支付，一般在企业上发审会前支付完毕
	律师费用	参照行业标准由双方协商确定，中小企业板平均为117万元，创业板平均为118万元	分阶段支付，约50%在募集资金到位后支付
	评估费用	根据国家新的收费标准，一般在50万～100万元之间	项目实施后支付
	路演费用	参照行业标准协商确定	募集资金到位后支付
上市及其他	保荐费用	参照行业标准由双方协商确定，一般在200万～400万元之间	募集资金到位后支付
	上市初费和年费	在深圳证券交易所上市，股票上市初费为3万元；上市年费按月收取，5 000万股本以下每月500元，股本每增加1 000万元增加100元，最高限额每月2 500元	
		在上海证券交易所上市，股票上市初费按上市总面额的万分之三缴纳，最多不超过3万元；上市月费为上市总面额的十万分之一，最多不超过500元/月	
	股票登记费	在深圳证券交易所上市，发起人股、国家股、国有法人股免费；流通股按股本面值3‰收取；其他非流通股按股本面值1‰收取	
		在上海证券交易所上市，按所登记的股份面值收取，5亿股(含)以下的费率为1‰；超过5亿股的部分，费率为0.1‰；金额超过300万元以上部分予以免收	
	信息披露费	视实际情况而定	
	印刷费		
	差旅费		

● 企业发行上市所需时间

《首次公开发行股票并上市管理办法》取消了辅导一年方可申请发行上市的要求，而且资本市场已进入重要转折时期，发行制度市场化的趋势越来越明显，今后发行上市速度必将加快。

一般来说，如果二级市场情况较好，政策面稳定，发行上市速度会较快；企业各方面基础较好，需要整改的工作较少，发行上市的时间可相应缩短。

正常情况下，各阶段的大致时间为：从筹划改制到设立股份公司需 6 个月左右，规范的有限责任公司整体变更为股份有限公司时间可以缩短；保荐机构和其他中介机构尽职调查和制作申请文件约需 3～4 个月；如果企业质地比较好，发行审核比较顺利，从申报材料到上市可能需要 6 个月左右的时间。总体时间为 15 个月左右。

● IPO 募集资金金额如何确定

IPO 募集资金应当有明确的使用方向，原则上应当用于主营业务。除金融类企业外，募集资金使用项目不得用于持有交易性金融资产和可供出售的金融资产、借予他人、委托理财等财务性投资，不得直接或者间接投资于以买卖有价证券为主要业务的公司。IPO 募集资金金额主要根据募集资金投资项目确定，应不超过募集资金投资项目金额。募集资金数额和投资项目应当与企业现有的生产经营规模、财务状况、技术水平和管理能力等相适应。如果企业净资产为 1 亿元，募集资金 3 亿元，同时加上银行配套贷款，同时开工若干个项目，要考虑其管理能力能否跟上，以及投产后是否有足够的市场容量。

由于《证券法》取消了两次融资相隔一年的限制，公司在上市后可以根据资金需求情况，随时在资本市场融资，因此，首发募集资金不宜过多。

● IPO 发行股票数量如何确定

公司股票发行数量一般根据计划的募集资金金额和预计股票发行价进行测算，并应符合以下要求：公司股本总额不超过人民币 4 亿元的，公开发行的股份应达到发行后公司股份总数的 25%以上；公司股本总额超过人民币 4 亿元的，公开发行股份应达到发行后公司股份总数的 10%以上。

如在中小企业板上市的金风科技，发行前股本是 4.5 亿股，首发 5 000 万股，公开发行股份占发行后总股本的比例刚好达到 10%。

● 股票发行价格如何确定

发行价格＝每股收益×发行市盈率。

每股收益按发行前一年经会计师事务所审计的、扣除非经常性损益前后孰低的净利润除以发行后总股本计算。

发行市盈率主要参考发行时的一级市场市盈率和同行业上市公司市盈率。统计显示，截至 2014 年 12 月 31 日，在中小企业板发行上市的企业平均发行市盈率为 41.06 倍；在创业板发行上市的企业平均发行市盈率为 64.51 倍。2014 年 3 月以来，证监会对《证券发行与承销管理办法》等规则进行了调整，6 月 10 日起按新规发行的 10 家公司发行定价平均市盈率为 17.76 倍，较年初 48 家公司平均定价市盈率(29 倍)低 38.8%，有 9 家公司发行市盈率未能超过同行业市盈率，平均低 29%。

● 企业申请在全国中小企业股份转让系统公开转让、定向发行股票的审查工作流程

根据《非上市公众公司监督管理办法》、《全国中小企业股份转让系统有限责任公司管理暂行办法》等规章，股份公司申请到全国中小企业股份转让系统(以下简称“全国股份转让系统”)挂牌须经全国中小企业股份转让系统有限责任公司(以下简称“全国股份转让系统公司”)审查，并经证监会核准纳入非上市公众公司监管。按照标准公开、程序透明、行为规范、高效便民的原则，股份公司申请股票在全国股份转让系统公开转让、定向发行(包括股份公司申请挂牌同时定向发行、挂牌公司申请定向发行，豁免向中国证监会申请核准的除外)的审查工作流程如下：

一、全国股份转让系统公司接收材料

全国股份转让系统公司设接收申请材料的服务窗口。申请挂牌公开转让、定向发行的股份公司(以下简称“申请人”)通过窗口向全国股份转让系统公司提交挂牌(或定向发行)申请材料。申请材料应符合《全国中小企业股份转让系统业务规则(试行)》、《全国中小企业股份转让系统挂牌申请文件内容与格式指引(试行)》等有关规定的要求。

全国股份转让系统公司对申请材料的齐备性、完整性进行检查：需要申请人补正申请材料的，按规定提出补正要求；申请材料形式要件齐备、符合条件的，全国股份转让系统公司出具接收确认单。

二、全国股份转让系统公司审查并出具审查意见

(一) 反馈

对于审查中需要申请人补充披露、解释说明或中介机构进一步核查落实的主要问题，审查人员撰写书面反馈意见，由窗口告知、送达申请人及主办券商。

(二) 落实反馈意见

申请人应当在 30 个工作日内向窗口提交反馈回复意见。

(三) 出具审查意见

申请材料和回复意见审查完毕后，全国股份转让系统公司出具同意或不同意挂牌或定向发行(包括股份公司申请挂牌同时定向发行、挂牌公司申请定向发行)的审查意

见，窗口将审查意见送达申请人及相关单位。

三、中国证监会接收和受理材料并出具核准文件

（一）接收和受理

中国证监会在全国股份转让系统公司办公地点（金融大街丁26号金阳大厦）设行政许可受理窗口。申请人通过受理窗口向中国证监会提交申请核准材料。申请核准材料应符合《非上市公众公司监督管理办法》、《非上市公众公司监管指引第2号——申请文件》等有关规定的要求。中国证监会依法接收申请人的申请核准材料，并出具行政许可接收凭证和受理通知书。

（二）作出核准决定

中国证监会依法在受理申请之日起20个工作日内作出准予或不予行政许可的决定。窗口将中国证监会核准文件送达申请人及相关单位。申请人领取批文后办理后续登记、挂牌等事宜。

第三章

改制与引进战略投资者

第一节 战略投资者的引入

● 引入战略投资者(VC/PE)的作用

公司引入战略投资者(进行私募融资)是除银行贷款和公开上市之外的一种主要融资方式。在改制阶段引入战略投资者,不仅可以为企业提供业务发展所需要的资金,而且可以降低企业负债率,提高再融资能力,从根本上改善财务状况。如果企业既想做股权激励,又要引入战略投资者,建议将两次分开做,在改制之前完成股权激励,改制之后以增资的形式引入战略投资者。

对现金流良好、融资渠道有保障的企业,引进战略投资者还有以下作用:

(1) 为非上市公司实施股权激励计划解决公司定价估值问题,留住核心人才和引入经营管理人才。

(2) 企业股权多样化,完善公司治理结构(引入战略投资者是公司海外红筹上市的必要条件)。

(3) 协助兼并和收购,进行战略咨询,整合产业链,协助企业进入国际市场。

(4) 协助企业改制和引入后续战略投资者和上市安排。

案例:某公司引入投资者案例

A 公司是一家 500 强医疗集团指定的售后维修服务供应商,经过 10 多年的发展,2010 年公司销售收入接近 2 亿元,利润 2 000 万元,年末净资产超过 6 000 万元,员工近 300 人,规模在医疗维修行业处于领先地位。

2008 年初公司曾与 PE 机构签署投资协议,拟出让 35%左右的股权,分 2 次引入约 950 万美元的风险投资(2007 年末公司净资产约 3 500 万元,年净利润约 1 000 万元,投资前估值约 1 500 万美元),后由于国家外汇管制、境内股市大幅下挫和金融危机等综合因素影响,未引入该战略投资者。

2008年—2010年，医疗维修行业市场快速发展，与A公司规模接近的企业不断增加。A公司行业优势受到冲击，尤其是人才流失压力较大。公司核心管理人员成为业内企业猎头的对象，一些500强公司开出50%以上的工资增幅邀请公司中层管理骨干，公司基层人员的收入也不具备优势。因此公司管理层于2010年末启动了新一轮引入战略投资者的计划，其目的主要是：

(1) 为实施股权激励计划解决公司定价估值问题，稳定公司人员，留住核心人才。

(2) 公司股东投资期限长的已近10年，最短的也超过3年，部分股东公司股权占家庭资产的比例极高，有变现部分股权的需求。

(3) 通过引入战略投资者完善公司治理结构，实行股份制改造，为公司上市做准备。

(4) 抓住医疗行业快速发展的机遇，通过兼并收购进一步确立行业中的领导地位，实现公司业务的快速发展(未来5年复合增长率30%以上，争取达到40%～50%)。

● 战略投资者(VC/PE)的分类

战略投资者的分类如表3.1所示：

表3.1 战略投资者的分类

PE的类型(按投资阶段)	投资特征
天使投资(Angel Invester)	又称非正规风险投资，一般由投资者个人出资，投资于种子期(初创期)企业，投资规模小、风险高、回报大
风险投资(Venture Capital)	由专业人士投资于新兴的、迅速发展的、具有巨大发展潜力的企业的权益性资本
成长资本(Growth Capital)	投资于中后期发展阶段的企业，主要用于增加产量、销量以及研发新品，提升利润空间
并购资本(Leveraged Buyouts)	收购控股成熟且稳定增长的企业，实施内部重组、行业整合等来提升企业价值，待增值后出售获利
战略投资者(Strategic Invester)	大型企业集团中的直投部门，以投资集团相关行业为主，投资并不以获利为唯一目的
夹层资本(Mezzanine Capital)	介于股权投资和债权投资之间，一般投资于成长型公司在两轮融资之间或在上市之前，包括可转债和可转换优先股等

● 中国风险投资(股权投资)业的发展特点

中国的风险投资起步很晚，发展很快，开始是受美国影响很大，现在越来越本地化，受美国的影响越来越小。中国最早的风险投资应该是IDG。IDG在1993年、1994年的时候其实不能叫真正的风险投资，而是一个投资公司的概念(战略投资者)。20世纪90年代末期风投在中国经历过很惨的一段时间，真正第二次崛起是从 2004 年开始，2005 年、2006 年风投变得很热，2008 年金融危机行业才冷下来。2008 年、2009 年以前，一般都是外资风投（融资、退出两头在外），投的是中国公司，但用的是美元，融资是美国这些投资人，最后上市在海外（如纳斯达克），退出的也是退的美元。百度、新浪、搜狐都是如此。2009 年开始了一个巨大的变化就是创业板，创业板一开迅速风起云涌，出现了很多人民币基金，发展速度之快是始料未及的（真正获利的主要是在 2000 年前后开始布局的国内人民币基金），很快，无论在融资的资本总量和基金个数，还是投资和退出的公司数量，都迅速地超过了美元基金。可能未来相当的一段时间都会如此。2011 年下半年开始，中国的整个风险投资和 PE 行业都冷了下来，而且冷得非常快，主要是资本市场对中国公司很不利，2011 年以前海外上市一般都有中国溢价，现在变成了中国折价，在人民币市场创业板、中小板一直往下走。目前风险投资在中国仍在快速发展，一方面表现为迅速向专业化发展，另一方面表现为往早期投。PE 资本逐步向后期并购发展。这与美国 PE/VC 发展历史相近。

● 企业在不同发展阶段可选的融资方式

企业在初创时期（种子期或创始期）的资金一般来源于创始人投入（含创始人亲友），部分企业可以获得政府的资助和天使投资。在企业进入发展期后可以选择私募股权融资（VC/PE/战略投资者）和银行（小额贷款公司）等金融机构融资，一般来说对于成长型企业，风险投资（VC）能比银行更早投入。企业进入成长期后可选的融资模式更为丰富，除了引入战略投资者和银行融资外，还可以选择 IPO、发行债券、引入并购基金等多种融资方式。企业上市后可以选择增发、定向增发、发行可转换债券、公司债等多种融资方式（见图 3.1）。

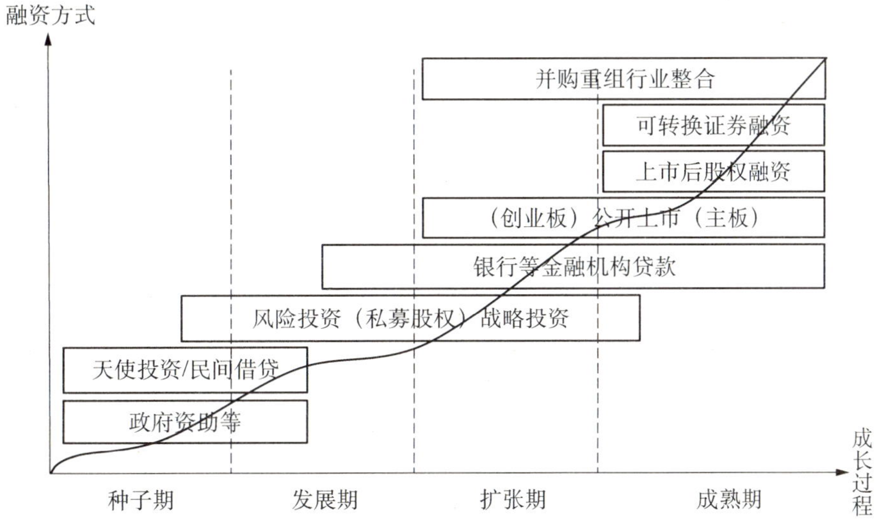

图 3.1　企业在不同发展阶段可选的融资方式

● 企业股权融资(引入战略投资者、VC、PE)与债权融资的比较

企业股权融资是以空间换时间，以出让股权换取企业的资本金，加速企业的发展。从投资阶段看，在公司起步的时候为天使投资(种子投资)，往后为风险投资(VC)，成长期投资一般为离上市3～4年(成长前期)，1～3年(成长后期)，PRE－IPO投资一般为对上市前18个月以内的投资。

债权融资是以时间换空间，企业通过延迟获利的时间来获得今天的生存空间。外部债权融资从来源看可以为买方、卖方、政府、机构(银行等)，企业融资可以从左到右逐项考虑，如是否可以有预售款(或买方信贷)、供应商融资(或卖方信贷)、政府补贴或贴息贷款、银行(或租赁、信托、债券发行)等。同时企业股权融资和债权融资还可分为内部融资和外部融资，由此可将融资分为外部权益融资、外部债务融资、内部股权融资、内部债权融资。一般而言，股权融资成本高(出让股权，出让公司未来成长的收益)、风险小(如没有回购条款本金不用归还)。企业选择融资模式时，以融资风险作为标准，宜先股后债，先外后内；以融资成本为标准宜先债后股，先内后外(见表3.2)。

表3.2 企业融资模式

	内部融资	外部融资
股权融资	股利转资本公积等	引入投资者增资扩股，上市
债权融资	股东借款	信贷租赁融资、发行债券

● 引入战略投资者(VC/PE)的时机选择

公司引入战略投资者的时机，主要根据企业发展需求和市场情况确定。以下4种情况是公司引入战略投资者的较好时机：

(1) 业务快速发展，债权融资受到限制不能满足业务发展的需要。

(2) 为留住核心人才需实施股权激励计划。

(3) 所处行业处于高速发展期，有较好的兼并收购机会。

(4) 预计未来两三年内IPO融资，公司需进行股份制改造，完善股权结构和治理结构。

案例(续)：某公司引入投资者案例

根据A公司2010年资产和盈利水平，估值约为3 000万美元，是2008年的2倍。如在2008年引入战略投资者，2010年末公司净利润有望达到人民币3 500万～4 000万元，公司估值亦将超过5 000万美元，原有股东持有股权的价值亦会比目前为高，而且有望确立公司在行业内的领导地位。因此，股东普遍认为错过了一次发展机遇。2010年末，公司考虑到所处行业处于快速发展时期，为留住核心人才需实施股权激励计划，同时创业板推出，公司估值有所恢复，虽然公司短期内业务发展不缺资金，仍将引入战略投资者列为2011年重点工作。

● 引入战略投资者(VC/PE)的注意事项

(1) 提前准备,忌"临时抱佛脚"。引入战略投资者一般需要6～12个月的时间,当需要资金时再引入战略投资者,企业资金面紧,沟通谈判时间短,往往会影响公司估值。

(2) 精心挑选,忌"鼠目寸光"。目前VC/PE企业本身良莠不齐。好的战略投资者不仅可以给企业带来资金,还能提供战略分析、客户或渠道资源,协助公司引入后续私募资金,甚至在IPO时提高公司估值(特别是海外上市,海外投资者非常看重公司的战略投资者)。企业可在广泛接触的基础上,选择熟悉公司所处行业、能为公司提供客户或渠道资源的战略投资者。企业应更看重若干年(比如IPO时)后公司的整体估值,而不应以被投资时的企业估值为主要因素。

(3) 分阶段实施,忌"一步到位"。引入战略投资者后企业财务状况会根本改善,后续可通过债权融资或多轮引资获得资金。因此确定出让股份和引入资金总量时,应避免一次性出让股权数量过多。同时随着企业的快速发展,估值会有所提高,分段融资更符合企业利益。但也要注意,融资有时间成本,并会耗费管理层相当的精力,因此重点是选好首轮战略投资者,后续融资要充分依靠首轮战略投资者。

案例:"五步"走向资本市场

W公司创办于1998年,主要从事高科技微创伤医疗产品的研究、制造、销售和服务,产品性能与国际竞争对手相当,但价格优势明显。随着国内市场的飞速发展,公司通过私募股权融资,业务实现超常规增长。

W公司先后进行了5轮融资:2001年销售收入达到2 000万元时启动首轮融资;2002年初首轮融资900万人民币,占不到20%的股份;当年还进行了第2轮融资,募集1 350万元,出让股份约17%;2003年初公司进行第3轮融资,募集2 485万元,出让股份21%;2004年某国际知名企业向其投资1 800万美元,通过股权置换和增资取得约40%的股权。国际投资者除提供投资外,在产品研发和海外市场拓展等方面与公司展开了广泛合作。2010年W公司成功上市。

纵观W公司融资历史,初始融资规模并不大。如果一次融资金额过大,就会出让过多股权。通过分次融资,每次融资能力都变强(该公司第2次比第1次溢价约100%,第3次溢价60%,第4次溢价300%)。

● 战略投资者(VC/PE)的关注重点(4M)

目标市场(Market)、企业管理团队(Management)、公司的商业模式(Model)和达到发展目标所需要的钱(Money)的数量,是投资者考察的重点。按重要性排序依次为:

1. 市场有多大(Market)

市场大小是投资人关心的首要问题。只有足够大的市场,才能产生一个优秀的目标公司。如在一个10亿元的市场中才能产生一家2亿~3亿元销售规模的公司(处于行业领先地位的企业,市场份额一般占20%~30%)。同时公司保持高速成长也和市场有直接关系。市场高速发展,市场里的公司才能高速发展。优秀公司的成长速度要高于行业平均增长速度。

2. 管理团队(Management)

投资就是投资团队。企业家自身的素质是投资者关注的重点之一,包括诚实正直、奋斗精神、精力充沛、头脑灵活、学识渊博、领导能力、创新能力等因素。同时企业家身边还要有一个能够相互协调、共同协作的多元化的团队。

3. 商业模式(Model)

商业模式是公司创造营业收入和利润的手段与方法。一个清晰的商业模式在吸引战略投资者时十分重要。因此在与投资者接触时,除了让其对市场前景有一个清晰印象外,还要把商业模式介绍清楚。公司的目标客户是哪些,如何接触到这些客户,市场策略是哪些,通过哪些渠道销售,如何配置公司资源,公司如何满足目标市场和目标客户的需求,公司的核心竞争力在哪里,公司的行业壁垒在哪。这些描述并不一定用专业术语,投资人往往更偏好简单的表述。

4. 你要多少钱(Money)

"钱"有两个含义:一是达到公司成长目标、收入目标和市场占有率目标等需要多少钱,二是公司价格高低。融资的目标是利用投资人的投资来帮助公司达到成长目标,而投资人的投资又以公司的股份为交换代价。投资者不仅会看当前公司需要融资多少,还会关注实现上市目标总共需要多少资金,规划第2轮甚至第3轮融资。价格的高低通常不是投资人最关心的问题(也不应该是公司引入战略投资者时最关心的问题),投资人往往更关心市场、团队、商业模式、行业壁垒和企业成长性。

案例:某知名创投公司选择项目的标准

(1) 投资项目的市场潜力(即使市场现在还小,未来前景足够好亦可)。

(2) 公司管理层的能力、品德和信誉。公司管理层最好是互补型的,有的懂技术,有的精于管理,有的擅长市场营销。

(3) 技术本身及转化为产品和服务的能力。

(4) 重点考察公司的商业模式。怎样赚钱?为什么能赚钱?比对手强在哪里?哪儿可能出问题?出了问题怎么办?商业模式必须是切实可行的。

(5) 公司的成长潜力。

投资者一般都是所在行业的专家(公司也不应寻找外行投资者),你很难骗他,把他搞晕、稀里糊涂地把钱拿走是不可能的,因此诚信很重要,个人信誉很重要。

战略投资者尽职调查的主要内容

投资人只有在全面了解目标企业的各种情况时才能真正地了解企业的价值，也只有全面了解企业，才能更好地化解未来可能出现的各种风险。对投资者的尽职调查，企业家应以开放的心态来面对。完全因为尽职调查发现大问题而不投资的情况，其实占比并不高。签署保密协议，可以避免投资人四处宣扬企业情况（但也不能完全依赖保密协议，企业家必须具有自我保护意识，像核心专利的细节就不必一一告知投资人）。

投资人尽职调查主要为公司团队、财务、业务、法律四个方面。投资人一般会把清单列表提前给企业家做准备，然后组织尽职调查团队进入，尽职调查团队有时还包含律师和会计师等专业机构。

（1）团队。投资就是投资管理团队，对团队的调查是尽职调查的重要部分。投资人会在幕后使出全部能量，把团队的情况和背景调查得清清楚楚。

（2）财务。主要核查公司提供的财务数据是否真实，有时会非常细致，如查看银行账户具体交易记录和明细账目，详细核实金额较大的应收、应付、其他应收、其他应付款项，关注公司缴税情况、收入确认原则、应收账款质量等。

（3）法律。从公司是否合法成立、相关审批手续是否齐全等入手，到公司主要财产和财产权利的合法性（如土地产权是否清晰，公司的专利技术等），甚至于环保是否达标等。投资者还会调查企业是否涉及潜在的法律风险，组织架构是否会对投资人进入后进行重组产生障碍，合同中是否隐含大额赔偿风险或者重大诉讼，是否有或有债务（如对外担保）等。

（4）业务。对业务的调查和公司所处行业息息相关，有时又与财务、法律交织在一起，比如合同的执行和签订属业务层面，但涉及的法律风险列入法律部分尽职调查范围，收款、付款、收入部分又在财务尽职调查中体现。一般而言，投资人会到公司与管理层交流，会要求列席公司销售会议，也会要求和公司客户及合作伙伴交流，进行 360 度调查访问。

与投资者谈判的要点

（1）请一位好律师（或好的融资顾问），从法律条文、交易结构等方面给企业家咨询和建议，不要对律师或融资顾问的费用斤斤计较。

（2）关注公司估值、证券类型、期权比例、董事会构成以及对原始股东和创业者的报酬和权力等关键条款。

（3）合理的资本结构比估值更重要。从长远来看，风险投资人占公司 33%还是 30%的股份并不重要，重要的是资本结构对后续投资者（如投资银行或后期投资 PE）是否易于理解，并有投资意愿。

（4）准备最佳替代方案。选择 2～3 个意向投资者，有利于企业从最好的投资者那里得到更好的投资条款。如果只有一个意向投资者，就意味着没有谈判筹码。

(5) 选择好的投资者。好的与差的投资者有天壤之别，对好的投资者，企业应给予稍微优惠的条款(不管在公司估值还是证券类型方面)。

(6) 要求投资者提供参考信息。企业有权利要求投资者提供其所投资公司的CEO的信息，提供他们开除的CEO的信息。如果是好的投资者，他们将提供给你所投资的所有CEO的名册，并告诉你可以给任何人打电话。而差的投资者只提供极少的名字，并要求你给调查准备的时间。

(7) 不要让投资者在谈判中以"我们都是这么操作的"蒙过去。如果因为一些有说服力的原因使他们在某个条款上坚持，而这个条款对企业而言又非常重要，企业有权知道详情。

(8) 如果面对联合投资者，坚持要求一个投资方律师和一个领投者。这样做既可以避免浪费精力，又能节省律师费。还要让投资者承诺，经过谈判确定的内容，不能回头来再进行商讨。特别是对参与了公司不同阶段投资的投资者，用这种方法进行协调和利益平衡非常有帮助。为了保证融资的顺利进行，企业家有时候要不断扮演仲裁者的角色。

(9) 为下一轮融资做准备。投资者不准备参与下一轮融资的情况对企业而言是非常糟糕的。其他投资者对其进行的惩罚，将对企业家和公司管理层带来很多连带伤害。企业家和律师应坚持一些保护性条款，以应对本轮投资者在下轮融资中不追加投资的情况。同时也要防止有些条款或构架影响公司下一轮的融资决策，避免今后只能以较低的价格向现有的投资者融资。

(10) 审慎对待投资协议条款清单(Term Sheet)谈判。不管是首轮还是后续几轮，企业在谈判中的表现将为今后与投资者的关系定下基调，融资是企业与投资者博弈的分界线，随后他们将进入董事会并影响公司的管理构架和部分经营决策。

● 寻找战略投资者的5个途径

(1) 直接寻找投资机构高层人士。企业家可以直接联系相关投资机构的朋友，或通过自身圈子里的律师、会计师、主要合作银行，直接发出公司有意引入战略投资者的信息，由朋友介绍认识相关投资机构的领导层。

(2) 通过互联网。国内有很多风险投资网站。在线寻找风险资本，需要填写项目情况，公司需充分考虑保密性，特别是对要求在线提供商业计划书(或商业计划书概要)的投资机构，要特别谨慎。

(3) 参加相关会议。会议是企业家与投资机构接触的重要途径。由投资咨询机构举办的项目与资本对接会、融资路演会，往往有一定主题(如生物医药类投资洽谈会)。此类会议商业气氛较浓，有的会收取较高的会务费。还有一些带有学术性或行业聚会性的研讨会，如风险资本协会年会、政府或银行主办的研讨交流会议。

（4）通过政府相关机构。政府目前在优质企业引入战略投资者中起的服务作用越来越强，符合政府相关条件的企业，通过政府平台寻找优质的投资者是一个非常好的途径。

（5）聘请专业的财务顾问。利用专业化的财务顾问服务寻找投资者最为便捷，公司到融资后期一般也需要聘请律师或财务顾问，协助投资协议条款清单的谈判。

聘请财务顾问的注意事项

（1）尽可能找著名的中介机构或大型中介机构。

（2）确认备选中介机构后，企业必须明确服务需求，也可以让中介机构提出目前其提供的服务，由公司从中选择。

（3）让中介机构明确收费数额，最好落实到每一项具体工作的具体价格，要求和报价要以书面方式确定。

（4）要求中介机构指定专人负责具体工作，企业有权要求中介机构提供指定人员的工作经验介绍以证明其工作胜任能力。

案例：某公司私募融资案例

某养殖企业成立于2000年，主要从事猪、鸡、鸭育种、繁殖、养殖、生产、加工、销售以及饲料、添加剂生产、加工与销售。2008年总资产15 060万元，负债8 914万元，归属母公司净利润1 717万元。企业经过近10年发展，可在养殖产业链的各个环节实现自我控制。为进一步发展，企业准备引进投资机构获取生产所需资金，以执行企业的发展战略，同时为上市做准备。

公司聘请了一家商业银行担任私募股权融资顾问。融资顾问开展了下列工作：

1. 寻找投资亮点

在对管理团队、产品和盈利模式、行业地位、经营现状、发展战略等进行充分了解后，财务顾问会对公司价值进行判断和提炼。该公司的价值突出体现在5个方面：①公司有一支在养殖行业内非常扎实的队伍；②公司虽然规模不大，但形成了对整条产业链的控制，确保食品安全；③公司净资产收益率较高，增长率非常可观；④公司在利润较厚的种猪繁养上确立了地区龙头地位；⑤公司在终端市场仅销售无公害冷鲜肉，已初步建立地区性高端品牌形象。

2. 根据企业的融资需求和自身条件制定融资方案

一方面结合企业发展规划和融资需求，一方面结合净利润、现金流和能够释放的股权，来制定融资方案。在该案例中，融资顾问考虑到企业单位资金投入的效能和上市的相关标准，为企业设计了可以进行两轮投资的股权空间，并预留了管理层期权执行方案。

3. 制作私募文件和协助路演

融资顾问制作的私募文件涵盖《投资建议书》、路演文件、《投资条款备忘录》并进行了共计5场路演。

4. 协助企业接待投资机构的尽职调查和商务谈判

该项目共接待了3家投资机构的详细尽职调查，并进行了多场关键点谈判。最终投资者接受的价格以及融资额符合企业预期，同时纳入估值调整协议（对赌）的净利润在企业可控范畴之内。企业和投资者对后期发展战略和控制措施也达成了共识。

第二节 对赌协议

对赌协议（Valuation Adjustment Mechanism，VAM），即“估值调整机制”，是投资方与融资方在达成融资协议时，对未来的不确定情况进行的一种约定。如果企业未来获利能力达到某一标准，则融资方享有一定权利，用以补偿企业价值被低估的损失；否则，投资方享有一定权利，用以补偿高估企业价值的损失。

对赌协议是投资协议的核心组成部分，是对企业估值的调整，是带有附加条件的价值评估方式。对赌协议产生的主要原因是投资方规避因投资企业估值与实际价值出现较大偏差带来的风险。

● 国外对赌协议的内容

国外对赌协议约定的范围非常广泛，通常涉及以下内容：

(1) 在财务绩效方面，若企业的收入或者净利润等指标未达标，融资方将转让规定数额的股权给投资方，或增加投资方的董事会席位等。

(2) 在非财务绩效方面，若企业完成了新的战略合作或者取得了新的专利权，则投资方进行下一轮注资等。

(3) 在企业行为方面，投资者会以转让股份的方式鼓励企业采用新技术，或者以在董事会获得多数席位为要挟，要求企业重新聘用满意的CEO等。

(4) 在股票发行方面，投资方可能要求企业在约定的时间内上市，否则有权出售企业，或者在企业成功获得其他投资且股价达到一定水平的情况下，撤销对投资方管理层的委任。

(5) 在管理层方面，协议可约定投资方有权根据管理层是否在职，确定是否追加投资，管理层离职后是否失去未到期的员工股。

案例：主要对赌局的简单回顾

主要对赌局的回顾如表 3.3 所示。

表 3.3　主要对赌局的简单回顾

中资 VS 外资	赌　局	结　局
港湾 VS 华平、龙科	2001—2004 年一旦港湾未能实现持续的销售增长，外资将会获得更多股权。同时规定，一旦港湾上市不成，港湾管理层将失去对企业的控制权	被华为收购
雨润 VS 高盛、鼎晖和 PVP	在雨润香港上市时，若雨润 2005 年赢利达不到 2.592 亿港元，投资方有权要求大股东以市场溢价 20% 的价格赎回所持有的股份	2006 年 3 月雨润赢利达 3.6 亿元人民币，远超对赌下限
蒙牛 VS 摩根、鼎晖及英联	约定蒙牛在 2004 年至 2006 年赢利复合增长率若未达到 50%，管理层将向投资方支付 7 800万股公司股权；反之，投资方支付相同数量股权给管理层	蒙牛表现优异，对赌以双赢结局提前结束
永乐 VS 摩根及鼎晖	摩根、鼎晖以 5 000 万美元入股永乐，永乐在 2007 年扣除非核心业务利润后盈利如高于 7.5 亿元 RMB，投资人向高管层割让 4 697 万股；利润介于 6.75 亿元和 7.5 亿元之间不需进行估值调整；利润介于 6 亿元和 6.75 亿元之间，管理层向投资人割让 4 697 万股；利润低于 6 亿元，则管理层割让的股份达到 9 395 万股	未能实现约定的业绩增长，被竞争对手国美收购
太子奶 VS 高盛、英联以及摩根士丹利	在收到 7 300 万美元注资后的前 3 年，如果太子奶集团业绩增长超过 50%，可调整(降低)对方股权；如完不成 30% 的业绩增长，太子奶集团创始人李途纯将失去控股权	未能实现约定的业绩增长，创始人失去控股权

● 国内对赌协议的主要内容

目前国内 VC/PE 进行 PRE－IPO 投资时，一般也设计对赌条款，但与国外对赌协议相比，国内的对赌条款非常简单，主要涉及两方面内容。

1. 上市保障条款(即时间对赌)

投资方要求被投资企业保证或承诺在一定时间内上市，以便获利退出被投资企业，如果到期未能上市或者未能达到预期的市值，则被投资企业或其大股东需要以适当方式予以补偿。

2. 业绩保障条款

投资方根据被投资企业的经营特点设定单一经营目标(例如一年的净利润)或设立若干经营目标(例如净利润、增长率)。如果未达标,投资方会要求被投资企业或其大股东给予一定补偿,以保证投资前后被投资企业估值不变,补偿方式主要有:

(1) 现金对赌。被投资企业大股东以现金方式向投资方给予补偿,或被投资企业回购投资方所持股权。

(2) 股权对赌。被投资企业大股东无偿向投资方转让一定比例的股权,或被投资企业大股东以一定溢价购买投资方所持股权。

需要注意的是,与国外投、融资方采用双向对赌方式相比,国内的对赌条款主要采取单向对赌方式,即一般是由被投资企业的原(大)股东向投资方进行相应补偿。

对赌协议对创业板上市的影响如表 3.4 所示。

表 3.4 对赌协议对创业板上市的影响

对赌的指标	一般约定的对赌结果	可能影响上市的情况
财务绩效:如销售额、总利润或税前利润、净利润或利润率、资产净值或几年内的复合增长率等财务指标	股权发生变化:管理层(或投资方)出让或收购(被奖励)对方股份,或投资方增资	实际控制人发生变更
非财务绩效:如顾客的数量、注册用户数量、点击率等	董事会席位变化:管理层或投资方在董事会获得或丧失席位	董事、高级管理人员发生重大变化
企业重大发展:如完成新的战略合作或者取得某些重要的专利、商标;或某项特定的新技术成功产业化	少数股东获得更多的否定权,形成共同控制	股权比例、董事不确定
管理层去向:管理层离职或被解雇,或企业在一定期限聘任新的 CEO	拽售:投资方有权要求股东在约定条件下一致同意将企业出售,且各股东委托投资方全权处理与出售企业有关的一切事宜	股权权属潜在纠纷
新股发行:企业在约定的期限内实现上市,或企业成功获得其他投资	管理层或员工获得或丧失期权	
赎回:企业或老股东按约定回购投资方股权	投资方获权委派高管人员	

依据:《首次公开发行股票并在创业板上市管理暂行办法》第十三条:发行人最近两年内主管业务和董事、高级管理人员均没有发生重大变化,实际控制人没有发生变更。第十七条:发行人的股权清晰,控股股东和受控股股东、实际控制人支配的股东所持发行人的股份不存在重大权属纠纷。

● 上市前未执行完毕的股权对赌协议对上市是否构成法律障碍

对赌协议作为新、老股东对其民事权利义务的约定和处分，如果系相关各方真实意思的表示，不违反法律、行政法规的强制性规定，应受到法律的保护，但依法构成合同无效和被撤销的除外。但是，如果上市前股权对赌协议未执行完毕，即在企业被证监会核准上市前关于业绩保障的股权对赌未予执行，是否导致股权比例调整尚不能确定，在这种情况下，是否执行股权对赌协议的不确定性在一定程度上影响了企业股权的稳定性，各股东股权存在潜在纠纷，即发行人股权不够清晰且可能存在重大权属纠纷，在一定程度上对企业上市构成法律障碍。

第三节　公司估值

● 影响公司估值的主要因素

所谓估值，就是估计的价值。未上市企业没有公允的市场价值，所以公司价值是企业家和投资者的主观判断，合不合理也是主观感受。

影响公司价值的因素有：

(1) 公司所处的阶段。一般越早期估值越低。

(2) 公司所在行业。传统行业估值较低。

(3) 公司管理团队。

(4) 公司资金短缺情况。现金流短缺会影响公司估值，因此融资计划应提早启动。

(5) 市场竞争情况。当投资者有合理竞争对手时，公司有机会获得更高估值，因此如有可能，应适当多寻找几家潜在的符合公司需求的投资者。

投资人会根据公司商业计划书，参照市场情况，按不同投资阶段以及不同财务状况，重点选择一两种估值方法，并以若干其他方法作为补充，折算出一个投融资双方均能接受的价值。一般来说，企业家对公司的估值预期均比投资者的估值要高，最终估值水平要通过商业谈判来确定。

● 几种常用的公司估值方法

以P/E(市盈率)、P/B(市净率)、P/S(价格/销售收入比率)、PEG(市盈率相对盈利增长比率)等作为关键指标，对公司进行估值，简单直观，可操作性强，是国内公司估值主要采用的方法。

P/E(价格/利润)最适合连续盈利，而且β值接近于1的企业，因为P/E除了受企业自身基本面的影响之外，还会受到整个经济和证券市场景气程度的影响。

P/B(价格/净资产)主要适合于拥有大量资产特别是固定资产的企业,这类企业净资产与企业价值的关系最为一致。

P/S(价格/销售收入)主要适用于销售收入比较稳定的企业,另外,由于其不能反映成本的变化,因此比较适用于销售成本率较低的服务类企业,或者销售成本率趋同的传统行业的企业。

PEG(市盈率与增长率比较)主要关注企业收益的增长,比较适用于增长率较高的成长性企业。

因此,针对传统行业企业,通常会优先考虑DCF(现金流贴现法)、P/E;而针对高新技术行业企业,则普遍首选P/E。就不同投资阶段以及不同财务状况而言,如果被投资企业正处于早中期发展阶段并且尚未实现盈利,那么创业投资机构较多使用P/S、P/B等;如果已经实现盈利,则更多使用P/E、DCF和PEG等;如果被投资企业已经处于中后期发展阶段,此时公司往往已经实现盈利,而且各方面发展都比较成熟,IPO预期也较为强烈,此时创业投资机构较为普遍使用的是P/E。

● 估值并非越高越好

企业家应注意,估值不是越高越好。每项投资的条件都不尽相同,可能有分期投资设计,可能还有条件不同的对赌协议,可能还是大公司的防御性策略(如盛大1亿元收购锦天科技,微软收购Facebook少量股权,将其估值抬高到150亿美元)。

公司估值太高投资者勉强进来,对公司今后犯错误或走弯路的容忍度就低,也不利于后续继续引进投资者。因此引进战略投资者,公司和投资者都要放平心态,不仅在公司估值上寻求双方都认可的平衡点,更要把公司未来的发展作为首要因素考虑,不要把精力只放在价格上。成交后忘掉价格,永远不要同别人比,因为最后的成交价格如何,涉及因素太多,要相信市场的有效性。企业家和战略投资者需要做的是共同为公司价值的最大化而努力。

第四章

改制与股权激励

第四章 改制与股权激励

第一节 股权激励概述

股权激励的概念

股权激励是指企业通过在一定条件下，以特定方式赋予企业员工（特别是高级管理人员和业务骨干）一定数量的企业股权、进行激励的一种制度，其根本目的是优化企业资源配置，提升企业竞争力，实现可持续发展。它能将企业的短期利益和长远利益有效结合起来，使企业核心员工站在所有者立场上思考企业发展，从而达到企业所有者和经营者等核心员工收益共同提升的双赢目的。

从本质上讲，股权激励是原股东与被激励对象的一次“交易”，原有股东拿出股权，也就是企业长期发展的参与和受益机会以及共享企业的控制权，和被激励对象进行“交易”，获得被激励对象的专业技能和对企业的忠诚，形成新老股东共治的局面。

改制与股权激励的关系

中小企业通过改制，应完善法人治理结构，引入现代化管理手段，使企业实现长期健康发展，为上市奠定坚实的基础。而股权激励就是实现这些目标的有效手段。股权激励对企业发展具有以下作用：

1. 创造企业利益共同体

股权激励将所有者与经营者的利益联系到一起。实施股权激励的结果是企业经营者和所有者有共同的利益取向，形成利益共同体。

2. 吸引人才，留住人才

实施股权激励可以让员工分享企业成长所带来的收益，增强员工的归属感和认同感，激发员工的积极性和创造性。股权激励制度还是企业吸引优秀人才的有力武器，为新员工预留同样的激励条件，可给新员工很强的利益预期，具有相当的吸引力，从而能聚集大批优秀人才。尤其是对高级管理人员，未来的高额收益将对他们产生强烈吸引。

更重要的是，一个有自己份额的事业平台，对有理想的高级管理人才来说，是实现自我价值最合适的选择。

3. 产生有效的业绩激励

核心员工（主要是管理人员）成为公司股东后，能够分享高风险经营带来的高收益，有利于激发管理人员的竞争意识和创造性，促使其发挥潜力，大胆进行技术创新和管理创新，提高企业的经营业绩和核心竞争能力，保证未来的发展。

4. 促使经营者关注企业长期发展，减少短期行为

股权激励的部分奖励是在卸任后延期实现的，这就要求经营者不仅关心如何在任期内提高业绩，而且必须关注企业的长远发展，以保证获得延期收入。由此可以进一步弱化经营者的短期化行为，更有利于提高企业在未来创造价值的能力和长远竞争能力。

5. 推动完善公司治理结构

公司治理的重要内容之一是实现内部各利益主体的相互协同和制衡。通过股权激励，核心员工在获得利益激励的同时，也有了更多的发言权和对企业的影响力，他们会更加主动地关心企业的发展和运行。原先主要由创始股东形成的较为单一的股权结构被打破，股东之间的博弈在所难免。而这种博弈，只要被纳入有序轨道，将促进企业的决策更加科学、有效，新老股东的行为更加符合公司治理要求，企业的"地基"将更加健康，也为未来公开上市等社会化变革奠定了现代企业制度的基础。

股权激励需避免的误区

股权激励运用得好会使企业、投资人、管理人、员工等多方共赢，但运用不好也可能一损俱损。在股权激励中应避免以下误区：

1. 将股权激励误读为"员工福利"

股权激励虽然可以提高员工的福利待遇，但股权激励并不一定是每个员工都可以享受的福利，而应该是拉动企业绩效的动力。股权激励不能采用"撒胡椒面"的方式，要着力避免股权激励中的"大锅饭"和"搭便车"现象。股权激励对象的资格确认、权利行使条件等都应该严格量化，在界定行权条件时，对公司业绩与激励对象个人业绩考核都要适当从严考量，过宽的业绩条件不仅不利于调动员工的积极性，还容易引起非股权激励对象的非议。

2. 业绩指标过高，使股权激励成为"鸡肋"

公司对自身状况和市场行情认识不足，将实现股权激励的业绩指标定得过高，以至于股权激励变为画饼充饥，导致激励对象缺乏热情，而使得股权激励变为鸡肋。

3. 业绩指标过低，出现激励过渡和"自我奖励"

公司对业绩指标设计不合理，导致股权激励与公司高管业绩挂钩不紧密，或监督机制不严谨，容易出现高管弄虚作假，造成公司业绩增长的假象，不管公司实际业绩如何，高管福利一样照单全收，出现高管人员过度激励、公司高管自发红包的现象。

股权激励方案的主要对象

确定激励对象须以企业战略目标为导向，即选择对企业战略最具价值的人。一般来讲，公司进行股权激励的对象范围有主要高管、管理层及骨干、员工三种，公司需要根据各自的实际情况选择适合的激励对象范围。

选人其实是为企业的未来发展选择合适的人力资本。股权激励的本质是吸引能为企业未来发展创造价值的人才，现在能胜任的人才并不代表就是适合企业未来发展的人才，即企业需要激励的人才。选人的关键不是简单的、静态的论功行赏，而是如何通过一定的机制设计激励人才在“赛跑”中脱颖而出。

股权激励额度如何确定

激励额度太小会导致激励效果不明显，激励额度太大又会造成人力成本剧增和股权过度稀释，从而影响公司业绩和大股东对公司的控制权。

确定激励额度一般应遵循如下步骤：

（1）确定个人预期收益。

（2）计算每股期权或股权在计划期内的收益，得出每位激励对象所获授的期权或股权数量。

（3）将所有的激励对象获授的期权或股权数进行加总，得到激励股数总额。

在定量的过程中，还应充分考虑企业未来的外部融资活动对股权结构的影响以及对控股股东控制力的影响。

确定股权激励价格的要点

合理定价需要企业有一套规范、透明的财务体系。绝大部分非上市公司的财务无需公开，因此平衡公司财务特征与股权激励对财务规范、透明的要求是定价的基础。

另外，许多企业存在非经常性损益，对原有股东结构下的企业资产，在确定与股权激励相对应的定价原则时，进行一定的划分和界定非常重要，它关系到股权激励的合理性和原有股东的利益。

股权激励的时间

股权激励的时间包括两方面内容：一是根据企业不同的发展阶段确定股权激励的时间，二是确定股权激励实施的时间。例如是否分期实施？分几期？每期多长时间？最佳的授予与行权时间？定时一般不能太短，也不宜太长。确定股权激励的时间，还要考虑企业的发展速度以及外部资本市场的运行规律，使股权激励方案能在合适的时候发挥合适的效用。

● IPO申报前能否制定并实施股票期权激励计划

只要签署合法的股票期权实施协议，有明确、合法的股票期权来源，期权计划人数直接或间接不超过200人，且在申报文件中披露，理论上是可行的，但在境内IPO项目中尚未出现过先例。

● 股权激励中的股份来源和资金来源

一般股票来源有发行股票或回购本公司股票，资金来源有直接出资、激励对象工资、奖金、分红抵扣、企业资助等。

● 获得股权激励的条件

企业应在规定的期限内对激励对象获得股权设定一定的约束条件，如必须满足业绩指标、个人考核指标等。这既是对选人的保障手段，也是激励核心员工、说服其他员工的重要手段。

股权激励一般设置两类条件：一是公司整体业绩条件，多为财务性指标；二是个人业绩考核指标，根据每个人的工作特点不同。在设置整体业绩条件时，需要参考公司历年业绩状况、行业发展状况和业绩水平等因素。

考核指标和考核方法科学与否、可操作性如何是决定考核成效的关键。要对被激励对象进行合理考核，还依赖于公司整体组织体系、授分权体系、财务核算体系等的健全与完善。

● 股权激励方案中的退出机制

股权激励方案中关于股权退出的通道和规则，对非上市公司来说不可或缺。因为人才流动在所难免，股权的流动也就必不可少。一方面要确定股权转让的锁定期安排，以保障股权激励的激励导向的长期性；另一方面对股权对象的离职、辞退、开除、退休、离世等不同情形，也要有不同的约定，进行制度性安排。

● 采用股权激励机制的拟上市企业应关注的问题

(1) 股权激励方案相关决议、文件等资料是否符合《公司法》及相关法律法规以及公司章程的规定，确保企业股权激励方案决策程序的合法性。

(2) 是否存在代持股问题？

(3) 是否存在不具有主体资格的被激励者参与股权激励的情形？

(4) 管理层或员工用于购买企业股份的资金来源是否合法？是否由企业垫付资金购买股份？

(5) 股权是否清晰？股权结构是否安全和稳定？

(6) 对管理层进行股权激励时要求股权受让方签订相关的承诺书是否合法?

(7) 股份支付会相应影响当期利润等财务指标,需注意是否实施了股权激励后导致企业无法满足上市条件,或是影响上市进程等。

● 股权激励的定价对拟上市公司利润计算的影响

根据证监会的规定,公司对于公司高管的股权激励,如其定价与引入外部投资者时的定价有差距的,其差价部分将有可能被要求计入当期的损益,因此公司在实施股权激励时需关注定价对于公司业绩计算的影响,避免由于股权激励使得公司某一期利润产生大幅波动甚至发生当期亏损。如可以将员工的股权激励在引入投资者前半年以上的时间完成则相对影响会较小,但此时由于没有了投资者入股价格作为参照,对于公司股权的定价有一定的挑战。

● 非上市公司股权激励方案设计的基本原则

1. 与企业实际相结合

要将股权激励的普遍规则与实施企业的特殊情况相结合,根据不同的公司性质、治理基础、发展方向与重点、盈利能力与成长性、公司基础管理水平采取不同的股权激励方案,具体企业具体方案,大胆创新,力戒照抄照搬。

2. 精选股权激励对象

选择股权激励对象就是选择公司未来的主人,因此不是简单的唯能力论或按当前的重要性来排序,不能没有原则和标准地全部接收,而是要精心选择认同公司理念、忠诚度高、具有团队精神、业务能力强的创业团队,可以用设定一定的约束考核条件、分期授予股权等方式来选择合适的人选,控制人员风险。

3. 体现长期激励

股权激励与薪酬激励最本质的不同是股权激励是一种长期激励,因此进行股权激励,需要分期分批实施,并且每次所激励的股份的数量要适当。

4. 激励和约束相结合

通过股权激励要实现经营者和原股东"利益分享,风险共担"。而不能只有收益,不担风险。当然,激励对象承担风险的形式可以多样化。

5. 合法

合法性是股权激励方案设计的基础,否则将会给公司带来隐患。不能为了图省力、降成本,就设法钻法律的空子,或是由于缺乏法律意识和专业能力,又疏于规范,使股权激励的一方或各方缺乏应有的法律保障。

6. 适合企业可持续发展

股权激励方案的设计要适应企业未来的可持续发展,而不是为了实现公司的短期目标。股权激励方案一定要有利于人才的优胜劣汰,有利于企业各类资源的合理配置,有利于企业运行的规范化，要为未来的发展预留制度接口。

设计股权激励方案的主要考虑因素

1. 企业性质

主要涉及股本结构问题。国有企业属于国家财产，不能随意确定转让价格，业绩股票、业绩单位、限制性股票和延期支付比较适合国有企业。民营企业不涉及国有资产问题，各种股权激励方式的使用受限较少。

2. 行业特性

技术型企业激励对象范围较广，限制性股票、股票期权、期股比较适合在初创期和成长期使用，业绩股票、业绩单位、股票增值权、延期支付较适用于成熟期。劳动密集型企业股权激励一般集中于中高层。

3. 发展阶段

初创期的企业由于缺乏现金，期权和期股为股权激励的主要模式，激励对象范围也较广。快速成长期的企业可考虑使用股票期权、股票增值权、虚拟股票等模式，激励对象集中于高管和公司骨干。成熟期的企业可采用业绩股票、业绩单位和延期支付。

4. 股权结构

股权激励会打破原来的股权结构，因此需要考虑对股权结构的影响。对股权结构分散的公司来讲，用于股权激励的股权数量不宜过大。

5. 激励对象

股权激励的主要对象应为高管和骨干，对于一般员工股权激励不应作为主要的激励手段。对于销售和研发等骨干员工期权或期股是较为理想的股权激励模式。

6. 推动主体

股东方推动的更关注企业长期绩效，运用股票期权、期股、限制性股票、业绩股票和员工持股，管理层推动的更愿意使用业绩单位、股票增值权、虚拟股份和延期支付。

7. 企业规模

规模相对较小的企业可多考虑期股、业绩股票、业绩单位、员工持股和延期支付的股权激励模式。

8. 盈利状况

盈利情况较差、现金流缺乏的企业应尽量避免增加成本和现金支出，特别要尽量避免选择股票增值权、虚拟股票和业绩单位等股权激励模式。

第二节　股权激励模式

股权激励模式的比较如表 4.1 所示。

表 4.1　股权激励 9 种模式的比较

模式	定义	优点	缺点	适用范围	已实施公司
股票期权	给予经理人员在某一期限内，以一个事先约定的固定价格来购买本公司股票的权利。(作为股权激励可能附带一些行权条件，下同)	①实现了经营者与资产所有者利益的高度捆绑；②可锁定期权人的风险，股票期权持有人不行权就没有任何额外损失；③有利于企业降低激励成本；④激励力度比较大	①过分依赖股票市场的有效性；②可能带来大量的经理人短期行为；③股票来源和退出渠道存在问题；④经理人经营选聘机制存在问题，缺乏经理人市场	适合初始资本投入较少、资本增值较快、在增值过程中人力资本增值效果明显的公司	长源电力、清华同方、东方电子、中兴通讯、中捷股份、双鹭药业
股份期权	又称期股，公司和经理人约定将来某一时期内以一定的价格购买一定数量的股票(购股价格一般参照当前价格确定)	股票来源问题得以较好解决。除有偿购买之外，其余优点同股票期权	需要花钱购买期权，行权是强制性的，经理人风险较股票期权大	适用于上市和非上市公司，非上市公司中应用前景较大	中关村置业、博飞仪器、北开股份、金星笔业、凯建建筑、大明眼镜、菜市口百货、上海埃通
业绩股票	又称业绩股权，公司在年初与经营者确定业绩目标和与之对应的股票授予数量，如果激励对象年末实现了目标，则公司提取奖励基金为其购买一定数量的股票	①能够激励公司高管人员努力完成业绩目标；②激励和约束对等，约束性强；③比较规范，经股东大会通过即可实行，操作性强；④激励效果明显，且每年实行一次，能发挥滚动激励、滚动约束的良好作用	①公司的业绩目标确定的科学性很难保证，容易导致公司高管人员为获得业绩股票而弄虚作假；②激励成本较高，有可能造成公司支付现金的压力	只对公司业绩目标进行考核，不要求股价上涨，适合业绩稳定的上市公司及非上市公司	佛山照明、广东福地、天药股份、金陵股份、泰达股份、电广传媒、东阿阿胶、光明乳业
业绩单位	本质上是一种承诺，公司事先设定若干绩效指标，在规定的绩效期内(一般较长)经理人员可以实现，公司支付经理人员一定数额的现金	和业绩股票相比，业绩单位减少了股价的影响	除对企业现金流压力较大之外，其余与业绩股票相同	适用于业绩稳定、现金流状况较好的上市或非上市公司	东方创业、天通股份、天大天财

（续表）

模式	定义	优点	缺点	适用范围	已实施公司
限制性股票	公司为实现某一特定目标，无偿将一定数量的股票赠予（或以较低的价格售与）激励对象，当激励对象完成目标后才可抛售股票，未实现目标股票将被收回（或按出售价格回购）	从本质上属于业绩股票。①有可能是免费或低价获得，激励更强；②通过对业绩条件、禁售期限的严格规定，使激励和约束对等；③与股票期权相比，解决了购股资金来源问题	会促使经理人放弃对高风险高回报项目的投资，其余缺点同业绩股票	结合了股票期权和业绩股票的优点，适用于上市和非上市公司	万科、华侨城、G深振业、浙江创业、中远发展
虚拟股票	公司授予激励对象虚拟的股票，如果实现公司目标，被授予者可以享受分红或股价升值收益，虚拟股票没有所有权和表决权，不能转让和出售，离开公司时收回	①不影响公司的总资本和股本结构，不会导致控制权争夺的矛盾；②规避了股票市场风险对虚拟股票持有人收益的影响；③具有一定的约束作用，因为获得分红收益的前提是实现公司的业绩目标，并且收益是在未来实现的	①激励对象可能因考虑分红，减少甚至不实行企业资本公积金的积累，而过分关注企业短期利益；②企业分红意愿强烈，导致公司现金支付压力比较大	适合现金流量比较充裕的非上市公司和上市公司	银河科技、上海贝岭
股票增值权	公司授予经营者一种权利，在规定期限内，公司股票或业绩上升，经营者可以按一定比例获得公司股票或业绩上升所带来的收益	①操作方便、快捷；②审批程序简单，无须解决股票来源问题	①激励对象不能获得真正意义上的股票，激励效果相对较差；②对资本市场有效性依赖较大，可能导致公司高管层与庄家合谋操纵公司股价等问题；③公司现金支付压力较大	较适合现金流量比较充裕且比较稳定的上市公司和现金流量比较充裕的非上市公司	三毛派神、中国石化（H股）、深高速

（续表）

模式	定义	优点	缺点	适用范围	已实施公司
延期支付	公司为激励对象设置一揽子薪酬收入计划，其中有一部分属于股权激励收入，按当日公司股价折算成股票数量，在既定的期限后再以公司股票的形式或期满时公司股票的现金价值支付给激励对象	①减少了经理人员的短期行为，有利于长期激励，留住并吸引人才；②可操作性强；③部分奖金以股票形式获得，因此具有避税作用；④风险收益对等；⑤可以用现金方式对经理人的利益进行长期捆绑，应用前景非常广泛	①公司高管人员持有公司股票数量相对较少，难以产生较强的激励力度；②股票二级市场风险不确定，经理人不能及时将薪酬变现	比较适合业绩稳定型的上市和非上市公司及集团公司、子公司	宝信软件、三木集团、武汉中商、武汉中百、鄂武商
员工持股计划	公司内部员工个人出资认购本公司部分股份，并委托公司进行集中管理的产权组织形式	①是国有法人股减持的一个通道；②具有普遍福利作用；③解决了高管和员工收入不均衡的问题	①会导致股权过分分散；②激励力度不足	比较适合高科技企业、创业板上市公司及其子公司等人力资源较强的企业	

不同激励模式内在特性的比较分析如表 4.2 所示。

表 4.2　9 种激励模式内在特性的比较分析

激励模式	短期激励性	长期激励性	约束性	现金流压力	市场风险影响
股票期权	弱	强	强	弱	强
期权	弱	强	强	弱	强
业绩股票	强	强	一般	一般	一般
业绩单位	强	弱	弱	强	弱
限制性股票	弱	一般	强	弱	一般
虚拟股票	强	一般	一般	强	一般
股票增值权	一般	一般	一般	强	强
延期支付	一般	强	一般	强	一般
员工持股	一般	一般	一般	弱	一般

案例:A公司股权激励方案

一、目的

公司经过多年发展,特别是2011年引入战略投资者后将进入快速发展的关键时期,同时公司经过多期培训已经积累了一批业务能力强的员工。为使公司高层管理人员和骨干员工分享公司发展成果,提高员工凝聚力,特制定本次股权激励计划。

二、对象

本次股权激励方案对象以公司中高层管理及业务骨干为主,结合员工持股计划覆盖全体员工。

三、模式

本次股权激励计划以业绩股票和员工持股计划为主,结合虚拟股票和延期支付。

四、数量

本次股权激励计划,战略投资者入股前老股的15%,首批激励股份不超过5%,其余为预留激励池。

五、价格

本次股权激励计划公司股份定价以引入战略投资者时的公司估值为基础。

六、时间

首次激励时间与公司战略投资者的引进同步,今后和年业绩考核评价相结合,分期行权。

七、股份来源

主要通过转让老股方式,结合员工的虚拟股票和骨干的延期支付。

八、条件

核心KPI完成年度预定计划(如扣除拨备后年利润提高超过20%)为后续进一步兑现股权激励的条件。

九、计划的调整及修改原则

计划一年一定,每年业绩考核时结合实际情况做调整,在公司引入战略投资者融资或上市前可以按需要调整。

十、实施方案

由于公司引入战略投资者的工作仍在进行中,以公司投资前估值3 000万美元为例,公司老股东拿出不超过15%的老股,用于公司高管和骨干的股权激励,用于首次激励的不超过5%,其余作为预留后续股权激励股票池。

股份购买安排:在公司持股比例不到1%的公司高管,可以以2010年年终业绩奖励的200%(具体比例要测算)为额度,按战略投资者购买价格的50%购买公司老股(如2010年年终业绩奖励为10万元,可以20万元购买40万元老股),购买后持股比例不超过1%。公司业务骨干可以以年终奖励150%为额度,按战略投资者购买价格的50%购买公司老股,购买后持股比例不超过0.2%。公司全体员工可以战略投资者入股价格的60%、80%各购买不超过5 000元的公司老股。同时公司按照员工购买股权数额在2011年按1∶1授予虚拟股票,虚拟股票的收益在所在事业部(公司高管及骨干为公司整体)完成KPI指标后分3年按25%、25%、50%兑现。员工可以先支付50%为首付,余款在12个月内等额付清(不计利息,未实际付款前计为虚拟股权)。

虚拟股权安排:每年由公司董事会审批给予有特殊贡献的主管和员工(如业绩奖励排名在公司前2名的员工及排名第一的骨干)虚拟股权(普通员工原则上每次授予的股权为0.01%,主管每次授予0.02%,年合计最高不超过0.1%),当年授予的虚拟股权参与当年全年分配,每年虚拟股票的收益次年起分3年按25%、25%、50%兑现,在公司引入融资(或上市时),持有该部分虚拟股权的员工可以以相对于战略投资者60%的价格购买相应公司股权(亦可不购买,仍作为虚拟股权),当公司当年完成核心KPI后员工可以享受相应的收益。

员工离开公司,虚拟股权(含该股权下未分配收益)由公司老股东收回,虚拟股权纳入股票激励池,未分配收益由老股东收回。

员工离开公司,实股可以保留(以分期付款的方式尚未支付对价的股权按虚拟股权处理)。离开公司后的员工所持有的股份可以转让,但公司老股东有优先购买权,转让时间不足一年的股份老股东有权按原价收回。

董事会(股东会)有权根据实际情况对股权激励计划做出相应调整。受到调整影响的员工,有权要求老股东按原价(另加5%每年的利息)收回已购买股权。

1236; 16%
140,8245
124,6581
143 4768
102,4293
83,4843
120
100
60
40
Finance
Air transport
Chemical production
Industrials
Nuclear energy industry
Securities
Electronic commerce
100

第五章
改制操作实务

第五章 改制操作实务

第一节 前期准备

组建企业内部改制上市工作小组

由于上市工作复杂，为实现如期上市的目标，企业在作出上市决策后，应在最短时间内组建内部改制上市工作小组。该小组应由企业决策者挂帅，组成人员应包括但不限于熟悉企业历史发展及资产且善于沟通的内部人员、财务专员、法律专员以及外部聘请的职业经理人等。一般而言，企业改制上市工作中，董事长、总经理、董事会秘书和财务总监4个角色最为重要。

聘请中介机构

如果企业改制过程中不需要进行复杂的重组，仅是将有限责任公司变更为股份有限公司，且股份公司成立后较长时间内不准备上报IPO材料，这种情况的“改制”，企业只需聘请律师事务所、会计师事务所（需要具备证券从业资格）和资产评估机构（需要具备证券从业资格）即可。如果企业准备在改制后尽快上报IPO材料，建议在改制阶段就确定保荐机构和保荐代表人，此时他们可以担任财务顾问的角色。

选择中介机构的主要考虑因素

企业和中介机构之间是一种双向选择关系，企业在选择中介机构时应注意以下几个方面：

（1）中介机构是否具有从事证券业务的资格。在我国，证券公司、会计师事务所和资产评估师事务所从事股票发行上市业务必须具有证券从业资格，证券公司须具有保荐承销业务资格。上述信息均可在中国证监会网站上查询。

（2）中介机构的执业能力、执业经验和执业质量。企业应对中介机构的执业能力、执业经验和执业质量进行充分了解，选择具有较强执业能力、熟悉企业所从事行业的中介机构，以保证中介机构的执业质量。此外，中介机构的声誉是其整体实力的综合反映，良好的声誉，也是中介机构内在质量的可靠保证。

(3) 中介机构(特别是保荐机构)对企业发行上市的重视程度。这主要体现在中介机构(特别是保荐机构)所派遣项目团队及其成员的专业水平、项目经验、敬业精神和职业道德等方面。

(4) 中介机构之间的协作情况。股票发行上市是企业及各中介机构“合力”的结果，中介机构应该进行良好的合作，尤其是在保荐机构与律师和会计师之间。

(5) 费用。中介机构费用是企业控制发行上市成本需要考虑的重要问题，具体收费或收费标准一般由双方协商确定。

企业应尽量选择实力雄厚、经验丰富的中介机构，避免因中介机构的失误造成改制上市的失败。

中介机构的相关信息，一方面可以通过互联网查询，目前保荐代表人姓名、所属机构及其保荐项目，具有证券资格的会计师事务所和资产评估事务所名单等信息，都可以在中国证监会网站查询；另一方面可以咨询监管部门、政府或已上市公司，了解政府部门和其他企业对其的评价。企业聘请中介机构团队前，务必做好基础信息的收集整理工作。

由于保荐机构和保荐代表人是中介机构团队的核心，中小企业对中介机构的考察，重点应集中在对保荐代表人执业水平、职业道德、项目重视程度等方面。必要时可要求保荐机构和保荐代表人就人员调配及提供服务等作出相关承诺。

中介机构协调会

中介机构协调会是各中介机构总结前期工作、交流存在问题、探讨确定解决方案、对后续工作进行安排的重要形式，一般由保荐机构主持，开会时间和内容由保荐机构和企业根据工作进度和面临的问题协商确定。

企业内部组建上市工作小组，外部确定中介机构团队后，即可以召开第一次中介机构协调会。第一次中介机构协调会主要确定改制上市工作计划、工作内容和工作分工，提出初步的改制上市工作方案。首次中介机构协调会的召开，也标志着中介机构正式进场，改制工作拉开序幕。

中介机构尽职调查内容

尽职调查是中介机构进场后的首要工作内容。尽职调查的目的是尽快了解企业的基本情况，找出企业存在的问题，为下一步提出改制方案奠定基础。同时尽职调查有助于中介机构评估项目风险，提高自身的业务风险防范和风险管理水平。尽职调查要求企业坦诚相见，真实、准确、完整地提供中介机构需要的材料，以便共同找出解决问题的方法。

尽职调查范围包括母公司、控股子公司、对企业生产经营业绩具有重大影响的非控股子公司。

尽职调查内容主要包括有限公司成立以来的合法性、企业业务状况和发展前景，具体包括以下几个方面：

1. 核查企业自设立至今历次变更过程的所有文件

包括两部分：一是对企业最初设立登记是否合法合规进行核查；二是对企业持续经营过程中的历次增资扩股、股权转让、经营范围变更、营业期限变更、公司类型变更、名称变更、住所变更及董事、监事及高级管理员变更等是否合法合规进行核查。该项尽职调查主要由律师完成，并提出企业历史沿革中存在的问题及整改方案。

2. 核查企业资产

包括核查企业持续经营过程中资产形成的合法性，主要的经营性资产的形成过程及现有资产的真实性，包括但不限于核查企业及分、子公司主要资产，尤其是土地、房产、机动车、商标、专利、软件著作权等明细清单、权属过户证明和产权证等文件。该项尽职调查主要由律师完成，并提出企业资产中存在的问题及整改方案。

3. 核查企业财务状况

包括但不限于核查企业经营业绩的真实性、关联交易情况、财务制度状况、财务数据的真实性。该项调查主要由注册会计师完成，指出问题并提出解决方案。

4. 核查企业经营现状与可持续发展

包括核查企业目前的业务模式及状况、业务发展前景以及经营特定行业的合法性。此项工作主要由保荐机构负责，律师配合。

5. 其他方面的尽职调查

包括但不限于核查公司研究开发能力和核心技术情况，对公司重要合同、知识产权、诉讼等方面的调查，以及对公司纳税、社保、公积金、环保、安全等方面的调查等。

以上中介机构尽职调查需要企业配合，中介机构一般会出具尽职调查文件清单，并进行现场办公，企业需要保证提供给中介机构的资料真实、准确、完整。

值得一提的是，在企业改制之时，企业内部根据各中介机构的要求提供的文件需安排专人进行保管，最好制作为扫描文件存档。此时如果已经聘请律师，可以请律师帮忙进行归档工作，此举可以提高日后申报过程中提供文件的效率。最近一个香港 IPO 案例的公司采用此种模式，最先聘请律师，按照律师的要求提供文件，律师协助公司搜集整理材料并及时归档，为日后各中介机构的尽职调查提供了很大便利，从而自其他中介机构进场开始到最终向香港联交所申报仅用了 2 个多月的时间。

● 企业启动募集资金投资项目论证工作

募集资金投资项目是企业上市的最终目的，确定良好的募集资金项目可以大幅提升企业经营能力，完善产品结构，提高盈利能力，进一步提升企业的竞争力。由于募集资金投资项目需要进行项目备案审批，需要一定的时间，因此，企业应与保荐机构及其他中介机构一起，讨论募集资金投资项目，尽早确定方案。

企业可聘请咨询公司，提供行业数据，进行行业描述，撰写行业研究报告，以备后期项目备案审批及撰写招股说明书进行行业分析时使用。

● 选择募集资金投资项目的要点

募集资金应当有明确的用途，证监会目前对募集资金投资项目的关注集中在项目的必要性、可行性、经济效益测算及项目的匹配能力分析等方面。2012 年度因募集资金投资项目被否的企业多是无法解释项目规划产能的未来消化能力，有的企业所计划的募投扩产规模达现有规模的 2～3 倍，不仅市场接受有问题，其自身管理能力也被质疑。因此，企业在选择项目投资时，应注意以下几个方面：

(1) 募集资金投向应符合国家的产业政策。企业应了解当前国家重点鼓励发展的产业、产品和技术，所在行业的发展导向，以及国家明确限制或禁止的领域、产品和技术工艺等。

(2) 募集资金投向应与企业的主营业务和长期发展目标一致。

(3) 募集资金投向是否存在技术、市场、资源约束、环保、效益方面的重大风险。污染比较重的企业，应就募集资金项目是否符合环境保护要求取得省级(或以上)环保部门的意见。

(4) 募集资金投资项目的实施是否会产生同业竞争。

(5) 募集资金投向与关联方合资的项目或募集资金投入使用后与关联方发生的交易，是否存在损害企业和中小股东利益的情况。

(6) 募集资金投资的项目的规划产能是否与其销售能力及管理能力相匹配，会否造成产能过剩或影响企业管理。

案例：因募集资金投资项目被否

湖南金大地材料股份有限公司的主营业务是利用当地资源丰富的石煤和石煤提钒后的选钒废渣等，作为生产水泥的硅质材和混合材。其招股书显示，募集资金投向主要是其他水泥副产品(五氧化二钒和白炭黑)。募集资金投资项目投产后，其经营产品将由原来单一的水泥，变为以水泥为主，五氧化二钒、白炭黑和商品混凝土等多个产品。其中五氧化二钒、白炭黑和商品混凝土均为新增产品，新增产能分别为 1 500 吨、6 万吨和 60 万立方米，其是否能开拓相关市场有待观望。同时，钒是一个比较小的行业，目前全球一年钒产量为 7 万多吨，其中中国占 3 万吨，而行业中攀钢钒钛和承德钒钛又处于垄断地位。该公司募集资金投资项目产能扩张较大(5 倍以上)，消化产能的能力令人生疑。2012 年，湖南金大地材料股份有限公司上会被否。

● 召开同意改制的董事会及股东会

1. 召开董事会

公司需要召开董事会通过公司由有限公司改制为股份公司的决议，由律师配合公司进行相关会议文件的起草，包括但不限于会议程序文件及议案。

该次董事会需要通过的议案包括但不限于：同意公司变更为股份有限公司的议案；进行审计、评估并以审计结果作为变更股份公司依据的议案；关于聘请财务顾问、审计、评估、律师等中介机构的议案；关于制定股份公司章程的议案；关于股份公司名称、住所、经营范围是否变更的议案及召开临时股东会的议案等。

2. 召开临时股东会（不设股东会的不需要）

前述董事会召开达成决议后，即召开临时股东会通过公司由有限公司改制为股份公司的相关决议，由律师配合公司进行相关会议文件的起草，包括但不限于会议程序文件及议案。

该临时股东会需要通过的议案包括但不限于：同意公司变更为股份有限公司的议案；进行审计、评估并以审计结果作为变更股份公司依据的议案；关于聘请财务顾问、审计、评估、律师等中介机构的议案；关于制定股份公司章程的议案；关于股份公司名称、住所、经营范围是否变更的议案等。

第二节　确定改制方式

中介机构团队确定后，一般由保荐机构主持和统一协调，与企业及其他中介机构共同探讨论证改制方案，包括发起人及其出资方式的确定、股本结构设置、财务审计、资产评估、财务制度建立、资产处置（包括非经营性资产的剥离、土地使用权的处置、商标使用权的处置等）、人事劳资制度的建立等。

● 改制过程中业务和资产重组的原则

企业以上市（挂牌）为目的进行业务和资产重组，应遵循以下原则：

（1）形成清晰的业务发展战略目标，合理配置存量资源。

（2）突出主营业务，形成核心竞争力和持续发展的能力。

（3）避免同业竞争。改制后的股份公司与控投股东（发起人）或实际控制人及其全资、控股子公司应避免在公司主营业务方面存在同业竞争。重组中难免碰到利益权衡，要把握大的原则，为了上市需要牺牲一定利益。

（4）减少和规范关联交易。

（5）产权关系清晰，不存在法律障碍。

（6）具有完整的生产经营体系和独自面向市场的经营能力。

案例:突出主营业务,剥离非主营业务

A公司主营业务是生产销售模具,其下属一家控股子公司主要从事手机零部件业务,与母公司主营业务不一致,且规模较小。在改制过程中,为突出主营业务,A公司果断地将该子公司股权全部转让给无关联关系的第三方(也可将该子公司注销)。尽管放弃了对一家微利公司的控制权,但有利于公司整合资源,将更多精力投入主营业务,提高资产运营效率和盈利能力。但转让过程需公允,并且被转让的企业应取得相关政府部门出具的合法经营证明(至少包括工商、税务及环保),以打消中国证监会在审核过程中认为公司转让该企业是因为其非法经营或被相关部门处罚的疑虑。

● 同业竞争的解决措施

同业竞争是指上市公司所从事的业务与其控股股东、实际控制人及其所控制的企业所从事的业务相同或近似,双方构成或可能构成直接或间接的竞争关系。有同业竞争的公司不能申请上市,应对存在的同业竞争进行解决后再申报资料。

对是否存在同业竞争,主要从业务性质、业务的客户对象、产品或劳务的可替代性、市场差别等方面判断,并充分考虑对公司及其分发起人股东的客观影响。如在发行上市前存在同业竞争问题,有以下解决措施:

(1) 企业收购竞争方拥有的竞争性业务。

(2) 竞争方将竞争性业务作为出资投入企业,获得企业的股份。

(3) 企业对竞争方进行吸收合并。

(4) 企业将竞争性的业务转让给竞争方。

(5) 竞争方将竞争性的业务转让给无关联的第三方。

(6) 企业放弃与竞争方存在同业竞争的业务。

(7) 控股股东及实际控制人今后不再进行同业竞争的有法律约束力的书面承诺。

案例:避免同业竞争

B公司经营范围为锻件、非标设备及金属结构件的生产和加工,其实际控制人控制的另外一家公司的经营范围中有一项与之相类似,存在潜在的同业竞争风险。为了避免同业竞争,B公司对该企业进行收购,使之成为公司全资子公司,从而规避了同业竞争风险。同时,B公司实际控制人做出了避免同业竞争的承诺。

案例:某台资背景企业存在同业竞争嫌疑,上会被否

证监会认为,台塑股份和南亚塑胶是该企业实际控制人王文洋关系密切的王永庆家族成员能够施加重大影响的企业,两个企业也是世界上主要的双酚A及环氧氯丙烷供应商之一,这意味着企业存在向台塑股份、南亚塑胶采购原材料的情况;而且南亚塑胶是世界上第三大环氧树脂生产企业,是该企业在国内的主要竞争对手之一。尚无法判断企业与台塑股份、南亚塑胶之间是否存在同业竞争。

● 规范和减少关联交易

关联交易是证监会审核关注的重点。如果企业改制不合理,导致上下游配套业务未整合进入发行人合并体系,将为日后IPO申报埋下隐患。

(一)关联交易

关联交易是指公司或其控股子公司(即公司为第一大股东,或者按照股权比例、公司章程或经营协议,公司能够控制其董事会组成的公司)与关联人之间发生的转移资源或义务的事项。包括但不限于:购买或者出售资产;对外投资(含委托理财、委托贷款等);提供财务资助;提供担保(反担保除外);租入或者租出资产;签订管理方面的合同(含委托经营、受托经营等);赠予或者受赠资产;债权或债务重组;签订许可使用协议;转让或者受让研究与开发项目;购买原材料、燃料、动力;销售产品、商品;提供或者接受劳务;委托或者受托销售;与关联人共同投资;其他通过约定可能引致资源或者义务转移的事项。

(二)关联人

(1)关联法人:公司关联法人包括但不限于直接或间接控制公司的法人;由上述法人直接或者间接控制的除公司及公司控股子公司以外的法人;由关联自然人直接或间接控制的,或者由关联自然人担任董事、高级管理人员的除公司及公司控股子公司以外的法人;持有公司5%以上股份的法人;法律、法规规定的其他与公司具有关联关系的法人。

(2)关联自然人:公司的关联自然人包括但不限于直接或间接持有公司5%以上股份的自然人;公司的董事、监事及高级管理人员;关联法人的董事、监事和高级管理人员;与上述人士关系密切的家庭成员,包括配偶、年满18周岁的子女及其配偶、父母及配偶的父母、兄弟姐妹及其配偶、配偶的兄弟姐妹、子女配偶的父母。

(3)具有以下情形之一的法人或者自然人,视同为公司的关联人:根据与公司关联人签署的协议或者作出的安排,在协议或者安排生效后,或在未来12个月内,将具有上述情形之一的;过去12个月内,曾经具有上述情形之一的。

(三)关联交易重点考察事项

改制后股份公司(发行人)应减少和规范与关联方进行关联交易。关联交易主要考察:

（1）发起人或股东是否通过保留采购、销售机构、垄断业务渠道等方式干预发行人的业务经营。

（2）从事生产经营的，发行人是否拥有独立的产供销系统，主要原材料和产品销售是否依赖股东单位及其下属企业。

（3）专为或主要为发行人服务的实体或辅助设施，是否纳入发行人或转由市场第三方进行经营。

（4）既为发行人服务、也为股东等关联方服务的实体或设施，如供水、供电、供气、供暖等设施，是否确保发行人与其交易和定价的公平。

（5）是否在公司章程中对关联交易决策权力与程序做出规定。公司章程是否规定关联股东或利益冲突的董事在关联交易表决中的回避制度或做必要的公允声明。

（6）无法避免的关联交易是否遵循市场公正、公平、公开的原则，关联交易的价格或收费原则上是否不偏离市场独立第三方的标准。对于难以比较市场价格或定价受到限制的关联交易，是否通过合同明确有关成本和利润的标准。

（四）关联交易的规范

关联交易的处理主要可以通过调整关联企业和签署关联事务协议两种方式来进行。

关联企业的调整常见的手段有：对关联企业的股权结构进行调整，以降低其关联性，以及对关联企业予以收购等。进行调整的目的是简化企业的投资关系，减少关联企业的数量，从而达到减少关联交易的最终目的。

关联事务协议应具体明确，按照市场原则来确定关联交易的价格。履行表决回避制度。例如，发行人欲购买控股股东的资产或相关技术和产品，价格必须公允，如果关联交易数量达到了一定数目，需要经过董事会和股东大会批准，在表决时关联董事、关联股东需要回避。

（五）关联方及关联交易的披露

在日后申报的文件中应当如实披露关联方及报告期内发生的关联交易，证监会着重关注关联交易是否公允，是否存在利益输送之嫌。

案例：如何收购关联企业

C公司报告期内多次向持有其10%股权的股东D的实际控制企业采购材料，自C公司成功改制为股份有限公司后，其产业平台进一步扩大。为增强本公司的整体实力，充分发挥管理协同效益，同时解决关联交易，C公司向股东D收购了标的公司。该次收购也是一次关联交易，为使此次关联交易定价公允，C公司特聘请有证券从业资格的审计师对标的企业进行审计，并按照C公司新建立的关联交易管理制度和公司章程通过了相关程序，且独立董事也对该关联交易发表意见。

案例:某上会企业因存在关联交易有失公允性重大嫌疑被否

发审委在审核中关注到该企业重大关联交易"企业主要关联交易方无锡尚德及其关联方因和客户签订保密协议原因,无法披露其向第三方采购的价格。因此,企业和无锡尚德关联交易价格的公允性,以及是否存在通过关联交易操纵利润的情形难以判断"。

案例:虚假信息披露,上海冠华二次被否

上海冠华不锈钢制品股份有限公司(以下简称"上海冠华")2012 年二次登堂上会受审,遭发审委再度否决,原因是其新版招股书亦暴露出旧版招股书存在重大虚假记载。2007 年 10 月上海冠华增资入股的股东中,有凌薏投资等 4 家股东当时的实际控制人及股东,与公司董事、高级管理人员存在亲属关系。此外,2007 年供应商宏颂不锈钢、宽裕不锈钢、柳飞五金增资入股上海冠华持股比例分别为 1.88%、1.40%和 0.57%,其中宏颂不锈钢、柳飞五金实际控制人与公司高管有亲属关系。且上海冠华与上述 3 家供应商的交易在报告期内持续存在。发审委在二次审核中关注到,上海冠华前次申报材料未按照有关规定披露上述事宜,也未在前次发审会现场如实作出说明。发审委认为,上述情形与《首次公开发行股票并上市管理办法》第二十五条的规定不符,故不予通过。并且,证监会还对负责该项目的保荐机构爱建证券及其保荐代表人、律师事务所国浩律师(上海)事务所及签字律师出具警示函。

● 资产重组的注意事项

1. 同一公司控制权人下的资产重组

根据中国证监会于 2008 年 5 月 19 日发布的《证券期货法律适用意见第 3 号——〈首次公开发行股票并上市管理办法〉第十二条企业最近 3 年内主营业务没有发生重大变化的适用意见》,对不同规模的同一公司控制权人下资产重组的处理方法要点如下:

被重组方重组前一个会计年度末的资产总额或前一个会计年度的营业收入或利润总额达到或超过重组前拟上市相应项目 20%的,申报财务报表至少须包含重组完成后的最近一期资产负债表;

达到或超过 50%但不超过 100%的,券商和律师应按照发行主体的要求进行尽职调查、发表意见,并申报财务资料等相关文件;

达到或超过 100%的,为便于投资者了解重组后的整体运营情况,拟上市公司重组后须运行一个会计年度后方可申请发行。

2. 非同一公司控制权人下的资产重组

企业如果单一并购项目或者在连续12个月内累计并购规模过大，会影响尽职调查和审计的范围以及上市进程。非同一控制下重组主要参考重组前一年末的资产总额、重组前一年的收入总额、重组前一年的利润总额这3个指标。具体分为2类：

（1）企业收购非同一控制下相同、相似产品或者同一产业链的上下游的企业或资产：任何一个指标超过100%，需要运营36个月；3个指标在50%～100%之间，运营24个月；3个指标在20%～50%之间，运营1个会计年度；3个指标均小于20%，不受影响。

（2）企业收购非同一控制下非相关行业企业或资产：任何一个指标超过50%，运营36个月；3个指标在20%～50%之间，运营24个月；3个指标小于20%，不受影响。

需注意的是，企业改制时，具有证券从业资格的会计师事务所应对改制基准日的企业净资产等财务指标进行审计，企业改制通常采用由经审计的净资产折股的方式。因此，原则上，前述的重组事项应在改制基准日前完成，由此可更准确地反映企业的净资产，从而对企业以净资产折股的设计奠定扎实的基础。

案例：资产重组解决销售独立性

某拟上市企业A主要从事电动玩具产品的生产，产品绝大部分出口，其出口产品几乎全部由A公司实际控制人在海外成立的销售公司B负责报关、结算和收款。发行人A只负责和海外客户的谈判和签订销售合同。A公司将产品销售给B公司时，按照与最终海外客户约定的销售价格执行，B公司不赚取产品差价。A公司不存在将利润转移给B公司的情况。为解决销售独立性问题，于申报材料前的最近一期，发行人A公司成立全资子公司C，取代B公司负责出口产品的销售业务。

本案例中，成立C公司前，发行人A公司和实际控制人下属B公司间关联交易过大，且A公司出口产品的销售执行、款项的支付和收取、销售渠道的维护和建设完全由B公司负责，实际控制人转移、占用发行人资金的环境过于便利，可能对A公司产生了损害，独立性存在较大问题。C公司成立后，虽然解决了该问题，但考虑到C公司成立时间较短，且之前B公司对出口产品的销售影响极大，发行人A公司的独立性以及C公司成立后运作的有效性尚待时间观察。因此A公司较为合理的办法是至少运行1个会计年度后，再提出发行申请。

● “独立性”的含义

IPO审核的重点是企业是否具有独立经营能力和独立盈利能力，因此“独立性”十分重要。中国证监会法规明确要求，股份公司与控股股东之间应在业务、资产、人员、机构和财务等5个方面做到独立运作。2012年审核未通过的37家企业中有3家企业因独立性不足未获通过，主要体现在企业业务体系不完整，缺乏直接面向市场独立经营的能力或者存在影响独立性或显失公允的关联交易等方面。

1. 业务独立

改制后设立的股份公司的业务独立完整，其业务应当独立于控股股东、实际控制人及其控制的其他企业，与控股股东、实际控制人及其控制的其他企业间不得有同业竞争或者显失公平的关联交易。

2. 资产独立

改制后设立的股份公司的资产应独立完整，生产型企业应当具备与生产经营有关的生产系统、辅助生产系统和配套设施，合法拥有与生产经营有关的土地、厂房、机器设备以及商标、专利、非专利技术的所有权或者使用权，具有独立的原料采购和产品销售系统。非生产型企业应当具备与经营有关的业务体系及相关资产。

3. 人员独立

改制后设立的股份公司人员应独立。其总经理、副总经理、财务负责人和董事会秘书等高级管理人员不得在控股股东、实际控制人及其控制的其他企业中担任除董事、监事以外的其他职务，不得在控股股东、实际控制人及其控制的其他企业领薪；其财务人员不得在控股股东、实际控制人及其控制的其他企业中兼职。

4. 机构独立

改制后设立的股份公司机构应独立。股份公司应当建立健全内部经营管理机构，独立行使经营管理职权，与控股股东、实际控制人及其控制的其他企业间不得有机构混同的情形。

5. 财务独立

改制后设立的股份公司财务应独立。股份公司应当建立独立的财务核算体系，能够独立作出财务决策，具有规范的财务会计制度和对分公司、子公司的财务管理制度；企业不得与控股股东、实际控制人及其控制的其他企业共用银行账户。

案例：佳利电子独立性严重缺失被否

2012年被否企业嘉兴佳利电子股份有限公司（以下简称“佳利电子”）主营业务包括微波介质陶瓷元器件和卫星导航组件。报告期内其与控股股东持续存在机器设备、存货转让等关联交易，存在大额资金拆借、相互代付电费、共用商标等行为。佳利电子的控股股东为浙江正原电气股份有限公司（以下简称“正原电气”），主要产品为微波介质陶瓷元器件和卫星导航组件，两大产品为上下游关系，且微波介质陶瓷元器件业务正是原母公司、现大股东正原电气，在上市前注入公司的，与该业务同时注入的还有相关资产、技术、研发、营销网络、土地、商标及人员，由此形成佳利电子对大股东正原电气的全方位依赖。因此，创业板发审委认为，上述情形与《首次公开发行股票并在创业板上市管理暂行办法》（证监会令第61号）第十八条的规定不符，予以否定。

第三节 财务与税收

改制上市对财务规范管理的基本要求

中小企业改制之前，不规范的财务问题比较多，例如：遗留账务未处理，会计核算不合规，资产负债不完整，内部控制不完善，少数企业税务问题还比较突出等。因此，在改制期间，中小企业应积极面对自身所存在的问题，聘请经验丰富的注册会计师指导企业财务和税务的规范化运作。这既有利于企业夯实管理基石，控制成本，提高效益，也有利于包括上市在内的各种融资。

中小企业改制上市，财务规范管理的基本要求是：

（1）依法纳税，享受的各项税收优惠及政府补贴合法合规。

（2）会计基础工作规范，财务报表符合会计准则的规定。

（3）由注册会计师出具无保留意见的审计报告。

（4）内控制度健全有效，并由会计师出具无保留结论的内部控制鉴证报告。

（5）严格的资金管理制度，不存在大股东占用资金的情形。

财务管理不规范的主要体现

1. 会计事项交接不清

有的中小企业不重视财务会计工作，或者任人唯亲，使用不懂财务的亲属任职财务人员，导致会计人员变动频繁和岗位职责不清，会计人员前后会计事项交接不清，甚至出现原始凭证保持不完整，重要会计资料丢失、毁损的状况。

2. 资产负债不完整

由于财务主管未参与到公司管理中，财务人员得到的业务信息和交易事项的资料受限制，或者业务水平有限，导致企业财务报表不能真实反映企业财务状况，会计核算不清、资产负债不完整以及长期遗留账务未处理等。

3. 存货、成本核算和管理不到位

如有的生产性企业没有费用的归集和分摊，没有成本核算过程；有的企业投入上百万元的ERP系统运行效果欠佳，存货进销存核算差异很大。

4. 故意遗漏或虚构交易或事项

出于少交税收的目的，故意遗漏或虚构交易或事项。如存在账外账、小金库、两套或多套账等问题，有的甚至几套账混在一起，每套账都有专门用途。

5. 会计核算基础差

由于会计核算基础差导致的问题包括：往来账与对方长期不对账，差异大，时间久，无法对清死账；存在大量大额银行存款未达账；更改原始或记账凭证无依据，说明随意频繁；原始凭证保持不完整或者丢失；会计人员变动、流失频繁，对前会计记录及事项不清；费用及款项长期挂账；长期投资多且混乱：投资挂账（其他应收、在建工程等）；核算方法不正确（权益法、成本法），或不反映收益/损失；股权投资差额及商誉处理不恰当；投资关系不清晰，无合同、被投资单位出资证明。

案例：由租变买，会计处理要合适

（1）根据招股说明书披露，上海冠华不锈钢制品股份有限公司（以下简称“申请人”或“公司”）2000年成立时生产所需的主要机器设备和房屋场地通过租赁取得。2000年冠华公司与上海市崇明县新村农村信用合作社签订了《租赁协议书》，租赁新村信用社行使债权取得的资产。租赁期限自2000年7月1日起至2012年6月30日止，租赁费为每年220万元。公司于2008年9、10月间向上海农村商业银行崇明支行购买上述租赁资产，收购总价款为1 767.5万元。公司2008年经营模式发生重大变化且其后经营时间较短，无法判断公司持续盈利能力。

（2）公司2000年租赁新村信用社上述机器设备，租赁期限为12年，租赁期限已经达到或超过上述机器设备使用寿命。根据《企业会计准则第21号——租赁》规定，即使资产的所有权限不转移，但租赁期占租赁资产使用寿命的大部分，应当被认定为融资租赁。公司对上述资产适用的会计政策不符合《企业会计准则第21号——租赁》规定。

发审委认为，上述情形与《首次公开发行股票并上市管理办法》（证监会令第32号）第三十条、第三十七条的规定不符，否决了该公司的上市申请。

6. 相关业务内控差

业务记录与会计记录无勾稽关系，无相互核对、互相监督；业务记录不完整、不系统、混乱、无记录；业务交易无执行、授权、记录的分离。

7. 资产权属确认问题

产权不清晰，无产权证；土地征地手续不合法或不完善，土地以租代征；有房无地，房屋无报建或验收手续等；其他原因未申领产权证；产权证未过户；重组、股东投资、资产交换、以物抵债等进入公司的资产。

8. 关联交易问题

目的及动机不当，不是正常交易行为，调节利润；交易依据不充分，缺相关合同及确认；定价不公允；关联方界定不完整；会计处理不当；交易程序不规范；实质关联方非关联化。

9. 收入确认问题

收入确认按收付实现制；收入确认以开票为时点确认；以发货为时点确认收入；收

入多确认、少确认、提前或滞后确认等情形；收入确认凭证不完整，代理或买方提供结算数据不及时或不准确；退货处理不规范，大额退回应调整收入确认当期。

10. 税收缴纳问题

向关联方转移利润；账外账；转移利润形成小金库；成本不配比结转；虚假购物(有增值税发票)；业主费用列入公司费用；应资本化的支出费用化导致损益不真实；所得税扣除与税法不尽一致，但往往得到税务局默认；个人所得税未代扣代缴；税收优惠不合法，比如无文件或审批级别不够。

案例：向关联方支付补贴未调增应纳税所得额

洋河酒业：公司对向集团支付3 800万元补贴的会计处理严重违反税法的有关规定。公司2006年3月份向控股股东一次性支付3 800万元补贴费，计入营业外支出，按照规定应该调整应纳税所得额。但公司支出的上述补贴费未按税法规定进行所得税纳税调整，致使公司少交税金1 200余万元，不符合有关税法和《首发管理办法》第三十四条的规定。

11. 会计政策及估计问题

会计政策与会计估计是非常严肃的，应由董事会批准，一经选定，不得随意变更，除非是法律或会计准则等行政法规规章的要求，以及这种改变将提供更可信、更相关的会计信息。常见问题包括：会计政策不够稳健；随意性或目的性强。

会计政策及估计问题在固定资产、在建工程、无形资产中较常见：折旧及摊销方法、年限、残值率不当或经常变更；利息资本化不符合准则要求；停工损失资本化；试运行期间会计核算不正确；在建工程转固时点不当，折旧起始时点不合准则要求；固定资产后续支出资本化依据不充分；开发支出资本化依据或条件不充分；非专利技术是否能确定受益年限；摊销/减值测试；资本性支出与收益性支出划分不清等。

案例：对会计政策和会计估计的不恰当或违规运用导致经营业绩大幅变动

晋城蓝焰煤业：对公司安全费用的处理不当。按照国家相关规定，安全费用提取标准一经确定，煤炭生产企业不得随意变更，但是申请人在2005年和2008年2次改动安全费用计提标准，同时现场陈述时并未对上述改动是否符合有关规定做出明确说明。此项会计估计变更使申请人2005—2007年度净利润分别减少25 889万元、32 883万元和31 587万元。

会计师事务所和注册会计师在审计时都会重点关注，即使企业蒙混过关，地方证监局和发审委发现申报材料存在重大疑问，将会重点查核。这类企业应该将遗漏的交易纳入账内核算，进行账务规范并补缴税金。但是，如果补缴金额过大，建议延期申报。若不纳入账内核算，财务指标与同行业相比较明显不合理，在申报材料时无法对审核人员提供合理的解释。

案例：深圳某创业板上会被否，企业存在核算不规范和内部控制缺陷

该企业在报告期内，企业发生重大会计差错更正，调减 2007 年度并计入 2008 年度主营业务收入 1 182.6 万元，占当期主营业务收入的比例分别为 21.8%、13.12%；调减 2007 年度并计入 2008 年度净利润 517.7 万元，占当期净利润的比例分别为 42.49%、40.06%，且该调整事项发生在企业变更为股份公司之后，说明企业会计核算基础工作不规范，内部控制制度存在缺陷。

● 执行企业会计准则的注意事项

我国新会计准则在债务重组、货币性资产交换、借款费用、无形资产、所得税、企业合并和每股收益等方面变动比较大，新增了公允价值计量、投资性房地产、股份支付、金融工具等内容。改制企业一般涉及新增和变动的会计业务比较少，问题突出反映在收入确认和会计政策估计两方面。

1. 收入确认

企业会计准则针对各种行业的特点，对收入确认作出了比较详细的规定。改制企业收入确认要避免出现下列问题：收入确认按照收付实现制，收入确认以开票点确认，以发货时点确认收入，收入确认凭证不完整，收入提前或滞后，与客户和代理商结算不及时，退货处理不及时等。

案例：某创业板上会企业因收入确认存在疑点被否

该公司与中国邮政集团和中国邮政储蓄银行 2009 年 7 月签订了服务期达 5 年的总价格为 2 950 万元的业务合同，合同履行期限为 2009 年 1 月 1 日至 2013 年 12 月 31 日。根据合同所附的价格清单，主要服务内容按每年报价为 253 万元，现场服务按每人每天 0.8 万元计算。企业在 2009 年度即确认了 1 260 万元营业收入，依据申报材料无法判断上述营业收入确认是否符合企业会计准则的规定，企业在现场的陈述也没有消除对该营业收入确认的疑点。

案例：2010 年某过会企业在上市前夜因涉嫌虚列收入被叫停

该企业通过发审委审核，并成功发行 1 700 万股，募集资金 5.8 亿元。因涉嫌虚列收入，粉饰业绩，在上市前夜被中国证监会叫停。

2. 会计政策估计

注册会计师审计及中国证监会审核都特别关注会计政策估计事项，切记不能滥用会计政策。企业会计估计应当充分考虑其合规性及合理性，对公司报告期及发行上市后财务状况和经营业绩的影响。比如房屋及建筑物采用 10 年折旧年限，会计政策就过于谨慎。

案例：关于销售返利的会计处理不当选择

拟上市某公司为鼓励经销商提高经营业绩，在销售合同中规定年度内销售额达到一定金额时，按销售额一定比例给予经销商销售佣金，公司称为“销售返利”。公司的销售返利存在跨期支付的情况，首次申报材料对于该经济事项的会计处理为：当年支付的部分，冲减主营业务收入，跨年度支付的部分，采取预提方式记入当期营业费用。该企业对同类业务的销售返利会计处理明显不一致。

关联方交易

关联方交易是指关联方之间转移资源、劳务或义务的行为，而不论是否收取价款。根据《企业会计准则——关联方披露》的规定，关联方交易包括：购买或销售商品；购买或销售商品以外的其他资产；提供或接受劳务；担保；提供资金（贷款或股权投资）；租赁；代理；研究与开发项目的转移；许可协议；代表企业或由企业代表另一方进行债务结算；关键管理人员薪酬。

关联方交易的规范要求包括：

（1）业务应当独立于控股股东、实际控制人及其控制的其他企业，与控股股东、实际控制人及其控制的其他企业不得有显失公平的关联交易。

（2）公司章程中已明确对外担保的审批权限和审议程序，不存在为控股股东、实际控制人及其控制的其他企业进行违规担保的情形。

（3）有严格的资金管理制度，不得有资金被控股股东、实际控制人及其控制的其他企业以借款、代偿债务、代垫款项或其他方式占用的情形。

（4）关联交易公允，不存在通过关联交易操纵利润的问题。

（5）最近一个会计年度的营业收入或净利润对关联方或存在重大不确定性的客户

不存在重大依赖。

(6) 公司章程对关联交易决策权力与程序，包括关联股东或利益冲突的董事在关联交易表决中的回避制度作出规定。

(7) 独立董事对关联交易履行的审议程序是否合法及交易价格是否公允发表意见。

从理论上讲，关联方交易的会计核算与非关联方交易相同，只需要在财务报表附注中披露相关信息。但根据财政部财会函(2008)60号《关于做好执行会计准则企业2008年年报工作的通知》的规定，如果接受控股股东或控股股东的子公司直接或间接的捐赠，从经济实质上判断属于控股股东对企业的资本性投入，应作为权益性交易，相关利得计入所有者权益(资本公积)。

案例：涉嫌关联交易价格不公允和通过关联交易操纵利润

西安隆基硅材料股份有限公司报告期内向关联方无锡尚德、洛阳尚德销售货物(全部为单晶硅片)的金额分别为4 008万元、22 097万元和44 740万元，占当年单晶硅片销售收入的比重分别为52%、49%和80%，2009年隆基与关联方无锡尚德、洛阳尚德销售货物的金额和比例大幅增长。

2009年末，隆基应收账款较2008年末大幅增长，由2008年末的2 638万元大幅增长至12 263万元，其中应收关联方无锡尚德的款项为7 703万元。

2009年，隆基净利润、毛利率均高于同行业的主要原因是其2009年上半年执行了2008年延迟执行的与洛阳尚德和展丰能源的单晶硅片合同，累计合同金额为10 564万元，上述执行价大约为48元/片，而2009年6月单晶硅片市场价格为17.8元/片，若以市场价格测算，公司2009年多计收入及毛利6 300万元，业绩则大幅下降。

隆基的主要关联交易方无锡尚德及其关联方因和客户签订保密协议原因，无法披露其向第三方采购的价格。因此，隆基和无锡尚德关联交易价格的公允性，以及是否存在通过关联交易操纵利润的情形难以判断。发审委认为，上述情形与《首次公开发行股票并上市管理办法》(证监会令第32号)第三十二条的规定不符，否决了该公司的上市申请。

规范资金管理

企业改制后，在资金管理方面应规避下列情况：

1. 实际控制股东和其他关联方资金占用

改制上市企业不得有资金被控股股东、实际控制人及其控制的企业以借款、代偿债务、代垫款项或者其他方式占用的情形。改制企业的关联方非经营性资金占用比较普遍，

必须在申报期纠正。在审计中,会计师重点关注是否存在下列关联方资金占用的情况:

(1) 年度中间占用,年末归还。

(2) 虚构交易事项,交易价格非公允,货款长期拖延结算。

(3) 通过中间环节以委托贷款的形式间接向大股东提供资金是近年来出现的一种新的资金占用方法。

(4) 委托实施项目。

(5) 资金体外运营,利用开具无真实交易背景的银行承兑汇票并且贴现等方式取得资金,体外运营,为大股东及其关联方长期占用资金提供便利条件。

2. 违规资金担保

不合规的对外担保在申报前必须解决。改制企业未经股东大会审议通过的违规担保主要情形有:公司及其控股子公司的对外担保总额,超过最近一期经审计净资产的50%;达到或超过最近一期经审计总资产的30%以后提供的任何担保;为资产负债率超过70%的担保对象提供的担保;单笔担保额超过最近一期经审计净资产10%的担保;对股东、实际控制人及其关联方提供的担保。

3. 向职工或社会单位进行集资,并支付相应的集资利息

企业视重要程度可考虑将该集资借款归还或者协商入股。

如存在前述违规行为应当立即整改,并运行至少一个完整会计年度再进行申报。

案例:关联方占用资金未支付资金占用费

广东通宇通讯股份有限公司实际控制人报告期内存在通过11家单位占用公司资金的行为,且实际控制人未向公司支付资金占用费;公司于2010年5月分别补缴2007年度企业所得税20 732 407.42元、2008年度企业所得税5 028 086.99元,并缴纳滞纳金共8 364 314.30元。公司未在申报材料和现场聆讯中对内部控制制度是否健全且被有效执行作出充分合理的说明。

发审委认为,上述情形与《首次公开发行股票并上市管理办法》(证监会令第32号)第二十四条的规定不符。

● 重点关注财务报表和重要指标的合理性

企业改制上市过程中,应对财务问题进行全面筹划,特别是关注申报期内财务报表的合理性。企业应听取来自保荐人、会计师和其他中介机构的意见。

考虑财务报表和重要指标的合理性时,要特别关注以下4个方面:

(1) 财务报表中反映的无形资产、长期投资等资产的合理性。如:是否拥有与生产加工服务相关设施的产权,是否拥有与主营业务相关的商标、专利、非专利技术所有权,

公司重要资产是否存在质押、法律诉讼等重大争议、潜在纠纷等不确定因素等。

(2) 取得重要资产过程的合法、合规性。土地、房产、知识产权应取得相应的权属证书，租赁资产的租赁合同的合法性、有效性。

(3) 纵向三年一期资产负债率、销售增长率、现金流量情况等指标变动的合理性。

(4) 与同行业(上市)公司横向比较分析，特别是指标在不同期间的异常波动。如果财务指标明显低于同行业上市公司，应考虑调整战略发展思路，优化盈利模式，甚至实施并购或者剥离。如果财务指标明显高于同行业上市公司，应有充分、合理的解释。

案例：某创业板上会被否企业的销售收入与客户过于集中

最近3年，该公司来自前五大客户的收入占比超过98%，客户集中风险凸显。2007—2009年，公司来自前五大客户的收入占总收入的比例分别高达98.42%、99.34%、98.09%。

案例：某上会被否企业净利润指标偏低

该公司三年一期的净利润分别同比增长194.22%、88.50%、145.09%，但公司实现盈利的绝对值仍然偏低，公司扣除非经常性损益后归属于母公司所有者的净利润分别仅为326.92万元、717.83万元、1 310.76万元、811.68万元。

案例：业绩持续下降且对税收优惠有重大依赖

广西丰林木业集团股份有限公司2007—2009年营业利润分别为10 155万元、6 223万元和4 770万元，营业利润处于持续下降趋势。

2007—2009年增值税即征即退金额分别为4 551.34万元、2 574.34万元和2 911.97万元，增值税即征即退金额占公司净利润比重较高。2010年增值税即征即退比率由100%降为80%，增值税即征即退比率下降将对公司未来业绩造成一定的影响。

公司持续盈利能力存在不确定性，且公司经营成果对税收优惠存在严重依赖。发审委认为，上述情形与《首次公开发行股票并上市管理办法》(证监会令第32号)第三十四条、第三十七条的规定不符。

● 建立完善内部控制制度

中小企业在改制上市过程中建立一套有效的内部控制体系，不仅是企业自身风险管理和效益管理的要求，而且是资本市场的要求。随着我国资本市场监管体系的进一步完善，我国已经形成了适应企业实际、融合国际先进经验的内部控制规范体系，包括《企业内部控制基本规范》、《企业内部控制应用指引》、《企业内部控制评价指引》等。内部控制的审核已经纳入注册会计师 IPO 审计范围，并要求会计师出具内部控制鉴证意见。建立完善内部控制制度，应避免出现下列问题：

（1）缺乏系统规范的管理制度。中小企业普遍缺乏系统规范的业务管理制度和流程。有的企业在改制时，在一些关键控制环节建立了内控制度和业务流程，但运作过程中，还应加强管理制度的系统规范性，并注重完善和提高执行能力。

（2）缺乏监督、检查、分析评价机制。如实行预算管理制度的企业，在年度经营过程中未定期进行预算执行分析，致使在预算执行过程中偏差较大，责任划分和量化不明确，控制功能未能有效发挥。企业还应重视事前控制和事中控制。

（3）缺乏人力资源管理机制和完善的绩效考核制度。

（4）无视与员工的关系。如签订不规范的劳动合同，员工养老统筹费用欠缴，出现员工劳动补偿纠纷等。一旦出现上述情况，将对企业上市有负面影响。

案例：某被否企业报告期内出现多起工伤事故

某中小企业板拟上市企业主要从事离心方桩的生产与销售。近 1 年内该公司下属子公司和分公司接连发生 4 起工伤事故，各 1 人死亡，分别受到地方安全生产监督管理局的行政处罚。其管理和风险等问题在发审会上成为重点考察对象，最终被否。

案例：内部控制制度不完善

报告期内，海诺尔环保产业股份有限公司多次因违反环保法律法规被环保部门处罚；蒲江项目和新津项目超过试生产的最长期限仍在运营且至今未取得环保验收许可文件，2010 年和 2011 年 1—9 月，前述项目垃圾直接处置收入占比较大；《环境污染治理设施运营资质证书（生活垃圾甲级）》已过期。公司的内部控制制度不能合理保证其生产经营的合法性。

发审委认为，上述情形与《首次公开发行股票并在创业板上市管理暂行办法》（证监会令第 61 号）第二十一条的规定不符。

内部控制制度自我评估

良好的企业内控制度一定是目标明确、措施有效、执行顺畅、监督到位、效果明显、效益显著。对自身内控制度建立和执行情况，企业可以从2个纬度展开自查：

(1) 检查现有的内控制度的框架、内容、流程设计是否符合企业的实际和经营特点，是否关注到本企业的重点业务单位、重要业务事项、重大风险领域和关键的岗位及环节，是否存在照抄照搬其他公司而与实际经营活动脱节的现象。

(2) 企业现有内部制度是否已下发执行，员工对制度了解、掌握的程度，制度的执行是否列入绩效考核内，企业及其所属各单位、部门及职工对制度的执行是否到位，是否存在重制度、轻执行、重程序、轻效率的现象。

案例:某中小企业板上会企业因申报材料存在虚假记载被否

该企业申报材料中提交的企业母公司2004年度企业所得税纳税申报表是以股份公司名义向税务局申报的，而股份公司在2004年尚未设立;该企业最近3年企业母公司的所得税纳税申报表上无申报日期、受理日期、税务机关受理章等必备要素，且纳税申报表的日期范围存在手写涂改情形。

案例:某上会被否企业存在内部控制缺陷

该企业在被发审委审核被否原因中仅仅提及了内控一项问题，发审委认为企业报告期内存在开具没有真实交易背景的银行承兑汇票和向股东、管理层及部分员工借款且金额较大等情形，因此“难以判断你公司是否能够规范运行”。

案例:两家企业相互举报导致双方融资均受阻

山东某企业暂缓表决来自于竞争对手的实名举报，后者指出企业在招股书申报稿中的财务造假行为，而此后企业对后者的举报也使得该企业发行可转债的申请被证监会发审委暂缓表决，互掐的行为使得双方融资举措均受阻。

● 会计政策、会计估计变更及账务调整影响利润的涉税处理

因合理规划拟上市企业会计政策、会计估计而影响申报期间损益，应按申报报表各期利润总额以适用税率计算所得税。

● 高新技术企业税收优惠

我国在税制改革中支持高新技术企业，高新技术企业的产品(服务)属于《国家重点

支持的高新技术领域》，这与创业板市场优先考虑新能源、新材料、生物医药、电子信息、环保节能、现代服务等九大领域的政策导向相吻合。如果企业符合国家高新技术产业导向并有相应技术的，应争取认定为高新技术企业，这样不但可降低10%的企业所得税税负，而且有利于满足创业板创新性要求和融资途径的选择。

● 整体变更时未分配利润盈余公积转增资本个人股东需要缴纳个人所得税

国家税务总局关于印发《征收个人所得税若干问题的规定》的通知(国税发[1994]89号)，关于派发红股的征税问题：股份制企业在分配股息、红利时，以股票形式向股东个人支付应得的股息、红利(即派发红股)，应以派发红股的股票票面金额为收入额，按利息、股息、红利项目计征个人所得税。

《国家税务总局关于股份制企业转增股本和派发红股征免个人所得税的通知》(国税发[1997]198号)规定："(一)股份制企业用资本公积金转增股本不属于股息、红利性质的分配，对个人取得的转增股本数额，不作为个人所得，不征收个人所得税。(二)股份制企业用盈余公积金派发红股属于股息、红利性质的分配，对个人取得的红股数额，应作为个人所得征税。各地要严格按照《国家税务总局关于印发〈征收个人所得税若干问题的规定〉的通知》(国税发[1994]89号)的有关规定执行，没有执行的要尽快纠正。派发红股的股份制企业作为支付所得的单位应按照税法规定履行扣缴义务。"国税函发[1998]289号规定："《国家税务总局关于股份制企业转增股本和派发红股征免个人所得税的通知》(国税发[1997]198号)中所表述的"资本公积金"是指股份制企业股票溢价发行收入所形成的资本公积金。将此转增股本由个人取得的数额，不作为应税所得征收个人所得税。而与此不相符合的其他资本公积金分配个人所得部分，应当依法征收个人所得税。"

《国家税务总局关于盈余公积金转增注册资本征收个人所得税问题的批复》(国税函发[1998]333号)规定："对属于个人股东分得再投入公司(转增注册资本)的部分应按照利息、股息、红利所得项目征收个人所得税，税款由股份有限公司在有关部门批准增资、公司股东会决议通过后代扣代缴。"

沪府办发[2008]38号、沪地税个[2008]13号等相关文件规定，对列入上海证监局拟上市辅导期中小企业名单的企业将非货币性资产经评估增值转增股本的，以及用未分配利润、盈余公积、资本公积转增股本的，可向主管税务机关备案后，在取得股权分红派息时，一并缴纳个人所得税。

● 资产评估增值形成的资本公积金转增股本应缴纳个人所得税

根据《四川省地方税务局关于对企业资产评估增值转增资本征收个人所得税问题的批复》(川地税函[2003]第205号)：凡承担有限责任的企业(含有限责任公司和股份

有限公司)，对评估增值的资产，通过资本公积转增个人实体资本，根据《国家税务总局关于股份制企业转增股本和派发红股免征个人所得税的通知》(国税发[1997]第198号)和《国家税务总局关于原城市信用社在转制为城市合作银行过程中个人股增值所得应纳个人所得税的批复》(国税函[1998]第289号)的相关规定，按照"利息、股息、红利所得"项目征收个人所得税，其税款在实施转增后由企业按规定代扣代缴。由此可以得出结论，公司用资产评估增值形成的资本公积转增实收资本应缴纳个人所得税。

● 有限责任公司整体变更设立股份有限公司的增值税、营业税、土地增值税

有限公司整体变更为股份公司时，非货币性资产出资行为会涉及增值税、营业税、土地增值税。企业主要资产形态可以分为有形动产、无形资产和不动产。其中：有形动产属于增值税的征收范围，而无形资产和不动产属于营业税的征收范围。

1. 增值税

当企业整体变更为股份有限公司时，属于转让企业全部产权，即整体转让企业资产、债权、债务及劳动力的行为。根据《国家税务总局公告2011年第13号——关于纳税人资产重组有关增值税问题的公告》规定：纳税人在资产重组过程中，通过合并、分立、出售、置换等方式，将全部或者部分实物资产以及与其相关联的债权、负债和劳动力一并转让给其他单位和个人，不属于增值税的征税范围，其中涉及的货物转让，不征收增值税。

2. 营业税

当企业以不动产、无形资产出资时，根据《财政部、国家税务总局关于股权转让有关营业税问题的通知》(财税[2002]191号)规定不需要缴纳营业税。

3. 土地增值税

根据《土地增值税暂行条例》的规定，对于转让国有土地使用权、地上建筑物及其附着物并取得收入的单位和个人需要按其所取得的增值额缴纳土地增值税。但依据《财政部、国家税务总局关于土地增值税一些具体问题规定的通知》(财税[1995]48号)、《财政部、国家税务局关于土地增值税若干问题的通知》(财税[2006]21号)的规定，涉及投资业务的土地增值税缴纳按以下原则处理：对于以房地产进行投资、联营的，投资、联营的一方以土地(房地产)作价入股进行投资或作为联营条件，将房地产转让到所投资、联营的企业中时，暂免征收土地增值税，对投资、联营企业将上述房地产再转让的，应征收土地增值税。

● 企业合并相关税收优惠政策

部分公司在上市改制前需实施股权架构的调整，会涉及企业合并问题，相关的税收成本系重点考虑事项。国家在企业合并方面有一系列税收优惠政策：

1. 营业税

《关于纳税人资产重组有关营业税问题的公告》(国家税务总局公告2011年第51

号)规定:纳税人在资产重组过程中,通过合并、分立、出售、置换等方式,将全部或者部分实物资产以及与其相关联的债权、债务和劳动力一并转让给其他单位和个人的行为,不属于营业税征收范围,其中涉及的不动产、土地使用权转让,不征收营业税。

2. 增值税

《国家税务总局关于纳税人资产重组有关增值税问题的公告》(国家税务总局公告2011年第13号)规定:"纳税人在资产重组过程中,通过合并、分立、出售、置换等方式,将全部或者部分实物资产以及与其相关联的债权、负债和劳动力一并转让给其他单位和个人,不属于增值税的征税范围,其中涉及的货物转让,不征收增值税。本公告自2011年3月1日起执行。"

3. 城建税及教育费附加

不征或免征增值税和营业税的同时,不征或免征城建税及教育费附加。

4. 契税

《财政部　国家税务总局关于企事业单位改制重组契税政策的通知》(财税〔2012〕4号)规定:2012年1月1日至2014年12月31日,两个或两个以上的公司,依据法律规定、合同约定,合并为一个公司,且原投资主体存续的,对其合并后的公司承受原合并各方的土地、房屋权属,免征契税。

5. 印花税

《财政部　国家税务总局关于企业改制过程中有关印花税政策的通知》(财税[2003]183号)规定:"以合并或分立方式成立的新企业,其新启用的资金账簿记载的资金,凡原已贴花的部分可不再贴花,未贴花的部分和以后新增加的资金按规定贴花。"

对合并过程中涉及《印花税暂行条例》及相关规定中限定的产权转移的,应按"产权转移书据"贴花。

6. 土地增值税

《财政部　国家税务总局关于土地增值税一些具体问题规定的通知》(财税字〔1995〕48号)规定:"在企业兼并中,对被兼并企业将房地产转让到兼并企业中的,暂免征收土地增值税。"

7. 企业所得税

《财政部　国家税务总局关于企业重组业务企业所得税处理若干问题的通知》(财税〔2009〕59号)规定:"五、企业重组同时符合下列条件的,适用特殊性税务处理规定:(一)具有合理的商业目的,且不以减少、免除或者推迟缴纳税款为主要目的。(二)被收购、合并或分立部分的资产或股权比例符合本通知规定的比例。(三)企业重组后的连续12个月内不改变重组资产原来的实质性经营活动。(四)重组交易对价中涉及股权支付金额符合本通知规定比例。(五)企业重组中取得股权支付的原主要股东,在重组后连续12个月内,不得转让所取得的股权。"

"六、企业重组符合本通知第五条规定条件的,交易各方对其交易中的股权支付部分，可以按以下规定进行特殊性税务处理：(一)企业债务重组确认的应纳税所得额占该企业当年应纳税所得额50%以上，可以在5个纳税年度的期间内，均匀计入各年度的应纳税所得额。企业发生债权转股权业务，对债务清偿和股权投资两项业务暂不确认有关债务清偿所得或损失，股权投资的计税基础以原债权的计税基础确定。企业的其他相关所得税事项保持不变。(二)股权收购，收购企业购买的股权不低于被收购企业全部股权的50%，且收购企业在该股权收购发生时的股权支付金额不低于其交易支付总额的85%，可以选择按以下规定处理：①被收购企业的股东取得收购企业股权的计税基础，以被收购股权的原有计税基础确定；②收购企业取得被收购企业股权的计税基础，以被收购股权的原有计税基础确定；③收购企业、被收购企业的原有各项资产和负债的计税基础和其他相关所得税事项保持不变。(三)资产收购，受让企业收购的资产不低于转让企业全部资产的75%，且受让企业在该资产收购发生时的股权支付金额不低于其交易支付总额的85%，可以选择按以下规定处理：①转让企业取得受让企业股权的计税基础，以被转让资产的原有计税基础确定；②受让企业取得转让企业资产的计税基础，以被转让资产的原有计税基础确定。(四)企业合并，企业股东在该企业合并发生时取得的股权支付金额不低于其交易支付总额的85%，以及同一控制下且不需要支付对价的企业合并，可以选择按以下规定处理：①合并企业接受被合并企业资产和负债的计税基础，以被合并企业的原有计税基础确定；②被合并企业合并前的相关所得税事项由合并企业承继；③可由合并企业弥补的被合并企业亏损的限额＝被合并企业净资产公允价值×截至合并业务发生当年年末国家发行的最长期限的国债利率；④被合并企业股东取得合并企业股权的计税基础，以其原持有的被合并企业股权的计税基础确定。”

“十一、企业发生符合本通知规定的特殊性重组条件并选择特殊性税务处理的，当事各方应在该重组业务完成当年企业所得税年度申报时，向主管税务机关提交书面备案资料，证明其符合各类特殊性重组规定的条件。企业未按规定书面备案的，一律不得按特殊重组业务进行税务处理。”

8. 个人所得税

国家税务总局《合并过程中被合并企业存在未分配利润，是否要缴纳个人所得税》(发布日期2011年03月09日)规定：“按照《财政部、国家税务总局关于企业重组业务企业所得税处理若干问题的通知》(财税[2009]59号)规定，符合特殊重组业务的企业合并，根据《国家税务总局关于发布〈企业重组业务企业所得税管理办法〉的公告》(国家税务总局公告2010年第4号)规定，被合并方不需要进行清算。在会计账务处理中，被合并方资产、负债、所有者权益中有关数据，基本上按原账面数额移植到合并方企业，在此过程中‘未分配利润’没有发生分配行为，不需征收个人所得税；如果在免税重组过程中，合并方账务处理时对‘未分配利润’做了转增股本处理，需要征收个人所得税。”

● 证监会14号公告对IPO的特殊要求

2012年6月7日中国证监会发布了《关于进一步提高首次公开发行股票公司财务信息披露质量有关问题的意见》(证监会〔2012〕14号公告)(以下简称《意见》),提出以充分、准确、完整的信息披露为中心,改进发行审核工作。突出了发行人作为信息披露第一责任人,明确了中介机构的独立责任,进一步强化了各参与主体"归位尽责"意识,对包装、粉饰业绩的行为,加大处罚力度。具体包括9个方面:①内部控制;②财务信息真实、准确、完整性;③盈利真实性;④关联方及其交易;⑤收入确认的真实性、合规性和毛利率分析的合理性;⑥主要客户和供应商的核查;⑦存货盘点、真实性、跌价准备;⑧现金收付交易;⑨财务异常信息的敏感度。

第四节　重点法律问题

● 改制后股本中无形资产出资的比例限制

中小企业板要求拟上市公司最近一期末无形资产(扣除土地使用权、水面养殖权和采矿权等后)占净资产的比例不高于20%,创业板对企业无形资产比例没有限制。因此创业板的推出,对无形资产超过净资产20%的企业带来了福音。很多有规模、有前景、无形资产比例高的企业纷纷选择创业板上市。

案例:无形资产出资比例超标

2002年A公司注册登记成立,注册资本为人民币268万元,法人股东B以现金人民币100万元作为出资,自然人股东C以其持有的太阳能多功能充电器、太阳能转移电话充电器等专有技术作价168万元出资入股。用于出资的专有技术均系个人所有的外观设计专利,不存在权属纠纷,且经科技局认定该技术成果为高新技术,并经资产评估公司评估价值为168万元。全体股东同意C以技术成果作价出资,其出资比例占注册资本的62.69%。鉴于A公司当地工商局出台的关于高新技术企业发展的规定,不再限制高新技术成果作价出资比例,A公司的无形资产出资超标问题不会实质性损害公司利益相关方的权益,亦不会实质性地损害发行人利益相关方的权益,未构成发行上市的实质性障碍。

根据本案例,无形资产出资超标问题首先要明确会不会导致出资不实或者虚假出资,这是界定该问题的一个前提。实践中,有些公司尽管无形资产出资比例超过当时有效的《公司法》规定,但是如果当地有明确的特殊规定,那么也是被允许的。

如历史上确实存在出资问题，如出资不实、虚假出资、资产高估、抽逃出资等，应有相应的补救措施，补救后不会对现在造成不利影响，补救完后应运行一段时间。证监会一般会关注无形资产的形成过程、权属情况，以及是否符合当时出资比例的要求；特别关注无形资产的形成，看是否是职务成果，权属上有无纠纷，无形资产对发行人目前和当时的业务与技术上有无实质作用。

● 注重保护无形资产

中小企业中有很多轻资产企业，而轻资产企业的竞争力往往体现在无形资产上，包括专利、商标、著作权及人才。专利、商标、著作权需特别注意日常管理，且全部核查是否按时缴纳年费、是否到期、是否续期等，避免出现重蹈"苏州恒久"覆辙（因其一项核心专利未缴纳年费而与上市失之交臂）。人才的稳定是企业长久发展的基石，必要时可考虑在改制时进行管理层及核心技术人员持股计划。

● 企业集体资产产权的确认

公司或者其控股子公司历史沿革中，涉及了集体资产的产权变动，根据中国证券监督管理委员会的有关要求，公司变更集体所有制性质，改制为有限责任公司这一过程涉及的产权界定，需要省级人民政府予以证明并确认。上海市由市金融服务办具体负责。

公司应先向街道上报确认，再报至区相关部门，最后上报至市金融服务办公室。由于整个流程需要耗费一定时间，因此，如果律师前期进行调查过程中发现公司涉及集体资产，则应尽早完成产权确认工作。律师会负责起草产权确认的相关文件。

● 预防与杜绝股份代持

中小企业创业初期难免有股份代持的现象，或者自我约定股权比例。在公司改制过程中要一并解决代持问题，一般由律师调查公司提供全部资料，制作解除代持股的实施方案，并与其他中介机构讨论后进行解除代持活动。建议由中介机构向之前的代持人与被代持人进行访谈，制作访谈笔录，核心内容就是对公司以前的股本及现在的股本进行确认，防止股权纠纷的发生。

以陕西一家果汁类拟上市企业为例，该企业预披露招股书显示，2007 年 7 月原 1 714名实际出资人与 100 名自然人达成权益转让协议，约定权益资产转让价格为每股 1.3 元，受让方于 5 年之后将该权益资产转让款一次性支付给转让方，受让方每年按 10％的利率向转让方支付利息。据投行人士介绍，该企业由于转让价款支付时间过长，且资产转让存在不确定性，被认为代持股份转让不彻底而上会被否。监管部门一般要求代持股份转让过程中价款的支付必须及时且具备实质性。

出资比例与股东权利比例相一致

部分中小企业就股东出资额与享有的股东的分红权、股权转让优先购买权、增资扩股优先认购权、表决权等股东权利作出了特别约定，出现出资比例与股东权利比例不一致的现象。尽管根据《公司法》，此约定是合法有效的，但企业一旦改制为股份有限公司，就需同股同权，需将前述不一致的情况进行统一。

第五节 资产评估

应当进行资产评估的行为

(1) 整体或者部分改建为有限责任公司或者股份有限公司。

(2) 以非货币资产对外投资；《公司法》规定："股东可以用货币出资，也可以用实物、知识产权、土地使用权等可以用货币估价并可以依法转让的非货币性财产作价出资"，"作为出资的非货币性资产应当评估作价，核实财产，不得高估或者低估。"因此，公司设立时用于出资的非货币性资产（包括实物资产、无形资产、债权和股权等）应当聘请有资格的资产评估机构进行评估。

(3) 合并、分立、破产、解散。

(4) 非上市公司国有股东股权比例变动。

(5) 产权转让。

(6) 资产转让、置换。

(7) 整体资产或者部分资产租赁给非国有单位。

(8) 以非货币资产偿还债务。

(9) 资产涉讼。

(10) 收购非国有单位的资产。

(11) 接受非国有单位以非货币资产出资。

(12) 接受非国有单位以非货币资产抵债。

(13) 法律、行政法规规定的其他需要进行资产评估的事项。

可以不进行资产评估的行为

下列两种情况，可以不进行资产评估：

(1) 经各级人民政府或其国有资产监督管理机构批准，对企业整体或者部分资产实施无偿划转。

(2) 国有独资企业与其下属独资企业（事业单位）之间或其下属独资企业（事业单

位）之间的合并、资产（产权）置换和无偿划转。

● 资产评估注意事项

（1）资产评估的合规性。企业及资产评估机构应当按照国家资产评估管理部门和资产评估行业协会关于资产评估的规程进行资产评估，并按规定的资产评估报告格式制备资产评估资料。

（2）资产评估报告的有效期。资产评估报告一般自评估基准日起一年内有效，超过一年有效期的，原资产评估报告无效，须重新进行评估。

（3）资产评估机构的资质。企业在聘请资产评估机构时，应当注意其是否具有相关业务资质。

（4）资产评估机构不能与公司聘请的审计机构为同一家中介机构。

案例:国有资产出资瑕疵问题

股份公司A成立时与资产管理单位B签订了《资产转让协议》，约定将B拥有的一项国有资产作价2 000万元出资。当地政府出具《情况说明》，该项国有资产在B买入时已进行了评估，且出资时处于评估报告有效期内，出资价格依据评估结果及当地基准市价，因此同意不再进行评估并同意本次国有资产出资。审核期间，证监会反馈意见指出，本次转让涉及的国有资产未经评估，需发行方予以答复。

根据《国有资产评估管理办法实施细则》规定，当发生应当进行资产评估的情形时，除经国有资产行政管理部门批准可以不予评估外，都必须进行资产评估。综合案例中A公司的情况，当地市政府有权批准本次出资不评估，且出具了情况说明，确认本次出资的价格和效力，并出文承诺承担由此可能产生的损失，A公司本次出资符合有关规定。上述出资相关的过户手续已经办理完毕，相关资产权属清晰，不会对发行人的正常生产及持续经营产生重大影响。

● 无形资产评估

无形资产评估前的清查工作，主要通过核查有关权证资料或者财务资料的真实性、可靠性和权威性，确定无形资产是否存在、存在的权益范围及尚存的收益年限等因素。

企业拥有无形资产的多寡以及研制开发无形资产的能力，是决定企业市场竞争能力及盈利能力的决定性因素。在评估过程中，要弄清每一项无形资产的权属、盈利能力、潜力，以便合理评定无形资产的价值。

● 公司设立时的商标权的处理

商标权作为能为公司带来超额利润的一种无形资产，对公司经营业绩具有重大影响。根据《首次公开发行股票并上市管理办法》的规定，发行人必须合法拥有与生产经营相关的商标权，其在用的商标等重要资产或技术的取得或者使用不得存在重大不利变化的风险。因此，公司的商标一般遵循以下处理原则：

（1）公司改制设立其主要产品或经营业务进入股份公司时，其主要产品或经营业务所使用的商标权必须随同进入股份公司，公司要做好相关商标注册人的名称变更工作。

（2）拟上市公司应当在获准发行前将商标处置相关的手续办理完毕，并在招股说明书中充分披露商标权的处置情况。

● 企业上市中的资产评估注意事项

（1）资产评估应列入 IPO 方案，评估范围与 IPO 方案必须一致。

以发起方式设立的股份公司 IPO，评估范围必须是审计后进入股份公司的资产及负债。

将有限责任公司变更为股份有限公司 IPO 的，控股长期投资是否进入评估范围，要根据工商部门规定及长期投资的复杂程度情况而定。

（2）评估基准日与 IPO 方案中的改制审计基准日必须一致。

● 有限责任公司变更为股份有限公司资产评估的注意事项

（1）变更设立时的资产评估，应聘请有证券从业资格许可证的资产评估机构承担评估业务。

（2）变更前后为一个持续经营的会计主体，不改变历史成本计价原则，资产评估结果不进行账务调整。否则将视为新设立股份公司，不能连续计算业绩，须在股份有限公司开业 3 年以上方可申请发行上市。

（3）净资产折股。根据《公司法》规定，有限责任公司变更为股份有限公司时，折合的股份总额应当相等于公司净资产额。因此应以变更基准日经审计的净资产额为依据折合为股份有限公司的股份。实践中，为保证折合后的股份为整数，通常净资产额与最后折合的股份数不完全相等，差额应计入资本公积——股份溢价收入。

（4）变更的工商登记程序。有限公司变更为股份公司，虽然公司性质不同，但在法律主体上是同一法人主体法人资格的自然延续，不是主体变更，因此表现在资产权属上，不是以资产出资，不用过户转移登记，在债权债务方面属于法定承继，不需要适用公告取得债权人同意，而在工商登记方面也只是公司类型的变更登记，而非设立登记，表现在工商登记执照上注册号不变、成立日期相同。

● 企业 IPO 评估中易出现的问题及解决方案

(1) 评估收益法中的预测数据与审计盈利预测数据存在差异。这时需要评估师、审计师、券商、发行人共同分析差异产生的原因,然后确定解决方案。

(2) 资产评估重复计算的,须把重复计算部分查清扣除。例如码头用地评估中,土地平整费用与工程回填费用的重复计算,需要扣除。

(3) 房产权属与土地权属不一致。房产权属与土地权属必须一致,IPO 对房地合一要求严格,房产、土地单独抵押的特殊情况及租赁土地对房产价值的影响将引起充分关注。

(4) IPO 资产范围内营运资金不满足 IPO 资产的实际经营时,发行人应修改 IPO 方案,增加营运资金。

(5) 对未确权土地产生的原因及处理。

① 土地性质为集体用地的,依据《中华人民共和国土地管理法》第 43 条规定:"任何单位和个人进行建设,需要使用土地的,必须依法申请使用国有土地,前款所称依法申请使用的国有土地包括国家所有的土地和国家征用的原属于农民集体所有的土地。"发行人可以先办理征地手续,将土地性质由集体用地变为国有用地后,再按确权土地的处理方式进行处置。

② 已构成企业事实的自有物业,但短期内由于手续不全等各种原因,无法办理确权手续的土地,与国土资源部沟通,采取公告方式,在公告期满后,如无相关权利人提出异议、异议提出后经双方协商解决或异议提出后经确认不存在,可确认为企业土地,为其办理权属文件。

第六节 外商投资企业改制及上市

● 外商投资企业改制为股份有限公司的法律法规

外商投资企业改制为股份有限公司,依据的法律法规主要有:

(1)《关于设立外商投资股份有限公司若干问题的暂行规定》(外经贸部令 1995 年第 1 号)。

(2)《关于上市公司涉及外商投资有关问题的若干意见》(外经贸资发[2001]538 号)。

(3)《关于加强外商投资企业审批、登记、外汇及税收管理有关问题的通知》(外经贸法发[2002]575 号)。

(4)《外商投资公司审批登记管理法律适用若干问题的执行意见》(工商外企字

[2006]81号)。

(5)《商务部关于下放外商投资股份有限公司、企业变更、审批事项的通知》(商资函[2008]50号)。

设立外商投资股份有限公司需满足的要求

(1) 以发起方式设立外商投资股份有限公司,注册资本最低限额为人民币3 000万元。在股份有限公司设立批准证书签发之日起90日内,发起人应一次缴足其认购的股份。

(2) 已设立的中外合资经营企业、中外合作经营企业、外资企业等外商投资企业,如果有最近连续3年的盈利记录,可申请变更为外商投资股份有限公司。

(3) 已设立的国有企业、集体所有制企业,如果营业时间超过5年、有最近连续3年的盈利记录,也可申请转变为外商投资股份有限公司。

(4) 已设立的股份有限公司,可通过增资扩股、转股、发行境内上市外资股或境外上市外资股等方式,变更为外商投资股份有限公司。

(5) 原境内公司中国自然人在原公司作为股东1年以上的,经批准,可继续作为变更后所设立外商投资企业的中方投资者。暂不允许境内中国自然人以新设和收购方式与外商成立外商投资企业。

(6) 报商务部门审批。限额(《外商投资产业指导目录(2011年修订)》鼓励类、允许类1亿美元,限制类5 000万美元)以下外商投资股份有限公司的设立及其变更,由省级商务主管部门负责审批,限额以上以及对外商投资有专项规定的行业、特定产业政策、宏观调控行业仍由国家商务部审批。

(7) 应符合国家有关外商投资企业产业政策的规定。

(8) 境外投资者的出资比例低于25%的,除法律、行政法规另有规定外,均应按照同样的审批登记程序进行审批和登记。通过审批的,颁发加注"外资比例低于25%"字样的外商投资企业批准证书;取得登记的,颁发在"企业类型"后加注"外资比例低于25%"字样的外商投资企业营业执照。除法律、行政法规另有规定外,其投资总额项下进口自用设备、物品不享受税收减免待遇,其他税收不享受外商投资企业待遇。

外商投资项目核准和备案管理办法

《外商投资产业指导目录(2011年修订)》中有中方控股(含相对控股)要求的总投资(含增资)3亿美元及以上鼓励类项目,总投资(含增资)5 000万美元及以上限制类(不含房地产)项目,由国家发改委核准。《外商投资产业指导目录(2011年修订)》限制类中的房地产项目和总投资(含增资)5 000万美元以下的其他限制类项目,由省级政府核准。《外商投资产业指导目录(2011年修订)》中有中方控股(含相对控股)要求的总投资(含增资)3亿美元以下的鼓励类项目,由地方政府核准。外商投资企业增资项目总投资以新增投资额计算，并购项目总投资以交易额计算。外商投资涉及国家安全的，应当按照国家有关规定进行全面审查。

《外商投资项目核准和备案管理办法》规定，由地方政府核准的项目，省级政府可以根据本地实际情况具体划分地方各级政府的核准权限。由省级政府核准的项目，核准权限不得下放。除上述范围以外的外商投资项目，由地方政府投资主管部门备案。

● 外商投资股份有限公司公开发行上市的条件

外商投资股份有限公司公开发行上市，除需符合《公司法》、《证券法》的要求外，还需满足如下要求：

(1) 应符合外商投资产业政策，公司经营范围符合《指导外商投资方向规定》、《外商投资产业指导目录(2011 年修订)》和《中西部地区外商投资优势产业目录(2013 年修订)》等的要求。

(2) 申请上市前 3 年均已通过外商投资企业联合年检。

(3) 上市发行股票后，外资股占总股本的比例不低于 10%。

(4) 按规定需由中方控股(包括相对控股)或对中方持股比例有特殊规定的外商投资股份有限公司，上市后应按有关规定的要求继续保持中方控股地位或持股比例。

(5) 符合股票发行上市有关法规要求的其他条件。

● 外商投资股份有限公司招股说明书

外商投资股份有限公司为公开发行股票而编制招股说明书时，除应遵循中国证监会有关招股说明书内容与格式准则的一般规定外，还应遵循公开发行证券的公司信息披露编报规则第 17 号《外商投资股份有限公司招股说明书内容与格式特别规定》的要求。

● 外商投资股份有限公司 IPO 提交材料

外商投资股份有限公司首次公开发行股票并上市，除向中国证监会提交规定的材料外，还应提供通过联合年检的外商投资股份有限公司的批准证书和营业执照；发行完成后，应到省级商务部门(限额以下)或国家商务部(限额以上)办理法律文件变更手续。

● 外商投资股份有限公司的设立审批部门

外商投资企业改制为外商投资股份有限公司，无论外资比例多少，其改制均需取得商务部门的批准。根据 2008 年 8 月《商务部关于下放外商投资股份有限公司、企业变更、审批事项的通知》(商资函[2008]50 号)，审批权限如下：

(1) 省级商务管理部门。注册资本(公司转制按照评估后的净资产计算)折合 1 亿美元以下鼓励类、允许类及折合 5 000 万美元以下限制类的企业设立(含增资)、变更由省级商务部门审核。

(2) 商务部。注册资本(公司转制按照评估后的净资产计算)折合1亿美元以上鼓励类、允许类及折合5 000万美元以上限制类的企业设立(含增资)、变更由省级商务部门上报商务部审核。

● 外商投资股份有限公司外管登记

外商投资企业改制为外商投资股份有限公司,经过商务部门审批后还需前往外管部门进行变更登记,需要提醒的是,外商投资企业的历次股权变更、实际控制人变更均需前往外管部门进行登记,其中股权变更需要实际支付股权转让款,外管登记系统才会将股东变更,进行下一次变更登记。

● 外管局37号文件

国家外汇管理局于2014年7月4日出台了一份文件《国家外汇管理局关于境内居民通过特殊目的公司境外投融资及返程投资外汇管理有关问题的通知》(以下称"37号文"),之前的《关于境内居民通过境外特殊目的公司融资及返程投资外汇管理有关问题的通知》(以下称"75号文")将就此废止。37号文对"特殊目的公司"、"返程投资"、"境内机构"等字眼重新进行了定义。"特殊目的公司"是指境内居民(含境内机构和境内居民个人)以投融资为目的,以其合法持有的境内企业资产或权益,或者以其合法持有的境外资产或权益,在境外直接设立或间接控制的境外企业。在75号文中,特殊目的公司仅限于境内居民的境内企业资产或权益,此番扩大至境外资产或权益。比较75号文与37号文,此次还明确境内居民控制的境内企业在真实、合理需求的基础上,可以向境外特殊目的公司放款,境内居民亦可购汇用于出资、股份回购、退市等。37号文主要包括7条内容:

一是优化管理流程。根据外汇管理的职责和目标,合理界定返程投资外汇管理范围。按照"跨境流出按对外直接投资(ODI)管理,跨境流入按境内直接投资(FDI)管理"的思路,改革返程投资外汇管理方式,优化相关管理流程。

二是精简管理环节。调整境外特殊目的公司登记范围,只对境内居民直接设立或控制的(第一层)境外特殊目的公司进行登记,取消原有境外特殊目的公司设立登记、融资登记和融资变更登记等手续,同时简化变更登记内容。

三是简化业务材料,对境内居民个人办理境外投资外汇登记,仅要求提供标准化、格式化的申请表、资金合法性承诺、身份证明及相关真实性证明材料。

四是拓宽资金流出渠道。允许境内居民购付汇用于境外特殊目的公司设立及境外营运资金等,同时取消境内企业对特殊目的公司境外放款的限制。

五是放宽境外融资资金使用限制,取消"境内居民从特殊目的公司获得的利润、红利及资本变动外汇收入应于获得之日起180日内调回境内"的强制性调回资金规定,允许境外融资及其他相关资金留存境外使用。

六是明确将非上市特殊目的公司员工权益激励计划纳入登记范围，更好地满足境内居民的个人合理需求。

七是强化风险防控的理念，在简政放权、促进跨境投融资便利化的同时，通过加强统计监测，强调事中、事后监管，强化违规责任的追究。

● 外商投资企业能否在国内创业板上市

按照《公司法》、《证券法》等有关法律的规定，外商投资企业可以依法改制为外商投资股份有限公司在国内公开发行股票并上市。中小企业板设立后，台商控股的成霖股份(002047)首先登陆中小企业板，伟星股份(002003)、永新股份(002014)、中捷股份(002021)等中小企业板上市公司也都含有外资股份。2006 年 5 月 IPO 重启之后，台资控股的海鸥卫浴(002084)、信隆实业(002105)等也相继成功上市。

根据 2009 年 5 月 1 日起实施的《首次公开发行股票并在创业板上市管理暂行办法》第二章第十条的规定，外商投资企业只要符合相关规定，也可以在国内创业板上市。2011 年 2 月 1 日上市的汉得信息(300170)即为外商投资企业。

● 红筹模式的外商投资企业境内上市途径

以红筹模式准备境内上市所进行的重组大致分为 3 类：一种是股权并购，一种为资产并购，还有一种为协议控制模式。因现行的《关于外国投资者并购境内企业的规定(2009 年修订)》、《国家外汇管理局关于境内居民通过特殊目的公司境外投融资及返程投资外汇管理有关问题的通知》对返程投资提出较为严格的审批要求和审批时间的不确定性，使新设立红筹模式已基本不可行，由此有不少准备以红筹模式境外上市的企业选择寻找其他上市途径。根据上述重组模式的不同，拟转为境内上市的红筹模式的外商投资企业大致分 3 种情况：

(1) 股权并购，即外商投资企业的实际控制人在海外设立 BVI 公司，通过 BVI 公司收购了实际控制人持有的境内公司的股权，将境内公司变更为外商投资企业。在这种情况下，如要想在 A 股市场上市，必须把企业的控股权转回到境内，此处需要注意的是原享有的税收优惠均需返还，要补缴一定数额的税金，支付成本。此外将控制权转回境内还需证明最近 3 年实际控制人没有发生变更，主营业务和董事、高级管理人员没有发生重大变化，且实际控制人在海外设立离岸公司以及海外公司返程投资并购境内公司的行为均合法有效，股权或资金的转入转出程序合法、合规。该外商投资企业可以作为拟上市主体申报发行上市。

但对于股东中存在 BVI 公司的企业，监管部门还是比较关注的，因为在监管部门看来，BVI 公司的资金流动过程复杂，股权安排方面往往存在特殊承诺，如对赌条款等，合规性难以查证；公司架构难以查证，缺乏透明度；而且，内资企业外资化现象已引起有关部门重视，采用这种架构上市与公众公司的监管理念存在差异。因此，企业若存在BVI公司为股东的情形又想在境内上市，一般建议将股权转出后注销相关BVI企业。

(2) 资产并购，即境内公司(内资公司)的实际控制人在海外设立BVI公司，通过BVI公司直接收购了实际控制人持有的境内公司的资产，并以该资产投资设立外商投资企业运营该资产，或海外公司在境内设立外商投资企业，并以该企业协议收购实际控制人持有的境内公司的资产。在此类重组模式下，因境内公司已丧失核心资产，故难以满足上市条件，外商投资企业为新设公司，亦不具备上市条件，而以境外企业为主体在境内上市目前尚无先例，且业绩能否连续计算有待于进一步探讨。

(3) 协议控制，境内公司(内资公司，直接从事经营活动)的股东在境外设立上市主体，并由境外上市主体或其在境内新设立的外商投资企业(境内子公司)，与境内公司签署一系列旨在达到完全控制境内公司经营活动等的协议，审计机构因该等实际控制关系而将上市主体、境内子公司及被控制的境内公司合并报表以达到上市的条件。

境内公司虽然作为经营的实体，但因为协议控制的模式需要将其利润以服务费用等方式转移至上市主体或境内子公司，境内公司一般没有利润或利润很少，故原境内公司的利润情况难以满足境内上市条件；另一方面，通过协议控制获得利润的境内子公司，因为其利润均通过关联交易取得，且不直接拥有经营所需各要素，缺乏独立性和完整性，故该境内子公司也难以满足境内的上市条件。

因此，协议控制的红筹模式企业，一般来说，需要将利润完全留存在进行实体运作的境内公司，以境内公司作为上市主体，并经过2至3年的运行，才能满足境内上市的条件。

第六章

股份公司的成立及规范运作

第六章 股份公司的成立及规范运作

第一节　创立大会

● 设立股份有限公司的条件

根据《公司法》的规定，设立股份有限公司应当具备以下条件：

（1）发起人符合法定人数。应当有 2 人以上 200 人以下为发起人，其中须有半数以上的发起人在中国境内有住所。

（2）发起人认购和募集的股本达到法定资本最低限额。股份有限公司注册资本最低限额为人民币 500 万元，法律、行政法规对股份有限公司注册资本的最低限额有较高规定的，从其规定。

（3）股份发行、筹办事项符合法律规定。发起人必须依照规定申报文件，承担公司筹办事务。

（4）发起人制订公司章程，采用募集设立的经创立大会通过。发起人应根据《公司法》、《上市公司章程指引》的要求制定章程草案。

（5）公司有名称，并建立符合股份有限公司要求的组织机构。拟设立的股份有限公司应当依照工商登记的要求确定公司名称，并建立股东大会、董事会、监事会和经理等组织机构。

（6）有公司住所。

● 发起方式设立股份有限公司的程序

（1）主发起人拟订设立股份有限公司方案，确定设立方式、发起人数量、注册资本和股本规模、业务范围、邀请发起人等。

（2）对拟出资资产进行资产评估或审计。

（3）签订发起人协议书，明确各自在公司设立过程中的权利和义务。

（4）发起人制订公司章程。

(5) 由全体发起人指定的代表或者共同委托的代理人向公司登记机关申请名称预先核准。

(6) 法律、行政法规或者国务院决定规定设立公司必须报经批准,或者公司经营范围中属于法律、行政法规或者国务院决定规定在登记前须经批准的项目的,以公司登记机关核准的公司名称报送批准,履行有关报批手续。

(7) 发起人按公司章程规定缴纳出资,并依法办理以非货币性财产出资的财产权的转移手续。

(8) 聘请具有证券从业资格的会计师事务所验资并取得验资报告。

(9) 选举董事会和监事会,由董事会向公司登记机关报送公司章程、验资证明以及法律、行政法规规定的其他文件,申请设立登记。

发行股份的股款缴足后,发起人应当自股款缴足之日起 30 日内主持召开公司创立大会,审议发起人关于公司筹办情况的报告,通过公司章程,选举董事会成员,选举监事会成员,对公司的设立费用进行审核,对发起人用于抵作股款的财产的作价进行审核,发生不可抗力或者经营条件发生重大变化直接影响公司设立的,可以作出不设立公司的决议。

董事会应于创立大会结束后 30 日内,向公司登记机关报送公司登记申请书,创立大会的会议决议、会议记录,发起人协议、公司章程,验资证明,法定代表人、董事、监事的任职文件及其身份证明,发起人的法人资格证明或者自然人身份证明,公司住所证明,国务院证券监督管理机构的核准文件等,申请设立登记。

● 创立大会的筹备

1. 进行评估和审计

企业与中介机构一起协商确定改制基准日,由具有证券从业资格的评估师对企业进行评估;同时由具有证券从业资格的会计师对企业进行审计(包括单体和合并)。

2. 发起人出资

如公司仅以全部净资产进行折股改制,则由公司原股东共同签署发起人协议书,并由具有证券从业资格的会计师事务所验资,并出具验资报告(如涉及未分配利润转增股本或资本公积金,即按前述办理自然人个人所得税的缴纳或缓增备案工作)。

如公司整体改制的同时吸收新的股东增加注册资本时,企业应当设立验资账户,新股东在签署发起人协议后,应即缴纳全部货币出资,以实物、知识产权或者土地使用权等非货币资产出资的,应当依法办理其财产权的转移手续。出资完毕后,由具有证券从业资格的会计师事务所验资,并出具验资报告。

3. 制作创立大会通知及相关议案

创立大会由发起人组成,公司董事会应当在创立大会召开 15 日前将会议日期及各项议案通知各发起人。

议案的文本由律师事务所为公司起草,包括但不限于《股份有限公司设立工作报告》、《股份有限公司章程》、《关于成立股份有限公司的议案》、《关于股份有限公司设立费用的报告》、《关于股份有限公司聘请财务审计机构及常年法律顾问的议案》、《关于对发起人用于抵作股款的财产作价情况进行审核的议案》、《关于选举第一届董事会董事的议案》、《关于选举独立董事的议案》、《关于选举第一届监事会股东代表监事的议案》以及公司规范运作所需的各项制度，包括但不限于《股份有限公司股东大会议事规则》、《股份有限公司关联交易决策制度》、《股份有限公司监事会议事规则》、《股份有限公司董事会议事规则》以及《股份有限公司独立董事制度》等。

此外召开创立大会所需的各项程序性文件也均由律师事务所指导公司董事会规范起草，包括但不限于会议通知、会议签到册、授权委托书、会议表决票等文件。

● 创立大会及第一届董事会、监事会会议的召开

股款缴足后，发起人应当在30日内主持召开公司创立大会。创立大会应审议通过如下决议：

(1) 审议发起人关于公司筹办情况的报告。

(2) 通过公司章程。

(3) 选举董事会成员。

(4) 选举监事会成员。

(5) 对公司的设立费用进行审核。

(6) 对发起人用于抵作股款的财产的作价进行审核。

(7) 聘请财务审计机构及常年法律顾问。

(8) 通过相关公司治理制度。

创立大会对前款所列事项做出决议，必须经出席会议的认股人所持表决权的半数以上通过。

董事会、监事会成员(职工代表监事不低于监事总人数的三分之一，需要召开职工代表大会选举产生)产生后就可召开股份公司第一届董事会会议、第一届监事会会议，从而产生董事长、董事会秘书、监事会主席、公司总经理等高级管理人员。相关的会议文件均由律师事务所指导公司董事会规范起草。

创立大会的召开及第一届董事会和监事会的召开，使公司的内控制度得以完善，同时也为公司上市揭开了序幕。

第二节　公司治理

● 公司法人治理结构规范性的基本要求

拟上市公司改制设立股份有限公司，应当建立股东大会、董事会、监事会，董事会下

设战略委员会、审计委员会、薪酬与考核委员会以及提名委员会(拟上创业板的公司可不用建立该委员会),董事会中应当有不少于三分之一的独立董事。企业应当真正落实三会的职能,每年根据章程规定召开股东大会、董事会、监事会,有重大事项需要决策,依据章程召开临时会议,真正发挥三会的作用。独立董事应当独立发表意见,不受其他股东的影响,真正发挥对董事会的监督作用。股东大会、董事会、监事会的决议、会议记录都应规范而完整。

拟上市企业改制设立股份有限公司,还应当建立《股东大会议事规则》、《董事会议事规则》、《监事会议事规则》、《总经理工作细则》、《独立董事工作制度》、《董事会秘书工作制度》、《关联交易决策制度》、《内部审计制度》、《控股子公司管理制度》、《董事会审计委员会实施细则》、《董事会提名委员会实施细则》、《董事会薪酬与考核委员会实施细则》、《董事会战略委员会实施细则》、《防范控股股东及关联方占用公司资金制度》、《对外担保制度》、《内部控制制度》、《重大投资管理办法》、《募集资金管理办法》、《信息披露管理办法》、《重大信息内部报告制度》、《董监高持有公司股份变动管理制度》等内部管理制度。

● 股东大会的职责

(1) 决定公司的经营方针和投资计划。

(2) 选举和更换非由职工代表担任的董事、监事,决定有关董事、监事的报酬事项。

(3) 审议批准董事会的报告。

(4) 审议批准监事会的报告。

(5) 审议批准公司的年度财务预算方案、决算方案。

(6) 审议批准公司的利润分配方案和弥补亏损方案。

(7) 对公司增加或者减少注册资本作出决议。

(8) 对发行公司债券作出决议。

(9) 对公司合并、分立、解散、清算或者变更公司形式作出决议。

(10) 修改本章程。

(11) 对公司聘用、解聘会计师事务所作出决议。

(12) 审议批准以下担保事项:公司及公司控股子公司的对外担保总额,达到或超过最近一期经审计净资产的50%以后提供的任何担保;公司的对外担保总额,达到或超过最近一期经审计总资产的30%以后提供的任何担保;为资产负债率超过70%的担保对象提供的担保;单笔担保额超过最近一期经审计净资产10%的担保;连续12个月内担保金额超过公司最近一期经审计总资产的30%;连续12个月内担保金额超过公司最近一期经审计净资产的50%且绝对金额超过5 000万元人民币;对股东、实际控制人及其关联人提供的担保;法律、法规、监管机构、深交所或公司章程规定的其他担保情形。

(13) 审议公司在一年内购买、出售重大资产超过公司最近一期经审计总资产30%

的事项。

(14) 审议批准变更募集资金用途事项。

(15) 审议股权激励计划。

(16) 审议法律、行政法规、部门规章或公司章程规定应当由股东大会决定的其他事项。

股份有限公司董事会的职责

董事会对股东大会负责,行使下列职权:

(1) 召集股东大会,并向股东大会报告工作。

(2) 执行股东大会的决议。

(3) 决定公司的经营计划和投资方案。

(4) 制订公司的年度财务预算方案、决算方案。

(5) 制订公司的利润分配方案和弥补亏损方案。

(6) 制订公司增加或者减少注册资本、发行债券或其他证券及上市方案。

(7) 拟订公司重大收购、收购本公司股票或者合并、分立、解散及变更公司形式的方案。

(8) 在股东大会授权范围内,决定公司对外投资、收购出售资产、资产抵押、对外担保事项、委托理财、关联交易等事项。

(9) 决定公司内部管理机构的设置。

(10) 聘任或者解聘公司经理、董事会秘书;根据总经理的提名,聘任或者解聘公司副总经理、财务负责人等高级管理人员,并决定其报酬事项和奖惩事项。

(11) 制订公司的基本管理制度。

(12) 制订公司章程的修改方案。

(13) 管理公司信息披露事项。

(14) 向股东大会提请聘请或更换为公司审计的会计师事务所。

(15) 听取工作汇报并检查经理的工作。

(16) 法律、行政法规、部门规章或公司章程授予的其他职权。

股份有限公司董事的产生

股份有限公司设董事会,其成员为5～19人。董事会成员中可以有公司职工代表。董事会中的职工代表由公司职工通过职工代表大会、职工大会或者其他形式民主选举产生。

董事任期由公司章程规定,但每届任期不得超过3年。董事任期届满,连选可以连任。

董事任期届满未及时改选,或者董事在任期内辞职导致董事会成员低于法定人数的，在改选出的董事就任前，原董事仍应当依照法律、行政法规和公司章程的规定，履行董事职务。

董事会设董事长一人，可以设副董事长。董事长和副董事长由董事会以全体董事的过半数选举产生。

● 董事会运作的注意事项

（1）公司应在公司章程中规定规范的董事会议事规则，确保董事会高效运作和科学决策。

（2）董事会应定期召开会议，并根据需要及时召开临时会议。董事会会议应有事先拟定的议题。

（3）公司董事会会议应严格按照规定的程序进行。董事会应按规定的时间事先通知所有董事，并提供足够的资料，包括会议议题的相关背景材料和有助于董事理解公司业务进展的信息和数据。当2名或2名以上独立董事认为资料不充分或论证不明确时，可联名以书面形式向董事会提出延期召开董事会会议或延期审议该事项，董事会应予以采纳。

（4）董事会会议记录应完整、真实。董事会秘书对会议所议事项要认真组织记录和整理。出席会议的董事、董事会秘书和记录人应在会议记录上签名。董事会会议记录应作为公司重要档案妥善保存，以作为日后明确董事责任的重要依据。

（5）董事会授权董事长在董事会闭会期间行使董事会部分职权的，应在公司章程中明确规定授权原则和授权内容，授权内容应当明确、具体。凡涉及公司重大利益的事项应由董事会集体决策。

（6）董事与董事会会议决议事项所涉及的企业有关联关系的，不得对该项决议行使表决权，也不得代理其他董事行使表决权。该董事会会议由过半数的无关联关系董事出席即可举行，董事会会议所作决议须经无关联关系董事过半数通过。出席董事会的无关联关系董事人数不足3人的，应将该事项提交公司股东大会审议。

● 独立董事的职责和权利

为充分发挥独立董事的作用，独立董事除了应当具有《公司法》和其他相关法律、法规赋予董事的职权外，上市公司还应当赋予独立董事以下特别职权：

（1）重大关联交易应由独立董事认可后，提交董事会讨论；独立董事作出判断前，可以聘请中介机构出具独立财务顾问报告，作为其判断的依据。

（2）向董事会提议聘用或解聘会计师事务所。

（3）向董事会提请召开临时股东大会。

（4）提议召开董事会会议。

（5）独立聘请外部审计机构或咨询机构。

(6) 可以在股东大会召开前公开向股东征集投票权。

独立董事除了履行上述职责外，还应当对以下事项向董事会或股东大会发表独立意见：

(1) 提名、任免董事。

(2) 聘请或解聘高级管理人员。

(3) 公司董事、高级管理人员的薪酬。

(4) 上市公司的股东、实际控制人及其关联企业对上市公司现有或新发生的总额高于300万元或高于上市公司最近经审计净资产值的5%的借款或其他资金往来，以及公司是否采取有效措施回收欠款。

(5) 独立董事认为可能损害中小股东权益的事项。

(6) 上市公司管理层、员工收购本公司时，收购要约条件是否公平合理、收购可能对公司产生的影响等事项。

(7) 公司章程规定的其他事项。

案例："独董不独"影响过会

某公司聘请了上海国家会计学院教务部主管、中心主任为独立董事。根据2010年12月财政部《关于规范财政部工作人员在企业兼职行为的暂行办法》规定：财政部副处级以上干部均不可在外兼职或担任独立董事职务，已担任的要求在发文起2个月内辞职。该《办法》适用于财政部及其所属单位。上海国家会计学院为财政部下属事业单位，该独立董事会职务在"副处级以上"。因此，该独立董事任职资格存在疑问。该公司最终未能过会。

独立董事资质上所反映出的问题，一定程度上体现了保荐人辅导工作未尽职。

董事会秘书

在企业改制上市过程中，董事会秘书主要负责企业与中介机构、政府部门和监管部门之间的沟通协调，是中小企业改制上市过程中的关键角色。董事会秘书既可以从企业内部培养选拔，也可以外部聘请职业经理人，两种方式各有利弊。从内部培养的董秘，熟悉企业方方面面的情况，内部沟通协调能力强，但缺乏改制上市经验；"职业"董秘经验丰富，能在短期内将企业改制上市工作带上正轨，但熟悉企业情况则需要较长时间。从薪水来看，职业"董秘"不仅要求较高的年薪，还会要求一定的股份。中小企业应结合自身人力资源情况、改制上市工作要求等，综合考虑，选择确定董秘人选。

董事会秘书的职责

股份公司成立后，董事会秘书由董事长提名，经董事会聘任或解聘。公司董事或者其他高级管理人员可以兼任公司董事会秘书。

董事会秘书对公司和董事会负责，履行如下职责：

(1) 负责公司和相关当事人与交易所及其他证券监管机构之间的及时沟通和联络，保证交易所可以随时与其取得工作联系。

(2) 负责处理公司信息披露事务，督促公司制定并执行信息披露管理制度和重大信息的内部报告制度，促使公司和相关当事人依法履行信息披露义务，并按规定向交易所办理定期报告和临时报告的披露工作。

(3) 协调公司与投资者关系，接待投资者来访，回答投资者咨询，向投资者提供公司披露的资料。

(4) 按照法定程序筹备董事会会议和股东大会，准备和提交拟审议的董事会和股东大会的文件。

(5) 参加董事会会议，制作会议记录并签字。

(6) 负责与公司信息披露有关的保密工作，制订保密措施，促使公司董事会全体成员及相关知情人在有关信息正式披露前保守秘密，并在内幕信息泄露时，及时采取补救措施并向交易所报告。

(7) 负责保管公司股东名册、董事名册、控股股东及董事、监事、高级管理人员持有公司股票的资料，以及董事会、股东大会的会议文件和会议记录等。

(8) 协助董事、监事和高级管理人员了解信息披露相关法律、行政法规、部门规章、本规则、交易所其他规定和公司章程，以及上市协议对其设定的责任。

(9) 促使董事会依法行使职权；在董事会拟作出的决议违反法律、行政法规、部门规章、本规则、交易所其他规定和公司章程时，应当提醒与会董事，并提请列席会议的监事就此发表意见；如果董事会坚持作出上述决议，董事会秘书应将有关监事和其个人的意见记载于会议记录上，并立即向交易所报告。

(10)《公司法》和交易所要求履行的其他职责。

● 股份有限公司监事会运作的注意事项

股份有限公司监事会每 6 个月至少召开一次会议。监事可以提议召开临时监事会会议。监事会的议事方式和表决程序，应按照《公司法》和公司章程的规定。监事会决议应当经半数以上监事通过。监事会应当对所议事项的决定作成会议记录，出席会议的监事应当在会议记录上签名。

第三节 规范运作

近年来，中国证监会陆续出台法规，明确提出规范运作是新股发行和再融资的重要条件。中小企业改制设立股份公司，迈向了通往资本市场的第一步。从这时起，务必树立“规范运作”的理念，除了要改正、解决曾经存在的不规范问题外，在日常运作中，更应切实贯彻落实现代企业管理制度，股东大会、董事会、监事会严格履行各自职能、相互监督，董事长、总经理、财务总监负责人各司其职、相互配合，严格执行现代化企业管理制度，避免出现“新瓶装旧酒”。

● 拟上市企业规范运作的基本要求

拟上市企业要按照相关法律法规对上市公司的要求规范运作，主要包括：

(1) 完善股东大会、董事会、监事会、独立董事和董事会秘书制度，形成权力机构、决策机构、监督机构与经理层之间权责分明、各司其职、有效制衡、科学决策、协调运作的法人治理结构。

(2) 股东大会要认真行使法定职权，严格遵守表决事项和表决程序的有关规定，科学民主决策，维护上市公司和股东的合法权益。

(3) 董事会要对全体股东负责，严格按照法律和公司章程的规定履行职责，把好决策关，加强对公司经理层的激励、监督和约束。要设立以独立董事为主的审计委员会、薪酬与考核委员会并充分发挥其作用。公司全体董事必须勤勉尽责，依法行使职权。创业板上市公司董事会下必须设审计委员会，并进一步强化独立董事、控股股东和实际控制人的责任。

(4) 监事会要认真发挥好对董事会和经理层的监督作用。

(5) 经理层要严格执行股东大会和董事会的决定，不断提高公司管理水平和经营业绩。

● 控股股东需要规范的行为

(1) 对公司及其他股东负有诚信义务。控股股东对其所控股的公司应严格依法行使出资人的权利，控股股东不得利用资产重组等方式损害公司和其他股东的合法权益，不得利用其特殊地位谋取额外的利益。

(2) 严格按规定的条件和程序提名董事、监事候选人。控股股东提名的董事、监事候选人应具备相关专业知识和决策、监督能力。控股股东不得对股东大会人事选举决议和董事会人事聘任决议履行任何批准手续；不得越过股东大会、董事会任免上市公司的高级管理人员。

(3) 公司重大决策应由股东大会和董事会依法作出。控股股东不得直接或间接干预公司的决策及依法开展的生产经营活动，损害公司及其他股东的权益。

● 税收优惠政策对发行上市的影响

根据国务院令第 628 号《中华人民共和国税收征收管理法实施细则》(2012 年修订)

的规定，与国家税收法律、行政法规相抵触，或未经过国家法律法规明确授权由地方政府自行制定的地方性税收法规和地方政府规章，不能作为公司享受税收优惠的依据。

一般来说，如果企业享受的税收优惠政策是地方"土政策"，与现行税收征管法律法规不相符合，在发行上市过程中会产生以下问题：

（1）影响公司财务指标。越权审批或无正式批准文件的税收返还和减免，应计入非经常性损益。如果拟上市企业规模较小，利润额也不大，扣除这部分非经常性损益后，是否能够达到《首次公开发行股票并上市管理办法》或《首次公开发行股票并在创业板上市管理暂行办法》规定的财务指标要求可能会存在疑问。

（2）影响股票发行价格。企业计算发行价格和发行市盈率时，每股收益要按发行前一年经会计师事务所审计的、扣除非经常性损益前后孰低的净利润除以发行后总股本计算。企业如果存在不符合国家规定的税收减免或返还，将会影响到股票的发行价格。

（3）在实践中，对于不符合国家税法规定的或者违反国家税法的地方性税收优惠政策存在可能被追缴（包括滞纳金）风险的，企业除提供省级税务部门的确认文件并由律师出具法律意见外，应在招股文件中作可能被追缴税款的风险提示并由实际控制人或发行前的全体老股东承担这种税收追缴风险。

● 企业未为职工办理社会保险和住房公积金对发行上市的影响

根据《首次公开发行股票并上市管理办法》和《首次公开发行股票并在创业板上市管理暂行办法》的有关规定，企业在最近36个月内不得存在违反工商、税收、土地、环保、海关以及其他法律、行政法规，受到行政处罚，且情节严重的情形。

于2011年7月1日施行的《中华人民共和国社会保险法》、《社会保险费征缴暂行条例》以及《住房公积金管理条例》对社会保险和住房公积金的征缴范围、缴纳时间和缴费比例作出了规定，各省、直辖市和自治区政府对社会保险和住房公积金制定了具体的征缴政策。按照上述法律法规及相关政策依法缴纳社会保险和住房公积金是企业规范经营的基本要求。

未能为部分员工缴纳社会保险和公积金的企业，需进行以下工作：

（1）核实和说明未能缴纳的原因。

（2）取得当地社会保险和住房公积金管理部门出具的相关证明文件。

（3）实际控制人承诺，如需补缴则由其承担。

● 三年行政处罚是否属于重大违法行为的问题

根据《首次公开发行股票并上市管理办法》第二十五条规定，"发行人不得有下列情形：……（二）最近36个月内违反工商、税收、土地、环保、海关以及其他法律、行政法规，收到行政处罚，且情节严重；……"

原则上，"罚款"以上的行政处罚都视为重大违法行为，但行政处罚实施机关依法认定不属于重大违法行为、能够依法作出合理说明的除外。此外,保荐机构将根据处罚实施机关出具的认定,通过尽职调查和独立的分析,综合判断发行人是否存在《首发管理办法》第二十五规定的重大违法行为。

此外,还需要注意发行人董事、监事和高级管理人员是否因违反了证券相关法规、交易所相关的规定,在最近36个月内收到中国证监会的行政处罚,或者最近12个月内收到证券交易所的公开谴责,从而违反《首发管理办法》第二十三条关于董事、监事、高管任职资格的规定。

案例:上市前存在行政处罚

A公司在申请上市前存在以下行政处罚情况:①未经海关许可并补缴应纳税款,将保税货物800台电机转让给国内客户,违反海关监管规定;②在未到海关办理备案手续的情况下,擅自将保税原材料160吨交给B工厂加工,违反海关监管规定。综上两项,A公司被处以罚款300万元。对此,A公司积极配合海关调查,及时采取有效措施纠正违规行为。事后,当地海关出具处罚问题说明,认定“公司属于性质不严重的违法、违规行为”。最终未造成严重的危害后果,未对公司的发行申请构成障碍。

● 制定连续稳定的分红政策

2008年10月9日,证监会发布了《关于修改上市公司现金分红若干规定的决定》,规定公司应当在章程中明确现金分红政策,利润分配政策应保持连续性和稳定性。2012年5月4日,证监会又发布了《关于进一步落实上市公司现金分红有关事项的通知》,再次强调随着上市公司的成长和发展,给予投资者合理的投资回报,为投资者提供分享经济增长成果的机会,是上市公司应尽的责任和义务。并将进一步落实上市公司现金分红有关事项通知如下:

(1)上市公司应当进一步强化回报股东的意识,严格依照《公司法》和公司章程的规定,自主决策公司利润分配事项,制定明确的回报规划,充分维护公司股东依法享有的资产收益等权利,不断完善董事会、股东大会对公司利润分配事项的决策程序和机制。

(2)上市公司制定利润分配政策尤其是现金分红政策时,应当履行必要的决策程序。董事会应当就股东回报事宜进行专项研究论证,详细说明规划安排的理由等情况。上市公司应当通过多种渠道充分听取独立董事以及中小股东的意见,做好现金分红事项的信息披露,并在公司章程中载明以下内容:①公司董事会、股东大会对利润分配尤其是现金分红事项的决策程序和机制,对既定利润分配政策尤其是现金分红政策作出调整的具体条件、决策程序和机制,以及为充分听取独立董事和中小股东意见所采取的措施；②公司的利润分配政策尤其是现金分红政策的具体内容，利润分配的形式，利润分配尤其是现金分红的期间间隔，现金分红的具体条件，发放股票股利的条件，各期现金分红最低金额或比例（如有）等。首次公开发行股票公司应当制定对股东回报的合理规划，对经营利润用于自身发展和回报股东要合理平衡，要重视提高现金分红水平，提升对股东的回报，并且还需合理制定和完善利润分配政策，并按照本通知的要求在公司章程（草案）中载明相关内容。应注意的是，分红政策经出席股东大会的股东所持表决权的2/3以上通过。因此，企业若计划上市，在改制变更为股份有限公司之时，可在公司章程中按照上述规定制定分红政策。

第七章
企业并购与重组

第七章 企业并购与重组

公司并购重组的历史可谓源远流长，从企业这种经济生活中的组织形式出现以后，并购重组就开始酝酿和产生。但纵观整个并购重组的演变和发展过程，可以肯定并购重组的盛行是与一些特定的经济发展阶段密切相关的，例如一个经济发展阶段主流产业的诞生与成长，一个国家经济实力增长过程中的企业发展与扩张。特别是资本市场的建立，为并购重组的发展提供了良好的交易场所、多样化的交易工具，进一步推动了并购重组的发展，也使得并购重组成为资本市场永恒的主题。并购重组是一门科学，也是一门艺术。

第一节　公司并购重组概述

一、并购重组的定义和类型

（一）并购的定义和类型

并购是合并（Merger）与收购（Acquisition）的合称，简称为“M&A”。其中，合并是指两家以上的公司依据契约及法律规定的程序和条件，共同组成一个公司的行为。公司合并包括吸收合并和新设合并两种形式。

新设合并是指两个或两个以上的公司以消灭各自的法人资格为前提而合并组成一个新的公司的行为，原有两家公司都不再继续保留其法人地位。吸收合并，是指一家企业合并另外一家或几家企业，并入的公司解散，法人资格消失，吸收的公司则继续存在。吸收合并通常由一家占优势的公司合并一家或更多的公司，其公式表示是：A+B=A(B)。

收购是指一家公司通过购买某目标公司的部分或全部股份，从而取得一定程度的控制权，以实现一定的经济利益目标的行为。收购按标的性质的不同分为资产收购和股权收购。

资产收购是指买方企业购买卖方企业的部分或全部资产以达到控制该企业目的的行为。

股权收购是指买方企业购买部分或全部卖方企业股权的经济行为。

（二）重组的定义和类型

企业重组是指企业内部或企业之间在资产、负债或所有者权益诸项目之间的调整，从而达到资源有效配置的交易行为。其结果将显著改变企业的组织形式、经营范围或管理策略。

根据重组战略的目的差异，企业重组可以分为扩张型重组和调整型重组。扩张型重组通常指扩大公司经营规模和资产规模的重组行为，调整型重组仅仅是公司存量资产、负债或所有者权益的优化，包括不改变控制权的股权置换、股权—资产置换，不改变公司资产规模的资产置换以及缩小公司规模的资产出售、公司分立、资产配负债剥离等。

根据重组对象的不同，企业重组又可分为对企业资产的重组（如资产转让、置换）、对企业负债的重组（如债务转化为资本、修改债务条款）和对企业股权的重组（如换股）。

（三）并购与重组的联系

并购和重组是互相交叉的两个概念，似乎相互独立但又紧密相连，例如有些公司实现了控股权转移而未发生资产重组，又如并购可以视为外部重组的一种特殊形式。在实际操作中，资产重组与并购常常是交互发生的，先收购后重组过程，或者是一系列重组和并购行为过程。

二、公司并购重组的动因

并购重组在全球范围内越来越盛行，其行为产生都基于一些特定的动因。这些驱动因素在并购重组理论中有很好的总结，大致可以归纳为协同效应假说、股票市场驱动假说、管理层利益驱动假说等。但在实际并购案例中，通常是为了某一主要目的展开的，其他目的或驱动因素都是从属性质的。

（一）买方的驱动因素

(1) 购买市场份额或客户资源。市场份额的大小代表一个公司在其行业中的地位，而公司的成长也基于市场份额的扩大和客户群体的增长。

(2) 购买技术或产品。对于技术专有性很强的行业，由于多数技术和产品很难复制，而直接采取挖竞争对手人才的策略又可能引发商业机密、商业间谍等方面的争端，所以往往会采取一些并购的手段，特别是具有领先优势的技术型企业针对该行业某个细分行业的相对具有发展潜力的企业进行并购，不失为保持自身绝对优势的有利方法。

(3) 购买一个品牌。对于多数产品而言，品牌在销售中具有决定性意义，可以说品牌对企业发展而言是一项非常有价值的资产，而且品牌的建立需要一个较长的过程，因此对于拥有资本优势的企业，收购一个品牌可能是一个有效的途径，也成为驱动并购的重要原因之一。

(4) 消除竞争对手。强大的竞争对手严重限制了公司的发展，或者公司会面临被对手超越和淘汰的局面，因此处理好与竞争对手的关系，对于企业经营而言是非常重要的，通过并购实现强强联合是最好的策略。国外公司如甲骨文，国内公司如蓝色光标等都曾采取这种策略。

(5) 多元化战略。多元化战略是公司并购的一个重要原因，可以有效分散行业风险，因此出现了大量并购案例。多元化并购可以分为相关多元化和非相关多元化，前者主要是通过并购进入一些行业属性或产品属性接近的行业，而后者选择的则是一些完全不相关的行业。通用电气(GE)是全世界公认的最成功实现多元化战略的实施者之一，这主要归功于杰克·韦尔奇。

(6) 上下游产业链并购。这种围绕产业链上下游的并购，主要是为了实现一体化发展，向下并购可以对产品深加工能力和销售渠道进行控制，从而提高产品附加值；向上进行整合可以提高对资源、原材料的控制，从而避免上下游企业对自己的控制和约束。如钢铁厂并购矿山，家电企业并购销售渠道等。

（二）卖方的驱动因素

(1) 财务性投资。PE/VC 等股权投资机构投资的目的就是为了获取财务回报（有的与企业家签订了在规定的时间期限前上市等上市对赌协议），当基金期限快到期前基金投资人有很强的退出意愿，此时如上市进程不可控制，往往会积极推动公司被并购，通过并购退出的方式在目前基金项目退出方式中的占比在快速提高。

(2) 现金流压力。在经济下行时有的公司在现金流方面承受了巨大的压力，为了公司整体的生存和发展，公司往往将部分业务出售以获取现金流。

(3) 专业化。随着经济的发展，特别是经济处于大幅波动期，公司为了更好地生存和发展选择专业化，将资源向自己更有优势的行业集中，这时那些非主业的业务将寻求出售（被并购）。

(4) 身体健康因素和二代传承。企业家因身体原因不能继续从事企业经营往往也是企业寻求出售（被并购）的原因之一，当中国的创一代已过花甲、古稀之年，当家族二代无意于传承家族产业时，企业出售（被并购）的概率大大增加。

三、并购重组的交易方式

并购重组的交易方式是并购重组中技术性较强的环节，可以说交易方式的选择一定程度上决定了并购重组的成败，并购重组的交易方式也随着资本市场的发展和交易工具的创新越来越多样化。

作为中小企业，如何参与到上市公司的并购重组中，现阶段采取较多的方式为上市公司向被收购单位原股东定向增发股票，被收购方成为上市公司的子公司。一方面，换股后原股东持有上市公司股票，享受到上市公司股票升值的利益；另一方面，上市公司也没有支付大量的现金。双方股东都能从并购重组中获得整体增长的益处。当然也有上市公司增发股票获得现金后向被收购单位原股东以现金方式进行股权收购，也有向被收购单位原股东定向增发和现金支付相结合的方式。

四、并购重组的发展历史

从世界角度看，最早的公司并购发生在美国，到现在已有 100 多年的历史。而我国的公司并购则起步很晚，特别是上市公司的并购只是近年来才兴起。随着经济的发展，公司并购作为一项实现企业战略、促进资源优化配置的方法，其内容、方式越来越丰富，如何使其在我国经济发展中发挥积极作用是一件非常值得思考的事情。认真总结历史经验，把握并购发展历史中呈现的特性和规律，对我国公司并购各方面的改进与完善有重要的启示作用。随着经济全球化的发展，我国企业也将参与全球并购。

（一）美国的5次并购浪潮

以美国为代表的西方国家自19世纪末至今已经历了5次并购浪潮，分别发生在19世纪末、20世纪20年代第一次世界大战之后、五六十年代第二次世界大战之后以及七八十年代美元危机和石油危机之后，第五次并购浪潮开始于20世纪90年代中期。其特点和时间如表7.1所示。

表7.1 美国5次并购浪潮及其特点

次序	时间	特点
1	1895—1904年 （1898—1903年为顶峰）	此时以横向并购为主要形式，追求垄断利润和规模经济效应，国民经济集中化程度大大提高。60%的交易是在纽约证券交易所完成的
2	1916—1930年	此时纵向并购兴起，并购的动机是促进上下游企业直接的整合
3	美国经济的黄金时期 （20世纪五六十年代）	此次并购浪潮的规模、速度均超过了前两次，超大型企业迅速成长，银行并购加剧，跨国并购异军突起
4	20世纪70年代中后期开始持续到90年代初	企业兼并规模巨大，并购形式多样化，横向、纵向和混合并购并存；出现了新的并购方式——"垃圾债券"杠杆收购
5	20世纪90年代中期以来	并购交易规模超大，出现明显的强强联合趋势；国际化并购日益增多

（二）中国的并购发展历程

中国企业的并购活动起步较晚，第一起并购事件发生于1984年，河北保定纺织机械厂和保定市锅炉厂以承担债务的方式兼并了连年亏损、濒临停产的保定针织器材厂和保定市鼓风机厂。并购在我国的发展速度确实很快，可以大致分为3个阶段，见表7.2所示。

表7.2 中国的并购发展历程

次序	时间	特点
1	并购起步阶段 （1984—1991年）	此时的并购与国家经济改革紧密相关，政府主导；民营企业以及外资企业由于受到限制没有涉足
2	转型阶段 （1992—2000年）	我国逐步出现了横向收购、纵向收购以及多元化并购。跨国并购开始出现，外资收购进入中国市场；企业在规模、专业化程度等方面都有了明显的进步
3	成熟阶段 （2001年至今）	出现了许多"战略性并购"、"强强联合"等成功的企业并购案例；2002年出台的《上市公司收购管理办法》，全面规范了上市公司收购行为；同时我国也积极参与全球化的并购浪潮

五、并购重组最新的发展特点

近年来，全球并购市场的显著特征是私募基金越来越多地参与到并购中。2006 年，在全球并购交易中，私募基金参与的并购交易金额达到 5 632 亿美元，约占全部交易额的 17%，较 2005 年 3 536 亿美元的交易金额以及 12%的占比大幅增加。2007 年，私募股权基金等私人机构更是成为并购交易的主要收购者。2008 年全球金融危机以后，私募基金变得更为活跃，但与 1990 年左右爆发并购危机时不同，私募基金并未采取当时激进的垃圾债券与杠杆收购模式，而是采用了较为稳健的“换股＋现金交易”的并购模式。

2012 年以前并购以私有经济为主，但未来国有经济并购比例会逐渐上升。

2012 年，股权交易按标的企业经济性质统计，私有经济交易受到 VC/PE 采用并购方式出售股权寻求退出的激励，加之因国民经济结构调整需要，“国进民退”政策的推动，共发生交易 1 540 宗，占比 61%，相较 2011 年的 54%显现了大幅攀升的情形；标的企业为国有经济的并购交易共有 765 宗，占比 30%，虽交易笔数与 2011 年的 885 宗差异不大，但受到私有经济交易大幅攀升的影响，占比相较于 2011 年则下滑明显；标的企业性质为集体经济、港澳台经济、外商经济及外国经济的并购交易占比依然较少。但目前随着国企改革，混合所有制改制，国企并购比例会上升。

案例：A 公司的选择

A 公司经过多年发展已成为行业龙头，年销售收入超过 2 亿元，净利润超过 2 000 万元，而且公司所处的医疗行业也处于快速发展时期，多家上市公司往医疗行业转型，在公司引入 PE 投资前有一家上市公司要求以换股的形式并购公司，可以给予公司人民币 3 亿元的估值（略高于引入 PE/PE 给予的估值），考虑到公司正处在快速发展期，并入上市公司会影响公司的独立发展（上市公司其他业务板块的发展不如公司），同时上市公司换股的 PE 相较给予公司的 PE 高出 2 倍多，公司决定引入 PE 独立发展。2 年后公司销售额达到近 5 亿元，继续引入关联的央企作为战略投资人，引入了相关行业资源，公司进入又一轮快速发展期。公司聘请了相关中介机构计划独立上市，同时公司董事会讨论同意也可以考虑以与上市公司基本相当的 PE 水平被并购。

第二节　基本程序与步骤

并购重组作为企业实现寻找优良投资机会、加强自身市场竞争力、提升企业价值而进行的复杂资本运作行为，成功与否不仅影响并购目标的实现，而且因为巨大的资金投入而直接影响企业的生存。因为涉及具体的技术性操作问题，需要与高层领导和各个中介机构保持有效的沟通和合作。一项成功的并购活动应该在各个环节上都力求完美，不容许发生任何细节问题。一般将并购分为以下6个阶段。

一、战略准备阶段

战略准备阶段是整个并购活动的开端，为整个活动提供战略性指导。战略准备阶段包括确定并购战略和并购目标搜寻。

（一）确定并购战略

并购战略是企业整体战略的一个重要组成部分，制定好清晰的并购战略是并购成功的关键。公司应当根据行业的发展状况、自身的实力，以及企业整体的发展战略来制定并购战略，一般并购战略的内容包括企业并购需求分析、并购目标分析、并购支付方式和资金筹集规划等。其中并购需求是并购的动因，一般是为了寻求协同效应，做大做强自己，因此，对并购后能够达到的协同效应进行合理的评估，关系到并购的成败。

（二）并购目标搜寻

并购战略制定好后，就是实施并购战略，首先碰到的问题是并购谁？即并购标的。基于对企业并购需求的分析，可以推测出公司并购的标的也是不同的。以下情况可能成为目标公司的特点：①与并购企业行业相同或处在同一产业链上的企业；②可以进行优势互补的企业；③暂时处于亏损的可用于收购方避税的企业；④因管理不善等原因被市场低估的企业。

二、方案设计阶段

并购的第二阶段是方案设计阶段，包括尽职调查以及交易结构设计。

（一）尽职调查

在并购活动中，尽职调查是非常重要的工作内容。并购过程中开展尽职调查可以从公司的法律风险、财务价值、经营能力等方面全方位地了解目标企业；通过获得目标企业和行业的重要信息来发现并购中可能存在的风险并合理地进行处理和规避；同时保留并购过程中需要的法律文件和证据。尽职调查过程中形成的结果和意见有利于重新制定并购方案，而最终形成的尽职调查报告则是最后并购方案的主要依据。

尽职调查的内容包括4个方面，即目标企业的基本情况、目标企业的经营成果、目标企业的发展前景、目标企业的潜在亏损（风险）。

（二）交易结构设计

（1）估值。并购估值是交易双方确定目标企业的最终产权交易价格的过程，是并购决策中最关键的一项内容，因为它直接关系到并购双方各自的切身利益。企业作为一个复杂的整体，进行合理估值是非常困难的一件事情，而并购估值的不合理则会造成并购失败。估值过高，会损害并购企业利益，阻碍其未来发展；估值过低，则目标企业股东不愿意。

（2）融资方式和支付方式。并购交易往往涉及巨额资金，一般企业需要早早规划融资方式。根据是否通过中介可将其分为直接融资和间接融资；根据资金来源不同可分为内部融资和外部融资，正是因为金额巨大，内部融资往往不足以支付，因此需要配合一定的外部融资。

支付是完成并购交易的一个重要环节，企业并购的支付方式主要包括现金支付、股票支付、承债支付等。

三、谈判签约阶段

（一）谈判

并购交易的谈判阶段是考验各方能力的时刻，各方竭尽所能发挥各种谈判技巧，而谈判的焦点是并购的价格、支付方式、保护性条款等。通过谈判，各方就主要方面达成一致意见后，会签订一份并购意向书，算是阶段性的谈判成果，之后各方仍需要就其他具体交易事项进行谈判，因此，谈判是一个耗时耗力的过程。

（二）签订并购协议

并购双方经过反复的多轮谈判，对企业并购的诸多事项进行充分协商且达成一致意见后，即进入签订企业并购协议的阶段。并购协议一般由首部、主文、附件三个部分组成。其中首部主要写明并购事项和当事人的基本情况；附件主要包括财务报告、资产评估报告、法律文件、政府相关批准文件等；主文是并购协议的核心，规定并购业务的各项条款，包括陈述和保证条款、先决条件条款、交割条款、补偿条款、争议解决条款等。

四、并购接管阶段

并购接管阶段是指并购协议签订到并购交易的实施，至完成工商变更手续为止。该阶段包括 3 个步骤：产权界定、产权交割、工商手续变更。

产权是财产所有权和与之相关的其他各种经济权利的总称，产权界定是指国家依法划分财产所有权和经营权等产权归属、明确各产权主体行使权利的法律行为。

产权界定后，即进行产权交割，双方办理移交手续，经过交接验收、造册、双方签证后，会计据此入账。目标企业的债券、债务，按协议进行清理和承接，并据此调整账户，更换合同债据等手续。

产权交割完成，随即进行工商手续变更。产权界定文件、股权转让、验资报告、政府文件等到工商管理部门进行相关变更登记。

五、并购后整合阶段

交易过户完成并不是并购的终点，要达到并购的目标必须进行有效的整合。并购后整合是指当并购企业获得目标企业的各项产权之后进行的资产、业务、人员、技术、管理等系统性安排，从而使并购后的企业按照一定的并购目标、方针和战略有效运营。整合是影响并购成功与否的重要环节，整合得好，企业就能快速发展；国内外也有因为整合得不好而导致企业运营失败的案例。

并购后整合阶段一般包括战略整合、业务整合、组织机构整合、人力资源整合、文化整合等内容。

六、并购后评价阶段

并购的最终目的在于促进企业的发展，然而有些并购动机并非总是合理的，根据实践经验，成功并购需要满足以下 3 个条件：一是并购对象要符合产业、产品和市场；二是并购价格要合理；三是并购时机要适当。因此，在并购完成后，有必要对并购的效应进行考察和跟踪，并作出评价。并购效应的重要考察指标是并购的绩效考察，主要包括：①并购活动给企业带来的价值，如规模经济效益、经营业务的扩张等；②超额收益的获取；③给宏观经济运行带来的影响，如产业结构的升级和产业布局的调整、资源优化配置等。

案例：并购带来巨大效益

亚泰集团以承债方式收购长春双阳水泥集团，因而享受“挂账免息”政策，即一次性免去双阳水泥集团历年所欠银行利息 2.47 亿元，而贷款本金 4.44 亿元则可分 6 年偿还，在偿还期内免息，并且获得了 10∶8 的高比例配股资格。这一并购在财务方面给亚泰集团带来了巨大的效益，1997 年亚泰集团净利润同比增长 124.76%，每股收益达到 0.66 元。

但根据《我国上市公司并购绩效的实证分析》（冯根福、吴林江，《经济研究》，2001(1)）实证研究表明，在我国并购重组后的第一年上市公司业绩得到不同程度的提高，但在接下来的年份里业绩又普遍下滑。

第三节 定价与融资

一、并购定价

并购定价就是并购交易双方确定目标企业最终产权转让价格的过程。定价如何是并购财务决策中最为关键的问题，事关并购活动的成败。根据麦肯锡对美国公司并购活动的调查发现，失败的并购案例有很多是因为并购价格太高以至于投资回报不足。

通常在并购估值中用到的方法有 3 类：①收益法，包括现金流折现法、红利增长模型等；②相对价值法，利用可比公司的市值来评估目标公司价值；③成本法，包括重置成本法和账面价值法。

● 对赌协议与并购定价

对赌协议，也叫估值调整协议（Valuation Adjustment Mechanism），是指投资方与融资方在达成协议时，只是约定基本对价，事后再根据企业未来的绩效来调整。这是对于未来不确定情况的一种约定，将成交条件付诸未来裁决。双方在交易的时候，投资方和融资方签署对赌协议，是因为投资方和被投资方对于企业未来的前景不可能做100%准确的判定，所以双方往往倾向于在未来根据实际发展情况对交易价格加以调整。近几年，对赌协议在我国企业融资、兼并重组过程中得到了较为广泛的应用。

对赌协议可以帮助投资者在投资后对投资的价值做出调整，这将对企业管理层产生约束，迫使他们最初就向投资者提供接近事实的信息，从而有效解决信息不对称问题。定价过程中，卖方强调的是企业的长处和优势，证明未来前景的客观。买方则指出企业的弱点和面临的困难，对前景表示担忧，双方之间较难达成共识。因此以企业未来的价值作为标准对投融资双方都是认可的，双方之所以能够达成协议就是因为这对双方都有好处，至少是任何一方不会因为签订对赌协议而承受不必要的损失。因此，对赌机制有效地避免了并购交易中的定价错误。

二、并购融资

并购融资是指并购方为顺利完成并购，对并购交易的融资结构进行规划，通过各种渠道、运用各种工具筹集资金，用于支付交易对价和相关费用的行为。

根据资金来源不同，并购融资分为内部融资和外部融资。内部融资是指企业将通过生产经营产生的留存收益作为资金来源；外部融资是指资金来自于并购方外部筹措，包括借款和发行债券、股权融资以及混合融资（债务和股权相结合）。

以下介绍几种主要的并购融资工具。

（1）银行并购贷款。几乎各家银行均可以提供并购贷款，但同时各家银行对于并购贷款设定了不同条件，如招商银行对一般并购贷款的最高比例为50%。

（2）股权融资。股权融资是并购交易中最基本的融资方式，主要通过发行新股筹措现金或者向被收购方股东发行股份进行换股收购，如IPO募集资金收购相关企业资产或者股权；上市公司通过定向增发或者公开增发进行收购交易。

私募股权融资。私募股权融资是指非上市公司向特定的投资者出售股份同时获得一定的资金支持，这些特定的投资者即我们俗称的私募股权投资者（PE）。通常用于管理层收购或杠杆收购。

（3）夹层融资。夹层融资源于华尔街，是一种介于优先债务和普通股之间的融资方式，是一种无担保的长期债务，一般附带有投资者对融资者的权益认购权。

夹层融资的特点：①具有长期融资的性质，一般还款期限是5～7年；②可以调整还款方式；③比股权融资成本低，因为资金提供者一般不要求获取公司大量的股本；④一般适用于稳定、高成长性的企业。夹层融资带有股权融资性质，因此必须是高成长性的企业；同时也有债权融资性质，因此也必须是稳定盈利的企业。

（4）管理层收购。管理层收购是指公司的经理层用借贷所融资本或股权交易收购本公司的一种行为，从而引起公司所有权和控制权转移至经理层。通过管理层收购，公司经营者由单一身份变为所有者和经营者合一的双重身份，而经营者一般不会有太多资产来支付对价，因此都需要依赖外部融资来完成交易。

第四节　并购重组后的整合

一、并购后整合的含义

企业并购后整合(Post-Merger Integration，PMI)是指当并购企业获得目标企业的资产所有权、股权或经营控制权之后进行的资产、人力资源、管理体系、组织结构、文化等企业资源要素的整体系统性安排，从而使并购后的企业按照一定的并购目标、方针和战略组织运营。更简单地说，整合是指调整公司的组成使其融为一体的过程。企业并购不是两个企业简单地合在一起，也不是简单地将一个企业的经营要素注入另一个企业。并购后的整合需要将原来不同的运作体系(管理、生产、营销、服务、企业文化和形象)有机地结合成一个运作体系，是并购交易结束后并购方面临的最艰难也是最关键的阶段。并购后整合的成功意味着并购战略的有效实施，并购后整合不力将导致整个并购前功尽弃。

二、并购整合后的目标

(一) 通过并购后整合提升企业的核心能力

核心能力是企业的综合优势和能力，是企业在长期的市场竞争中形成的一种独有的智慧和韬略，更是企业获取持续性竞争优势的基础，它需要企业长期的内部积累和外部整合。并购后整合，一方面能保护好现有的有价值的企业能力，另一方面能实现优势企业能力在并购双方企业中充分转移和扩散，从而增加企业的核心能力。

(二) 通过并购后整合实现并购后企业的协同效应

企业并购的目标是追求协同效益，通过整合实现双方企业资源上的互补和功能上的匹配，最大限度地产生协同效应。企业并购后的协同效应体现在多个方面，其中主要包括市场力量协同效应、经营协同效应、管理协同效应、财务协同效应和营销协同效应。

三、并购后整合应遵循的基本原则

并购后整合是一个系统工程，涉及企业的各个流程环节。把握整合基本原则，有效推进整合过程，至关重要。

(一) 依法、依规原则

企业并购引起的直接结果是目标企业法人地位的消失或控制权的改变，因而需要对目标企业的各种要素进行重新安排，以体现并购方的并购意图、经营思想和战略目标。但这一切不能仅从理想愿望出发，因为企业行为要受到法律法规的约束，企业并购后整合的操作也要受到法律法规的约束。

(二) 系统性原则

并购后整合本身就是一项系统工程，涉及企业各个要素的整合，缺少任何一个方面，都可能导致整个并购的失败。纳多扎(Nardozza)提出，并购后整合战略要获得成功，关键要帮助企业实现领导团队、公司战略、公司结构、人员、产品、流程和技术等 7 个方面的快速整合。

（三）实效性原则

整合要以收到实际效果为基本准则，即在资产、财务和人员等要素整合的过程中要坚持效益最大化目标，不论采取什么方式和手段，都应该保证能获得资源优化配置、提高企业竞争能力的实际效果，而这些实际效果可以表现为整合后企业经济效益的提高，企业内部员工的稳定，企业形象的完善和各类要素的充分利用等。这里应避免整合过程中可能出现的华而不实、急功近利的现象。

（四）可操作性原则

并购后整合所涉及的程序和步骤应当是在现实条件下可操作的，操作所需要的条件或设施在一定条件下可以创造或以其他方式获得，不存在不可逾越的法律和事实障碍。整合的方式、内容和结果应该充分让公司员工、股东等利益相关者知晓。

四、并购后整合模式

尽管不同收购方收购目标企业的企业性质、企业规模、企业能力各不相同，但是收购方如能采取有效的并购后整合模式和策略，将极大地降低并购后整合面临的风险，从而实现收购的预期效果。因此，并购后整合模式及策略的正确选择是并购后整合成功的重要前提条件之一。

并购后整合模式根据并购双方战略依赖性需求、组织独立性需求程度的不同，分为如下 4 类。

（一）完全整合模式

实施完全整合的并购双方在战略上互相依赖，但是目标企业的组织独立性需求低。完全整合可以说是两家企业长期形成的营销、组织与文化的一次全部整合。在完全整合下，经营资源需要共享以消除重复活动，业务活动与管理技巧也需要重整和交流。

（二）共存型整合模式

实行共存型整合策略的并购双方的战略依赖性较强，同时双方组织独立性的需求也较高。也就是说，并购双方在并购完成后依然保持各自的法人地位，但在战略上互相依赖，两家企业之间实现保护和渗透同时并举。

（三）保护型整合模式

在保护型整合策略下，并购企业与目标企业之间的战略依赖性不强，但是目标企业的组织独立性需求较高，这决定了并购企业必须以公正和有限干预的方式来培养目标企业的能力，并允许目标企业全面开发和利用自己的潜在资源与优势。

（四）控制型整合模式

采用控制型整合策略的并购双方的战略依赖性不强，同时，目标企业的组织独立性需求也很低。此时，并购企业实施并购的目的并不是寻求一种战略上的依赖与协同，而是控制目标企业的资产或营业部门。在这种情况下，并购完成后，并购企业更注重对目标企业和并购企业资产组合的管理，其采取的策略与措施就是最大限度地利用这些资产，充分发挥其能力与优势。

五、全过程的整合管理模型

整合准备阶段是整合工作的基础，是指从并购的尽职调查至签订并购协议阶段，其工作开展于并购的决策环节。主要工作是组建整合管理组织，制定初步整合计划书。

整合计划阶段是整合工作的核心，是从签订并购协议至制定整合计划书阶段，其工作开展于并购的实施和接管环节。主要工作是与高级管理层沟通，制定正式的整合计划书。

整合实施阶段是整合工作的关键，是完成接管后的实施过程。主要工作是战略整合、人力资源整合、财务整合、业务整合。

整合后评估阶段是整合工作的保障，其工作开展于并购的评估环节。主要工作是确定评估内容及评估主体，实施评估程序，交流整合经验。

六、并购后整合内容

在遵循并购后整合的基本原则的基础上，并购后整合内容实施的有效性是并购后整合成功的根本所在。从国内外学者对并购后整合内容的研究来看，并购后整合内容基本可以归为战略整合、管理活动整合、组织机构整合、企业文化整合、营运管理整合5个方面。

(一) 战略整合

战略整合包括战略决策组织的一体化及各子系统战略目标、手段、步骤的一体化。它是指并购企业在综合分析目标企业情况后，将目标企业纳入其发展战略内，使目标企业的总资产服从并购企业的总体战略目标及相关安排与调整，从而取得一种战略上的协同效应。

事实证明，收购一家在经营策略上不能互相配合的公司，即使价钱再便宜，也会后患无穷；而如果并购双方能够互相补充，目标企业的发展能够有机地与并购企业的经营战略相整合，则会产生并购的正面效应，给并购双方带来价值的增加。

(二) 管理活动整合

管理活动整合是指并购企业制定规范的、完整的管理制度和规则，替代原有的制度和规则，作为企业成员的行为准则和秩序的保障。一般情况下，并购企业均将优秀的管理制度移植到目标企业，以实现与目标企业在管理上的一体化与整合。

在管理活动整合时，并购企业应首先了解目标企业原有的制度，并根据并购双方间经营管理的差异，制定适合目标企业情况的整合管理措施。此外，管理活动整合的程度也随并购企业并购目的的不同而应有所区别。如果并购后并购企业完全将目标企业纳入自己的机体，则应逐步将目标企业的规划与控制制度纳入并购企业，以进行统一经营管理。

(三) 企业文化整合

企业间的文化差异是并购后管理整合在人文因素上的最大障碍。企业文化作为鼓舞士气、加强沟通、优化管理的核心因素，是企业在长期的经营活动中形成的共同价值观、精神领导风格和共同的行为规范。并购后的企业文化管理整合要融合两个可能有排斥性的企业文化，解剖文化的基因，对优秀文化进行融合。通过企业精神、制度文化和精神文化的整合，达到经营思想、价值观念、工作态度、管理方式等文化方面的融合，通过并购双方文化的比较分析、沟通融合、创新再造3个阶段实现取长补短的文化整合过程。企业并购的文化整合不能毕其功于一役，要循序渐进、逐步融入。

（四）运营管理整合

1. 人力资源整合

人力资源整合是难度较大的问题，也是影响并购效率的重要因素。人才是企业最重要的资源之一，尤其是高层管理人员、技术人才和熟练工人。并购企业在人事问题上一定要谨慎，做到并购双方在人事上的一体化，防止因人心浮动而降低生产经营效率。可以从3个方面入手：一是保留关键性人才，二是加强与员工的沟通，三是建立有效的激励机制。

2. 业务活动整合

业务活动整合是指要联合、调整和协调采购、产品开发、生产、营销、财务等各项职能活动。并购后的企业可以放弃一些多余的活动，如相同的生产线、研究开发、分销渠道、促销等。从企业并购的动因分析可以看出，并购双方产销活动整合后产生的经营优势和规模效应也是并购企业追求的目的之一。因此，并购完成后的业务活动整合就成为此类并购成功与否的关键。

3. 财务整合

企业并购后，通过财务市场力量、内部资本市场的多样化，联合获得和配置资本，降低风险，实现资本成本的降低。经并购后，大部分企业形成企业集团，企业集团的财务特征是多级法人、多层级组织、多功能、跨地区与跨国运营。这些财务特征决定了企业集团内部财务资源的多样化和财务决策的多样化。收购方在牢牢确定母公司主动地位的基础上，必须充分考虑不同产业、地区、管理层次的企业的不同情况，合理处理集权与分权的关系，从而减少内部矛盾，调动被收购方及各子公司的积极性和创造性。

4. 信息系统整合

信息化、网络化发展逐渐成为企业关注的内容，企业并购是否成功，还要依托企业信息化，即并购后信息系统的整合。开始进行信息化整合时，企业需要根据管控模式，确定相应的信息系统融合模式。当企业采用运营控制模式时，对下属工作的管理控制较为严格，应采用较为统一的信息系统；当企业采用战略和财务管控模式时，未必需要信息系统，达到适当的融合标准即可。

七、中国企业如何提高并购整合能力

（一）实现战略协同效应

日本的伊丹广之在《启动隐形资产》一书中对协同进行了比较严格的界定。他把协同概念分解成“互补效应”和“协同效应”两种情况，指出协同是一种企业资源实现最大效能的方法，可以发挥并购企业间的互补优势，实现 1+1>2 的整合效果，企业内部环境与外部环境相匹配，集中企业优势资源拓展市场，通过核心能力与被并购企业整合实现更大价值。拥有不同核心能力的并购双方，通过战略整合可以增强企业实力。并购之后，应搞好战略整合并制定相应的计划，对公司作方向性调整，确定公司未来的发展定位。通过战略整合，将优势资源进行整合，确定企业未来的支柱产业、经营方向、经营方向的战略转移目标，以提高企业整体的核心能力和营利能力。

另外，企业并购后不仅要实现有形资产的协同，同时更要重视无形资产的整合。如品牌名称、顾客认知度、技术专长、企业文化等隐形资产由于是公司所独有的，可为公司所有业务单位服务，甚至可以按照新的方式进行组合或应用，为新公司带来新的(有可能是非相关的)产业增长点。

然而，不能把无形资产的协同可能产生的竞争优势误解为一定能产生，以至于大大地高估名牌的带动能力和孵化能力，认为不管什么产业，只要配上公司的知名品牌或驰名商标，产品就会有市场，因而盲目地发展相关的甚至是非相关的多元化产品。如果最终没有整合好品牌资源，甚至会严重地损害原品牌的声誉。

(二) 实现财务协同效应

取得财务协同效应是企业并购的主要动因之一，充分认识并购的财务协同效应，有利于更好地引导我国企业的并购行为。实现公司并购的财务协同效应需要做好以下2个方面的工作：

一是整合财务运作能力。这是指实现筹资和投资的内部化和集成化，而这些正是并购的重要成果。企业并购追求的是低成本扩张，这决定了企业并购后财务运作是有效的。整合财务运作能力的具体做法有：①企业并购后通过一系列的内部化活动对资金进行统一调度，并将其中一方低资本效益的内部资金投资于另一方的高效益项目上，从而使并购后的企业资金整体使用效率有所提高；②通过并购获得高回报的投资项目后，该项目较容易成为股市中的热点，使企业在资本市场上的形象得以改观，可以大批量地发行股票或债券，由于发行数量多，从而降低其发行成本，实现资本结构的优化组合；③对财务资源进行统一整合，促进财务的集约化管理和财务的集成传输使用，这样有利于优化企业的财务决策。

二是合理避税。纳税对企业财务决策有着重要影响。我国税法规定，企业发生的年度亏损，可以用下一年度的税前利润予以弥补，下一年度利润不足以弥补的，可以在5年内用税前利润延续弥补，延续5年仍未弥补的亏损，用税后利润弥补。如果某企业在一年中严重亏损或连年亏损，并拥有相当数量的积累亏损，该企业就会被视为重要的兼并目标企业。

(三) 实现文化协同效应

文化协同效应的内涵就是通过文化整合，形成共同的价值取向、行为标准，从而形成对内的凝聚力和对外的辐射力，最终提高企业的竞争力。发挥并购中的文化协同效应应做好以下工作：

一是分析和处理好文化差异。企业文化差异是造成企业文化冲突的主要原因。首先，管理者要确保自己立场的客观；其次，要弄清楚分歧和冲突产生的原因，对症下药。二是构建企业文化发展的理想模式，第一步确定企业的价值观，第二步确定企业的发展目标、管理制度、行为规范等。三是加强企业文化的适应性训练。企业文化的适应性训练是指围绕企业文化发展模式，强化员工对不同企业文化及其环境的反应和适应能力，促使企业员工之间、员工与企业之间在不同企业文化背景下能够相互沟通和理解。四是加强宣传教育，形成新的企业文化。在操作时，要以中层以上管理人员为重点，既要提高他们的综合素质，又要增强他们对整合后企业的认同感和归属感，并通过他们去影响全体员工。

2537
77788,558963
778,5
7278
79
678,5
55,68
8952
569,58
5955,62258
580,9
568,6997
10
5986

第八章

政府部门办事流程

第八章 政府部门办事流程

第一节　股份有限公司工商设立登记程序

名称预先核准

公司应到上海市工商行政管理局(肇嘉浜路 301 号 4 楼)办理股份有限公司名称预先核准。在办理名称预先核准程序时,应提交下列材料:

(1) 发起人协议。

(2) 公司法定代表人签署的名称预先核准申请表。

(3) 公司法定代表人签署的《指定代表或者共同委托代理人的证明》及指定代表或者共同委托代理人的身份证复印件(本人签字)。

(4) 股东会决议(不设股东会的有限公司的董事会决议)。

(5) 涉及中外合资经营企业还要提交主管部门或审批机关的批准文件等文件。

申请登记注册

自公司创立大会结束后 30 日内,董事会应向上海市工商行政管理局申请办理设立登记手续。申请时应报送的文件包括但不限于:

(1) 公司法定代表人签署的《公司变更登记申请书》。

(2) 有限公司同意改制为股份有限公司的股东会决议(不设股东会的提供董事会决议)。

(3) 公司签署的《指定代表或者共同委托代理人的证明》及指定代表或委托代理人的身份证复印件(本人签字),应标明具体委托事项、被委托人的权限、委托期限。

(4) 发起人协议(由全体发起人加盖公章或签字)。

(5) 股份公司章程(由全体发起人加盖公章或签字)。

(6) 发起人的主体资格证明或者自然人身份证明复印件:发起人为企业的,提交营业执照副本复印件;发起人为事业法人的,提交事业法人登记证书复印件;发起人为社团法人的，提交社团法人登记证复印件；发起人是民办非企业单位的，提交民办非企业单位登记证书复印件；发起人是自然人的，提交身份证明复印件。

(7) 依法设立的验资机构出具的验资证明。

(8) 股东出资是非货币财产的，提交已办理财产权转移手续的证明文件。

(9) 董事、监事和经理的任职文件及身份证明复印件：提交创立大会决议、董事会决议或其他相关材料。创立大会决议由发起人加盖公章并由会议主持人和出席会议的董事签字；董事会决议由董事签字；监事会决议由监事签字；设职工代表监事的还需提供选举职工代表监事的职工代表大会决议，由职工代表签字。

(10) 法定代表人任职文件及身份证明复印件；提交董事会决议，董事会决议由董事签字。

(11) 住所使用证明：自有房产提交产权证复印件；租赁房屋提交租赁协议原件和复印件以及出租方的产权证复印件；以上不能提供产权证复印件的，提交其他房屋产权使用证明复印件。

(12)《企业名称预先核准通知书》。

(13) 公司申请变更登记的经营范围中有法律、行政法规和国务院决定规定必须在登记前报经批准的项目，提交有关的批准文件或者许可证书复印件或许可证明复印件。

(14) 中外合资经营企业还需提交主管部门或审批机关的同意变更的批准文件。

注意：

(1) 上海市工商行政管理局所发的全套登记表格及有关材料，可在 www. sgs. gov. cn 下载。

(2) 提交复印件的，应当注明“与原件一致”并由股东加盖公章或签字，需股东签署的，股东为自然人的，由本人签字；自然人以外的股东加盖公章。

● 进行变更登记

上海市工商行政管理局自接到公司自有限公司变更为股份有限公司变更登记申请之日起 15 日内做出是否准予变更的决定。对符合《公司法》规定条件的，准予变更，并颁发股份公司营业执照，公司营业执照签发日期为股份公司成立日期。

● 中外合资股份有限公司审批

中外合资经营企业变更为股份有限公司相较于一般全内资公司而言有一点不同，即向工商局申请变更登记备案之前需要先取得上海市商务委员会的批复及上海市人民政府颁发的批准证书。公司需要先向所在区商务委上报变更申请，再呈报至上海市商务委，相关变更申请的文件均由公司与律师事务所一同完成，包括但不限于：

(1) 发起人协议(由全体发起人加盖公章或签字)(原件)。

(2) 股份公司章程(由全体发起人加盖公章或签字)(原件)。

(3) 董事会决议(原件)。

(4) 投资者关于企业改制的决议(原件)。

(5) 终止原合同和章程的决议(原件)。

(6) 投资外方的主体资格证明(复印件)。

(7) 投资中方的营业执照(复印件)。

(8) 中、外各方法定代表人身份证明(复印件)。

(9) 投资方的资信证明(原件)。

(10) 关于企业改制的请示(原件)。

(11) 设立股份有限公司的可行性研究报告(原件)。

(12) 董事会、监事会成员名单(原件)。

(13) 董事、监事身份证明(复印件)。

(14) 企业批准证书正、副本(原件)。

(15) 企业营业执照。

(16) 验资报告(原件)。

(17) 若企业以税后利润增资需提供年度审计报告、完税证明(缓增备案登记)和企业近期财务报表等相关文件(原件)。

(18) 最近3年的审计报告(复印件)。

(19) 资产评估报告(原件)。

(20) 上海市工商行政管理局出具的《企业名称预先核准通知书》(原件)。

(21) 企业设立以来所有的合资合同、章程及章程修正案(复印件)。

(22) 审批部门要求提交的其他相关文件。

待公司取得股份公司批准证书和批复后,即可向上海市工商行政管理局进行变更的登记备案。

第二节 改制辅导

辅导流程

1. 受理备案申请

保荐机构应在保荐协议签署后5个工作日内,到上海证监局相关处室提交申请,进行备案登记。

2. 辅导期的持续监管

辅导对象应在备案申请受理后的10个工作日内,就接受辅导、准备发行股票等事项,在当地至少2种主要报纸上连续公告2次。

辅导期超过3个月的，保荐机构应每3个月向上海证监局报送一次辅导工作备案报告。

辅导期间保荐机构发生变更的，继任的保荐机构和辅导对象应自新的协议签订后的5个工作日内，向上海证监局提供正式文件。涉及辅导人员变更的，保荐机构应自发生变更后5个工作日内，向上海证监局提交人员变更报告。

3. 辅导评估

保荐机构确认完成全部辅导工作、达到辅导效果后，应与上海证监局联系，参加上海证监局组织的辅导评估考试。

在通过辅导评估考试后，保荐机构即可向上海证监局提出辅导评估申请。

上海证监局会择机派监管人员对公司辅导情况进行验收，并出具《辅导监管报告》。《辅导监管报告》是公司上报证监会IPO申请材料的必要文件。

● 辅导对象

辅导对象包括公司董事（包括独立董事）、监事、高级管理人员及持有5%以上（含5%）股份的股东（或其法定代表人）。

● 辅导对集中授课的要求

进行全面的证券法规知识培训，并合理安排培训时间，确保集中授课时间不少于20小时，集中授课次数不少于6次。在其他上市公司兼任董事、监事、高管的人员，一般也需参加培训，并且必须参加考试（已于本年度参加上海辖区上市公司董、监事培训并考试合格的除外）。

● 辅导重点

辅导机构应协助辅导对象完善法人治理结构，督促建立健全相关制度，包括但不限于：公司章程（按照《上市公司章程指引（2006年）》制定）、三会议事规则（按照《上市公司股东大会规则》、交易所《上市公司董、监事会议示范规则》制定）、总经理工作细则、募集资金管理办法、信息披露事务管理办法（草案）、关联交易管理办法等。

（1）辅导机构应重点关注辅导对象的“五分开情况”，特别是：①资产的独立性，确保重大资产权属完整，权证齐备；②人员的独立性，确保总经理、副总经理、财务负责人和董事会秘书等高级管理人员不得在控股股东、实际控制人及其控制的其他企业中担任除董事、监事以外的其他职务，不得在控股股东、实际控制人及其控制的其他企业领薪；财务人员不得在控股股东、实际控制人及其控制的其他企业中兼职；③业务的独立性，确保关联交易必要、公允。

在辅导期间，公司应建立防止大股东、实际控制人侵占公司利益的长效机制，在提请验收时提交由会计师事务所出具的内部控制鉴证报告，确保不存在违规担保和大股东及其关联方非经营性占用；持股5%以上的股东应出具避免关联交易及同业竞争的承诺函。

存在自然人股东的，辅导机构及参与辅导的律师应对自然人股东的资格逐一核查，并出具核查报告，避免出现影子股东。

对接受辅导的人员进行全面的法律、法规知识学习或培训，确保其理解股票发行上市有关法律、法规，理解作为公众公司规范运作、信息披露和履行承诺等方面的责任和义务。

（2）督促辅导对象按照有关规定初步建立符合现代企业制度要求的公司治理基础，促进接受辅导的人员增强法制观念和诚信意识。

（3）督促辅导对象实现独立运营，做到业务、资产、人员、财务、机构独立完整，主营业务突出，形成核心竞争力。

（4）核查辅导对象是否按规定妥善处置了商标、专利、土地、房屋等法律权属问题。

（5）督促辅导对象规范与控股股东及其他关联方的关系。

（6）督促辅导对象建立和完善规范的内部决策和控制制度，形成有效的财务、投资以及内部约束和激励制度。

（7）督促辅导对象建立健全公司财务会计管理体系，杜绝会计虚假。

（8）督促辅导对象形成明确的业务发展目标和未来发展计划，并制定可行的募股资金投向及其他投资项目的规划。

（9）督促辅导对象建立健全符合上市公司要求的信息披露制度。

（10）其他相关辅导内容。

第三节　投资项目立项备案

企业不使用政府性资金投资建设，且未列入《上海市政府核准的投资项目目录细则》的固定资产投资项目可以适用上海市企业投资项目备案的流程。

● 投资项目立项备案机关

市发展改革委、市经济和信息化委、区（县）投资主管部门以及市政府确定的机构为企业投资项目备案机关。上海市具体到每个区的分管部门有所不同，需企业届时与相关部门进行沟通。

● 备案项目目录

一、需市级项目备案机关备案的项目

（1）工业：汽车（按照国务院批准的专项规定执行）。

(2) 房地产:历史文化风貌区和优秀历史建筑控制范围内的项目,黄浦江两岸、苏州河两岸、世博会控制区、虹桥枢纽规划控制区内的项目,以及市政府规定的特殊项目。

(3) 社会事业:邮轮、游艇、游船等水上旅游设施项目,高档宾馆,或者总投资3亿元及以上的旅游设施项目。

(4) 属于《国家产业结构调整指导目录》限制类,但未列入核准目录的项目由市级项目备案机关备案。

(5) 按照规定需要综合平衡岸线、能源、跨区县以及享受重要政策的项目,由市发展改革委备案。

(6) 中央在沪企业、市属管理的企业可选择在市级项目备案机关备案。

具体分工如下:

市经济和信息化委负责工商领域项目备案;浦东新区投资主管部门按照有关规定,负责其所属区域内项目备案;市政府确定的机构,是指依据地方性法规、规章、市政府规范性文件规定由有关部门委托其对所属区域内项目实施备案的机构,包括外高桥保税区管委会、张江高科技园区管委会、化学工业区管委会、临港新城管委会、洋山保税港区管委会、长兴岛开发建设管委会办公室、国务院批准在上海设立的出口加工区管委会等;其他项目,由市发展改革委备案。

二、需区级项目备案机关备案的项目

(1) 房地产业:区域范围内,历史文化风貌区和优秀历史建筑控制范围外的项目,黄浦江两岸、苏州河两岸、世博会控制区外的项目。

(2) 社会事业:非高档宾馆,或者总投资3亿元以下(不含3亿元)的旅游设施项目。

(3) 法律法规规定的其他由区发展改革委备案的项目。

● 备案程序

项目申请备案单位按照上述目录分别向市或者区(县)项目备案机关进行备案。

(1) 项目申请备案单位应当填写上海市企业投资项目备案申请表,并提交下列材料:①企业营业执照或者法人证书复印件、组织机构代码证复印件;②房地产权证,或者土地中标通知书、土地成交确认书、租赁协议;③根据有关法律法规应当提交的其他相关材料。

项目申请备案单位对所有申请备案材料内容的真实性负责。

(2) 项目备案机关对项目进行备案审查,主要包括是否符合《产业结构调整指导目录》等产业政策和行业准入标准,是否属于本级机关的备案管理范围等内容。

(3) 项目备案机关在收到申请材料之日起10个工作日内,向项目备案申报单位出具本市企业投资项目备案意见。

(4) 项目备案机关对不违反法律、法规,不属于产业政策禁止发展范围,不属于政府核准或者审批的项目，予以备案。对于违反法律、法规，属于产业政策禁止发展范围，属于政府核准或者审批的项目，不予备案，并向项目备案申报单位说明法规政策依据。

第四节 建设项目核准与备案流程

根据《上海市企业投资项目核准暂行办法》、《上海市企业投资项目备案暂行办法》以及《上海市企业投资项目核准、备案及建设审批流程指南》(2008 版)的规定，按照建设项目获得土地的不同方式(招拍挂、自有土地)，分别介绍如下：

一、核准制土地招拍挂投资项目核准流程

土地招拍挂项目包括 8 个主要环节，具体是：

(1) 招拍挂出让土地使用权。土地使用权招拍挂出让前，由市、区(县)招拍办向房地、投资、规划、环保、绿化、市容环卫、公安(交通)、民防、卫生、管线管理等部门书面征询意见，各部门提出项目开发的有关技术参数、控制标准等管理建设要求，并书面反馈市、区(县)招拍办。各项管理建设要求应当在招标、拍卖、挂牌文件和出让合同中明确告知土地使用权受让人(项目建设单位)。

(2) 环评审批。在报送项目核准机关核准前，项目单位凭土地中标通知书(或者成交确认书、土地出让合同)先到环保部门申请办理环评审批。

(3) 项目核准。项目单位在获得环评审批文件后，向项目核准机关报送项目申请报告，并附土地中标通知书(或者成交确认书、土地出让合同)、环评审批等文件。核准后，项目单位凭核准文件分别向规划管理部门申请办理设计方案、建设用地规划许可等手续；向房地管理部门申请办理正式用地手续；向建设交通管理部门申请办理建设工程报建手续。

(4) 设计方案审批。项目单位按照出让合同的要求，组织编制设计方案并报送规划管理部门审批。规划管理部门在收到设计方案后，将有关材料书面征询法律、法规规定需要审核建设工程设计方案的相关部门的意见。

(5) 设计文件审查。项目单位按照批准的设计方案和核准报告，组织编制设计文件，报送建设交通管理部门。建设交通管理部门受理后，组织投资、规划、环保、绿化、公安(交通、消防)、市容环卫、卫生、民防、安全监督、管线管理部门以及法律、法规、规章规定的其他相关部门进行会审，或者书面征求各相关部门意见。会审后的意见反馈审图公司。审图公司按照设计文件审查的规定，结合会审意见，出具审图意见并报建设交通管理部门备案。

(6) 核发建设工程规划许可证。项目建设单位取得建设交通管理部门出具的审图意见备案文件后，向规划管理部门申请办理建设工程规划许可证和工程放样复验。

(7) 核发施工许可证。项目建设单位取得建设工程规划许可证后,向建设交通管理部门办理施工监理招投标备案、建设工程安全质量监督备案、使用黏土砖的核定手续,并申请核发施工许可证。

(8) 竣工验收。建设工程竣工后,项目建设单位提出竣工验收报告,可委托建设交通管理部门召集相关部门共同参与验收。具备条件的,项目建设单位到有关部门办理规划、环保、消防等验收(试生产)审批意见,办理工程质量验收备案、新建住宅交付使用许可等文件。建设单位可以自行组织竣工验收。

二、核准制自有土地投资项目核准流程

自有土地项目核准流程包括 8 个主要环节,具体是:

(1) 规划设计要求(及用地预审)。项目单位在报送核准机关核准前,首先向规划管理部门申请办理建设工程规划设计要求审批,并按规定向房地管理部门申请办理建设项目用地预审。

(2) 环评审批。项目单位凭规划管理部门出具的建设工程规划设计要求通知单或合同变更文件,向环保部门申请办理环评审批文件。

(3) 项目核准。完成上述相关手续后,项目单位向项目核准机关报送项目申请报告,并附土地预审意见(或土地出让变更合同)、规划设计要求、环评审批等文件。核准后,项目单位凭核准文件分别向规划管理部门申请办理设计方案审批;向建设交通管理部门申请办理建设工程报建手续。

(4) 设计方案审批。项目单位按照规划设计要求,组织编制设计方案并报送规划管理部门审批。规划管理部门在收到设计方案后,将有关材料书面征询法律、法规规定需要审核建设工程设计方案的相关部门的意见。

(5) 设计文件审查。项目单位按照批准的设计方案和核准报告,组织编制设计文件,报送建设交通管理部门。建设交通管理部门受理后,组织投资、规划、环保、绿化、公安(交通、消防)、市容环卫、卫生、民防、安全监督、管线管理部门以及法律、法规、规章规定的其他相关部门进行会审,或者书面征求各相关部门意见。会审后的意见反馈审图公司。审图公司按照设计文件审查的规定,结合会审意见,出具审图意见并报建设交通管理部门备案。

(6) 核发建设工程规划许可证。项目建设单位取得建设交通管理部门出具的审图意见备案文件后,向规划管理部门申请办理建设工程规划许可证和工程放样复验。

(7) 核发施工许可证。项目建设单位取得建设工程规划许可证后,向建设交通管理部门办理施工监理招投标备案、建设工程安全质量监督备案、使用黏土砖的核定手续,并申请核发施工许可证。

(8) 竣工验收。建设工程竣工后,项目建设单位提出竣工验收报告,可委托建设交通管理部门召集相关部门共同参与验收。具备条件的,项目建设单位到有关部门办理规划、环保、消防等验收(试生产)审批意见,办理工程质量验收备案、新建住宅交付使用许可等文件。建设单位可以自行组织竣工验收。

三、备案制企业土地招拍挂项目建设流程

备案制下,土地招拍挂项目备案流程包括8个主要环节,具体是:

(1) 招拍挂出让土地使用权。土地使用权招拍挂出让前,由市、区(县)招拍办向房地、投资、规划、环保、绿化、市容环卫、公安(交通)、民防、卫生、管线管理等部门书面征询意见,各部门提出项目开发的有关技术参数、控制标准等管理建设要求,并书面反馈市、区(县)招拍办。各项管理建设要求应当在招标、拍卖、挂牌文件和出让合同中明确告知土地使用权受让人(项目建设单位)。

(2) 项目备案。项目单位凭土地中标通知书(或者成交确认书、土地出让合同)向项目备案机关申请办理备案,并附企业营业执照或者法人证书、组织机构代码证等文件复印件。备案后,向建设交通部门申请办理工程报建手续。

(3) 环评审批。项目单位凭备案文件向环保部门申请办理环评审批。

(4) 设计方案审批。项目单位按照出让合同的要求,组织编制设计方案并报送规划管理部门审批。规划管理部门在收到设计方案后,将有关材料书面征询法律、法规规定需要审核建设工程设计方案的相关部门的意见。

(5) 设计文件审查。项目单位按照批准的设计方案,组织编制设计文件,报送建设交通管理部门。建设交通管理部门受理后,组织投资、规划、环保、绿化、公安(交通、消防)、市容环卫、卫生、民防、安全监督、管线管理部门以及法律、法规、规章规定的其他相关部门进行会审,或者书面征求各相关部门意见。会审后的意见反馈审图公司。审图公司按照设计文件审查的规定,结合会审意见,出具审图意见并报建设交通管理部门备案。

(6) 核发建设工程规划许可证。项目建设单位取得建设交通管理部门出具的审图意见备案文件、环保部门出具的环评批复文件后,向规划管理部门申请办理建设工程规划许可证、工程放样复验。

(7) 核发施工许可证。项目建设单位取得建设工程规划许可证后,向建设交通管理部门办理施工监理招投标备案、建设工程安全质量监督备案、使用黏土砖的核定手续,并申请核发施工许可证。

(8) 竣工验收。建设工程竣工后,项目建设单位提出竣工验收报告,可委托建设交通管理部门召集相关部门共同参与验收。具备条件的,项目建设单位到有关部门办理规划、环保、消防等验收(试生产)审批意见,办理工程质量验收备案、新建住宅交付使用许可等文件。建设单位可以自行组织竣工验收。

四、备案制企业自有土地投资项目备案流程

备案制企业自有土地投资项目备案流程包括6个主要环节,具体是:

(1) 项目备案。项目单位先到项目备案机关申请办理备案,并附房地产权证(或者租赁协议)、企业营业执照或者法人证书、组织机构代码证等文件复印件。备案后，项目单位凭备案文件向规划管理部办理有关规划许可；向环保部门办理环评审批；向建设交通管理部门办理建设工程报建手续；向房地管理部门申请办理建设项目用地预审。

(2) 设计方案审批。项目单位按照规划设计要求，组织编制设计方案并报送规划管理部门审批。规划管理部门在收到设计方案后，将有关材料书面征询法律、法规规定需要审核建设工程设计方案的相关部门的意见。

(3) 设计文件审查。项目单位按照批准的设计方案，组织编制设计文件，报送建设交通管理部门。建设交通管理部门受理后，组织投资、规划、环保、绿化、公安(交通、消防)、市容环卫、卫生、民防、安全监督、管线管理部门以及法律、法规、规章规定的其他相关部门进行会审，或者书面征求各相关部门意见。会审后的意见反馈审图公司。审图公司按照设计文件审查的规定，结合会审意见，出具审图意见并报建设交通管理部门备案。

(4) 核发建设工程规划许可证。项目建设单位取得建设交通管理门出具的审图意见备案文件、环保部门出具的环评批复文件后，向规划管理部门申请办理建设工程规划许可证、工程放样复验。

(5) 核发施工许可证。项目建设单位取得建设工程规划许可证后，向建设交通管理部门办理施工监理招投标备案、建设工程安全质量监督备案、使用黏土砖的核定手续，并申请核发施工许可证。

(6) 竣工验收。建设工程竣工后，项目建设单位提出竣工验收报告，可委托建设交通管理部门召集相关部门共同参与验收。具备条件的，项目建设单位到有关部门办理规划、环保、消防等验收(试生产)审批意见，办理工程质量验收备案、新建住宅交付使用许可等文件。建设单位可以自行组织竣工验收。

第五节　合规性证明文件办理

● 合规性证明文件办理要求

相关法律法规和相关企业上市要求中明确指出，公司的主要资产不得存在重大权属纠纷，公司的生产经营符合法律、行政法规和公司章程的规定，符合国家产业政策，最近3年内不得有重大违法行为以及企业董事、监事和高级管理人员符合法律、行政法规和规章规定的任职资格。因此，除企业及相关人员自己出具无违法违规的承诺外，还需要借助政府的确认来予以佐证。

企业需要开具的无违规证明文件

一、企业实际控制人、董事、监事及高级管理人员无违法行为的证明

(1) 证明主体:上述人员户籍所在地的派出所。

(2) 流程:上述人员持身份证、户口簿前往派出所去申请开具无违法行为证明。

(3) 时间:各地政策不同,办事效率有高有低,建议企业及早安排相关人员完成该证明的出具工作。

二、企业无违法违规行为的证明

1. 具体证明种类

包括但不限于税务证明、环保证明、质检证明、社保证明、公积金证明、劳动安全证明、外汇合规证明(如有外汇结算业务)、土地证明、工商证明、海关证明(如有进出口业务)等证明文件。

2. 开具证明的流程

(1) 律师事务所根据上市法律法规要求,完成所有证明文件的文本制作。

(2) 企业将证明文件拿到相对应的政府部门申请确认盖章(某些政府部门有自己的内部证明格式,需直接采用其提供的证明范本)。

企业应事先与相关政府部门沟通,也可联系市(区)推进企业改制上市的牵头部门,申请协助协调证明确认工作。

3. 时间

上述证明的确认工作应尽量安排在企业拟向证监会申报文件之前。但外汇合规证明及海关证明的确认工作会耗时几个月,因此,这两项证明的确认工作建议及早准备,另外,证明所确认的证明期间应当涵盖报告期。

三、合规性文件办理部门

由市级政府部门出具合规性证明的,企业可咨询市金融办金融市场服务处。由区级政府部门出具合规性证明的,企业可向区(县)上市工作牵头部门提出申请,由其协调办理。

下列区县已经明确了区企业改制上市的牵头部门:

宝山区:区金融办

嘉定区:区经委

闵行区:区经委

金山区:区经委

杨浦区:区金融办

徐汇区:区金融办

青浦区:区经委

虹口区:区金融办

闸北区：区商务委

松江区：区经委

奉贤区：区金融办

长宁区：区商务委

普陀区：区金融办

浦东新区：区金融服务局推进中小企业上市工作联席会议办公室

第九章

IPO 审核重点及失败案例

第九章 IPO 审核重点及失败案例

从历年来企业 IPO 审核情况看，中国证监会根据《首次公开发行股票并上市管理办法》和《首次公开发行股票并在创业板上市管理暂行办法》，对企业的 IPO 申请从主体资格、独立性、规范运行、持续盈利能力、财务与会计、募集资金运用、信息披露七大方面进行审核，而企业上市被否的原因也主要集中在这 7 个方面。根据以往的上市失败案例及相关资料，我们应该注意到，企业 IPO 申请被证监会否决，并不仅仅是因为某一重大问题或者单一原因，往往是由多个原因共同所致。同时值得注意的是，证监会的公开否决意见可能仅是众多被否原因的一部分或是最重要的原因之一。2007—2012 年我国企业境内资本市场 IPO 审核情况见表 9.1。

表 9.1　2007—2012 年我国企业境内资本市场 IPO 审核情况概览

年度	审核家数	通过	未通过	其他情况(暂缓表决、取消审核)	过会率
2007	155	117	38		75.48%
2008	116	95	21		81.9%
2009	199	171	28		85.93%
2010	418	345	62	11	82.54%
2011	345	265	72	8	76.81%
2012	225	176	37	12	78.22%
合计	1 458	1 169	289		80.18%

注：上述数据统计为不完全统计，仅供参考。

第一节　主体资格

一、要求

(1) 发行人历史沿革清晰，应当是依法设立且合法存续的股份公司。

(2) 发行人为有限责任公司整体变更为股份公司的，持续时间可从有限公司成立之日起计算满3年。

(3) 发行人的注册资本已足额缴纳,发起人或者股东用作出资的资产的财产权转移手续已办理完毕,发行人的主要资产不存在重大权属纠纷。

(4) 发行人生产经营符合法律、行政法规和公司章程的规定,符合国家产业政策。

(5) 发行人最近3年内主营业务和董事、高级管理人员没有发生重大变化,实际控制人没有发生变更;创业板为发行人最近2年内主营业务和董事、高级管理人员均没有发生重大变化,实际控制人没有发生变更。

(6) 发行人的股权清晰,控股股东和受控股股东、实际控制人支配的股东持有的发行人股份不存在重大权属纠纷。

二、主要问题及案例

(一) 出资瑕疵问题

主要分为出资不实和出资程序瑕疵问题。

出资不实的情形有:①出资未能及时到位;②出资资产价值低于认购股本的价值;③出资之后抽逃出资;④出资资产未能及时办理过户手续;⑤股东拿不能用于出资的资产出资;⑥股东拿公司的资产出资等。

出资程序存在瑕疵的情形有:①没有验资报告;②没有评估报告;③出具报告机构不具有执业资格等。

案例:天虹商场股份有限公司

2008年4月25日,在证监会第65次发审委工作会议上,天虹商场上市申请遭到否决。公司前身深圳天虹商场有限公司在1994年增资时,中航技深圳公司以其拥有产权的中航苑2号大厦一至二层(共5 551.42平方米,扣除一层其他租户占用面积901.42平方米外,实际面积为4 650平方米),从1994年5月至2000年5月共72个月的房产使用权作价3 840万元投入。当时《公司法》尚未实施,《中外合资经营企业法》也无此种出资方式。发行申请材料中并没有提供当时的验资报告,在其他材料栏目中,无法证明大股东当时投资的是房屋所有权还是房屋使用权。如果是房屋所有权,则在1994年公司延长经营期限时,在公司没有清算分配剩余财产的情况下,大股东无权将该房产的72个月使用权作价再向公司增资。因此,根据申请材料无法判断1994年大股东向公司增资的合法性。

2010年2月,公司二次上会审核通过,上会前对上述事项的解决方案为:2008年9月5日,中航技深圳公司、天虹商场以及天虹商场其他股东签署《协议书》,约定中航技深圳公司在《关于深圳天虹商场有限公司扩大投资之补充合同书》项下应履行的出资金额为人民币3 840万元,中航技深圳公司以现金方式履行和完成其在该合同项下的出资义务,原出资方式所形成的资产及天虹商场的股权比例和总股本维持不变。中航技深圳公司在2008年9月27日以现金方式一次性向天虹商场支付人民币3 840万元。

（二）股权结构瑕疵问题

主要包括历史股权转让瑕疵如国有股权转让瑕疵、集体资产产权转让瑕疵、内部员工股权转让瑕疵的问题；公司的股东存在委托持股情况；股权结构分散等问题。

案例：云南变压器电气股份有限公司

本案例存在国有股权转让不规范的问题。2005年9月，根据昆深改27号文精神，认定冷铆厂和82名自然人合乎"云南变压的深化改革及国有股转让符合企业属优强企业，享受1∶1.2的优惠政策，一次性付款下浮20%"。2005年9月，冷铆厂和82名自然人股东实际出资1 975.3万元购买了2 963万股云南变压，每股价格0.67元。冷铆厂为云南变压的发起人之一，是当地国有企业。此后，冷铆厂先后4次以0.67元/股的价格将这些股份转让给云南变压的管理层和员工，最后一次转让是2007年2月27日。2007年4月7日，冷铆厂与浙江瑞银东方投资管理有限公司签署股权转让协议，将所持云变电气300万股股份转让给浙江瑞银，转让价款2 154万元，转让价格7.18元/股。可以看出，在短短2个月内，相同股权的转让价格相差6.51元或972%。虽然上述国企改制时管理层持股的价格、数量已经昆明市国资、云南省国资确认，但管理层持股价格的公允及合理性受到质疑。

（三）报告期内实际控制人及管理层发生重大变化

包括实际控制人认定不准确；因股权过于分散、股权结构复杂导致控制权不稳定；控股股东为集体企业可能导致实际控制人不稳定；股东频繁更迭等问题。

案例：天津三英焊业股份有限公司

三英焊业的第一大股东天津信托持有公司32.53%的股份，2008年10月，天津信托将其所持的三英焊业股权全部转让给天津国资委控制的华泽集团。天津信托以信托业务为主，华泽集团以实业股权投资为主，两者的性质和经营方针都不同。控股股东变更后，2009年1月2名董事朱树文、卢迅代替因工作变动辞职的李琦、覃西文，上述2名董事进入董事会距离企业上市申请不足1年，不符合证监会规定的"发行人最近2年内主营业务和董事、高级管理人员均没有发生重大变化，实际控制人没有发生变更"。

（四）报告期内主营业务发生重大变化

案例：北京易讯无限信息技术股份有限公司

易讯无限的招股说明书显示，公司主营业务为“移动互联网应用业务”，包括移动电子商务、手机游戏、移动增值服务业务。根据公司的招股书，2007年、2008年及2009年移动电子商务业务收入分别为220.53万元、2 265.02万元和2 098.38万元；手机游戏业务收入分别为1 098.12万元、2 052.16万元和12 493.79万元。2009年两者合计的营业收入已经占到主营业务收入的67.9%。而在2007年公司的主营业务收入为8 041万元，移动电子商务业务和手机游戏业务只占16.40%，不符合创业板对上市公司“最近3年内主营业务没有发生重大变化，发行人应当主营业务突出”的要求。

（五）子公司众多且定位不清、控制力有限可能导致主营业务不稳定，主营业务不突出

案例：宁波摩士集团股份有限公司

公司申报前有7家控股子公司和1家联营公司，其中盈利能力最强的2家子公司摩根公司以及上海摩士贡献的净利润占比为37%。包括这2家子公司在内的4家子公司的董事长及总经理均为子公司的自然人股东，公司对其控制力有限，未来发展存在不确定性。此外发行人在与根德国际集团合资设立的子公司盈利情况一般的情况下（设立10年净利润为110万元的公司），又与其合资设立了3家公司经营轴承业务。这些子公司的功能定位不清晰，历史演变非常复杂。

第二节　独　立　性

一、要求

（1）资产独立：生产型企业应当具备与生产经营有关的生产系统、辅助生产系统和配套设施，合法拥有与生产经营有关的土地、厂房、机器设备以及商标、专利、非专利技术的所有权或者使用权，具有独立的原料采购和产品销售系统；非生产型企业应当具备与经营有关的业务体系及相关资产。

（2）人员独立：发行人的总经理、副总经理、财务负责人和董事会秘书等高级管理人员不得在控股股东、实际控制人及其控制的其他企业中担任除董事、监事以外的其他职

务，不得在控股股东、实际控制人及其控制的其他企业领薪；发行人的财务人员不得在控股股东、实际控制人及其控制的其他企业中兼职。

（3）财务独立：发行人应当建立独立的财务核算体系，能够独立作出财务决策，具有规范的财务会计制度和对分公司、子公司的财务管理制度；发行人不得与控股股东、实际控制人及其控制的其他企业共用银行账户。

（4）机构独立：发行人应当建立健全内部经营管理机构，独立行使经营管理职权，与控股股东、实际控制人及其控制的其他企业间不得有机构混同的情形。

（5）业务独立：发行人的业务应当独立于控股股东、实际控制人及其控制的其他企业，与控股股东、实际控制人及其控制的其他企业间不得有同业竞争或者显失公平的关联交易。

二、主要问题及案例

独立性问题主要表现为关联交易、同业竞争和资产独立性等问题。

（一）关联交易

案例：武汉光迅科技股份有限公司

报告期内公司与控股股东及其他关联方在销售货物、采购原材料、租赁房屋、提供劳务、支付代理费和代缴社保统筹费等多个方面存在关联交易，且金额较大，公司独立性存在缺陷。最近3年公司向关联方的销售金额分别为6 797万元、7 809万元、12 418万元，占当年销售总额的比例分别为39%、35%、30%；公司没有任何土地和房屋产权，所需厂房全部从控股股东租赁取得，本次募投项目实施将继续向控股股东新增租赁厂房。此外，公司进出口业务全部委托控股股东下属的烽火国际进行，公司员工的社保统筹费仍通过控股股东代缴。公司为光电子器件制造商，控股股东控制的烽火通信为通信系统设备制造商，在业务上双方为上下游关系，而烽火通信已经上市，如果公司发行上市，无法完善双方的产业链，也无法解决双方的关联交易。

（二）同业竞争

案例：沪士电子股份有限公司

沪士电子在2007年1月上会遭否，原因为公司与间接控股股东楠梓电子在手机板产品方面存在同业竞争。2005年沪士电子与楠梓电子手机板的销售额分别为1.8亿元和4.6亿元，占各自主营业务收入的比重为11.39%和20.26%。2006年1—6月沪士电子与楠梓电子手机板的销售额分别为7 342万元和2.3亿元，占各自主营业务收入的比重为7.24%和19.01%。为避免同业竞争，双方以协议形式对市场进行了明确划分：在中国大陆市场，沪士电子具有优先权而楠梓电子除特殊情况外不进行销售；

在境外市场中楠梓电子未进行销售的区域，沪士电子具有优先权，境外市场中楠梓电子尚未销售的区域双方以客户进行区分。鉴于现阶段沪士电子手机板产品全部在中国大陆销售，招股书认为沪士电子与楠梓电子并未产生实质性同业竞争。沪士电子被否的原因是综合性的，并不是单纯一个同业竞争解决不力的问题，不过至少可以再次证明市场分割的方式无法帮助解决同业竞争。

2010年4月，沪士电子二次上会，获审核通过。2008年6月开始，吴礼淦家族成员陆续辞去在楠梓电子及下属企业的任职。自2008年12月至2009年2月27日，吴礼淦家族成员及其控制的高旗农牧，通过二级市场全部出售其持有的楠梓电子股份(占总股本的5.8%)，且不在楠梓电子及其控制企业担任任何职务，解决了同业竞争问题。

（三）资产独立性问题

案例:武汉金凰珠宝股份有限公司

本案例存在商标独立性问题。武汉市人民政府表彰荣获2007年度中国名牌和湖北名牌产品称号企业的通报中曾提及武汉金凰珠宝有限公司生产的“金皇”牌黄金首饰，但申请人前身武汉市金凰珠宝有限公司已注册“金凰”商标。金凰与金皇是否相关，湖北金皇珠宝首饰实业有限公司与申请人之间是否存在历史渊源，申请人在招股书和现场陈述中，均没有给出清晰、合理的解释。

第三节 规范运行

一、要求

(1) 发行人已经依法建立健全股东大会、董事会、监事会、独立董事、董事会秘书制度，相关机构和人员能够依法履行职责。

(2) 发行人董事、高管需具备相应的任职资格，并了解与股票发行上市有关的法律法规，知悉上市公司及其董事、监事、高管的法定义务和责任。

(3) 发行人内部控制制度健全且被有效执行，能够合理保证财务报告的可靠性、生产经营的合法性、营运的效率与效果。

(4) 最近3年不得有重大违法行为。

(5) 发行上市前不得有违规担保和资金占用。

二、主要问题及案例

规范运行问题主要包括公司内部控制薄弱、财务基础薄弱、资金占用、财务独立性、报告期内未依法纳税、安全生产隐患、环保等问题。

案例:广东新宝电器股份有限公司

公司于2007年4月3日第一次上会时被否决,存在巨额社保未交问题。根据申报文件,截至2006年9月30日,新宝电器仅为固定工足额购买各项社会保险。从2006年10月起,公司扩大参加社会保险的员工范围,为固定工和生产车间拉长级以上的农民工(上述两类人员共计3 868名)购买养老、医疗、失业、工伤4项基本保险,并为农民工(共计11 637名)购买了工伤保险。新宝电器此前的农民工社会保险费缴纳虽然符合国家和广东省对于农民工社保问题的精神,并取得了佛山市新宝电器招股说明书顺德区社会保险基金管理局顺德分局的无违规证明,但与国家有关法律法规规定不符,公司仍存在社会保险费用被追缴的风险。报告期内(2003年、2004年、2005年、2006年1—9月),如公司的全部员工(含固定工和农民工)均足额购买各项社会保险(包括养老、医疗、失业、工伤),公司应缴社会保险费金额与实际缴纳金额的差异对各期公司净利润的影响数占同期净利润比例分别为19.13%、38.13%、20.39%、18.22%,呈逐年下降趋势,累计影响数(77 055 537.04元)占报告期净利润总额(346 529 014.39元)的22.24%。

公司于2012年5月18日再度上会,获审核通过。但根据第二次申报文件,发行人依然存在社保不规范问题,社保情况信息披露不全,连多少人参加了社保都拒绝披露。招股书没有详细披露员工参保情况,仅仅出具了2个地方政府的证明:"2012年3月28日,佛山市顺德区社保局对新宝电器、庆菱压铸、广东东菱、凯恒电机、新颖时尚、凯虹彩印、威林塑料、骏越电器、乐文华彩印执行社会保障情况出具证明;2012年3月15日,滁州市人力资源和社会保障局出具证明。根据证明,报告期内上述公司不存在违反有关社会保障法律、法规的情形。"

第四节 持续盈利能力

一、要求

发行人不得有下列影响持续盈利能力的情形:

(1) 发行人的经营模式、产品或服务的品种结构已经或者将发生重大变化,并对发行人的持续盈利能力构成重大不利影响。

(2) 发行人的行业地位或发行人所处行业的经营环境已经或者将发生重大变化,并对发行人的持续盈利能力构成重大不利影响。

(3) 发行人最近1个会计年度的营业收入或净利润对关联方或者存在重大不确定性的客户存在重大依赖。

(4) 发行人最近1个会计年度的净利润主要来自合并财务报表范围以外的投资收益。

(5) 发行人在用的商标、专利、专有技术以及特许经营权等重要资产或技术的取得或者使用存在重大不利变化的风险。

二、主要问题及案例

持续盈利能力问题主要包括因行业前景不乐观,经营模式、销售结构等发生重大变化,产品毛利率无法合理解释,对关联方或者有重大不确定性的客户、供应商存在重大依赖,商标、技术、专利等发生重大变化和其他情况等影响公司持续盈利能力。

(一) 行业前景不乐观,影响持续盈利能力

案例:四川英杰电气股份有限公司

本案例存在的问题为光伏行业整体不景气,公司未来盈利能力存在重大不确定性。公司报告期内主要收入和利润均来自光伏行业,公司未来经营业绩对该行业发展状况存在较大的依赖。但由于欧洲债务危机持续引发的经济波动、相关国家光伏发电补贴政策调低、美国针对中国清洁能源产品发起“双反”调查等一系列因素已造成光伏行业不景气,并很可能将在较长时间内持续低迷,因此,公司未来盈利前景存在重大不确定。

(二) 经营模式、销售结构等发生重大变化,影响持续盈利能力

案例:上海龙宇燃油股份有限公司

龙宇燃油于2010年6月25日第一次上会遭否。申请人招股说明书披露,销售收入中批发、零售、水上加油的比例分别为2007年85.53%、14.47%、0%,2008年70.73%、29.27%、0%,2009年61.25%、37.70%、1.04%。批发业务占比逐年下降,零售业务逐年上升,新拓展了水上加油业务,且公司计划通过2~3年的发展,使批发、零售、水上加油的业务量各占1/3左右。公司主营业务的上述变化引起了燃料油库存规模增加、信用销售账期延长、存货周转率和应收账款周转率大幅降低、占用流动资金大幅上升等财务状况的不利变化。且申请人从2009年开始拓展水上加油业务,购建的“龙宇1”千吨级加油船于2009年上半年投入运营,2009年度水上加油业务的销售收入和销售量分别占当年的1.04%和0.93%,比例较低。证监会认为由于申请人的产品销售结构和服务模式发生重大变化且其后经营时间较短,因此无法判断其持续盈利能力。

2012 年 7 月 3 日公司再度上会，获核准通过。在新的招股书中，公司针对被否原因一一做了改善。报告期内，公司为了优化业务结构，完善业务链，提高对终端市场的服务能力，对业务结构和销售服务模式进行了调整和完善，使调和油业务销售收入从 2009 年占燃料油业务总体销售收入的 38.75%上升到 2011 年的 68.37%，其中水上加油业务销售收入从 2009 年占燃料油业务总体销售收入的 1.04%上升到 2011 年的 14.19%；非调和油业务销售收入从 2009 年占燃料油业务总体销售收入的 61.25%下降到 2011 年的 31.63%，从而使公司的业务结构和营业收入结构进一步完善。

（三）产品毛利率无法合理解释，影响持续盈利能力

案例：宁波乐歌视讯股份有限公司

根据申报材料，公司 2010 年营业收入较 2009 年增长 66.96%，增长幅度远高于同行业规模相近公司水平；2008 年至 2011 年 1—6 月的综合毛利率分别为36.23%、39.65%、38.65%和 38.30%，高于同行业上市公司水平。发审委认为，公司在招股说明书中未作出充分解释，无法判断上述事项的合理性及对公司持续盈利能力是否构成不利影响。

（四）对关联方或者有重大不确定性的客户、供应商存在重大依赖，影响持续盈利能力

案例：濮阳蔚林化工股份有限公司

报告期内，公司境外销售占比较大，且对前两大客户日本大内和明成商会销售较为集中，该两大客户是公司控股子公司蔚林大内的日方股东。公司向该两大客户销售的产品主要为噻唑类和次磺酰胺类促进剂，由蔚林大内生产并销售，而蔚林大内产品的生产技术由日方股东提供，向日系企业和日本市场的销售需通过日方股东并使用日方股东商标，蔚林大内合资期限至 2015 年 9 月届满，公司存在对日本大内和明成商会的依赖。公司前述产品的毛利率从 2009 年开始出现大幅下降且均低于股份公司同类别产品的毛利率。发审委认为，公司申报材料和现场聆讯未就上述事项作出充分、合理解释，无法判断上述事项对公司独立性及持续盈利能力的影响。

（五）商标、技术、专利等发生重大变化，影响持续盈利能力

案例：河南金博士种业股份有限公司

根据招股说明书，报告期内申请人“郑单958”玉米种子的销售收入是申请人收入和盈利的主要来源，但“郑单958”玉米种子的品种权属于河南省农科院粮作所，申请人以授权许可方式取得生产、销售经营权。截至2009年12月，“郑单958”品种权剩余保护期为7年，保护期结束后，种子经营企业无须经过授权即可自主经营“郑单958”玉米种子，届时“郑单958”玉米种子的经营将面临更为激烈的市场竞争。证监会认为，申请人产品品种较为单一，目前自主研发能力较为有限，主要销售区域销量下降，可能对申请人持续盈利能力产生较大不利影响。

（六）其他情况影响持续盈利能力

案例：江苏远洋东泽电缆股份有限公司

根据招股说明书的披露，公司主要原材料铜占营业成本的比重近70%。报告期内公司向盛洲铜业等自然人王国际控制的企业主要采购3毫米铜丝等，3年度的合并采购金额分别为3.87亿元、3.18亿元和4.64亿元，占年度采购总额的比例分别为67.21%、44.77%和44.95%。从以财务入账日为口径的统计看，2008年与2009年，公司不同客户采购价格基本持平，但2010年，除1月份外，公司向盛洲铜业的采购均价均低于其他客户。发审委认为，公司原材料采购较为集中，且2010年采购价格存在一定的不合理性，对公司持续盈利能力构成重大不利影响。

第五节　财务与会计

一、要求

（1）发行人的资产质量良好，资产负债结构合理，盈利能力较强，现金流量正常。

（2）发行人会计基础工作规范，财务报表的编制符合企业会计准则和相关会计制度的规定，在所有重大方面公允地反映了发行人的财务状况、经营成果和现金流量。

（3）发行人应完整披露关联方关系并按重要性原则恰当披露关联交易。关联交易价格公允，不存在通过关联交易操纵利润的情形。

（4）发行人依法纳税，各项税收优惠符合相关法律法规的规定。发行人的经营成果

对税收优惠不存在严重依赖。

（5）发行人不存在重大偿债风险，不存在影响持续经营的担保、诉讼以及仲裁等重大或有事项。

二、主要问题及案例

财务与会计问题主要包括报告期内存在会计核算不规范和会计处理不合理、涉嫌通过财务手法粉饰报表、未完整披露关联方、关联交易价格不公允、涉嫌操纵利润、原始报表与申报报表存在大额差异、研发费用资本化和税收依赖等问题。

（一）会计核算不规范、会计处理不合理问题

案例：安徽富煌钢结构股份有限公司

按照财政部、国家安全生产监督管理总局《高危行业企业安全生产费用财务管理暂行办法》规定，建筑施工企业安全生产费用以建筑安装工程造价为计提依据，计提比例为2%。财政部《关于做好执行会计准则企业2008年年报工作的通知》（财会函〔2008〕60号）、《企业会计准则解释第3号》等相关规定对计提安全生产费用的会计处理和列报进行了规范。富煌钢结构主要从事钢结构的设计、制造与安装。根据招股说明书的披露，公司的业务属于需按上述规定提取安全生产费用的范围。公司未按上述规定提取安全生产费用，未能公允地反映公司报告期内的财务状况。证监会认为，根据招股说明书的披露及公司代表和保荐代表人的现场陈述，对公司的财务状况是否因上述费用的提取而不受重大影响无法做出判断。发行人会计基础工作不规范，财务报表的编制不符合相关会计制度的规定。

（二）未完整披露关联方，关联交易价格不公允，涉嫌操纵利润

案例：西安环球印务股份有限公司

公司经审计的会计报表附注显示，陕西天士力植物药业有限公司、安康北医大制药股份有限公司、安康禾烨麦迪森植物药业有限公司和陕西众鑫医药有限责任公司等4家公司（以下简称“陕西天士力等4家公司”）为公司的关联方，与公司的关联关系为“同受一个股东重大影响”。此外，公司控股股东陕西医药控股集团有限责任公司（以下简称“陕药集团”）经审计的会计报表附注显示，西安德宝药用包装有限公司、西安杨森制药有限公司、西安海欣制药有限公司、西安正大制药有限公司和国药集团西北医药有限公司（以下简称“西安德宝等5家公司”）均为纳入陕药集团合并报表范围的子企业。但公司的招股说明书在“同业竞争和关联交易”一节中所披露的关联方中并无陕西天士力等4家公司，对西安德宝等5家公司披露为“受陕药集团重大影响的企业”。发审委认为，发行人未完整披露关联方关系并按重要性原则恰当披露关联交易。

（三）研发费用资本化

案例:深圳佳创视讯技术股份有限公司

2009年佳创视讯因过度依赖大客户及对研发费用的会计处理问题被证监会拒之门外,公司于2011年7月12日二次上会并成功过会。根据第二次上会文件,佳创视讯的会计处理发生了明显转变,将所有研发费用计入当期损益。招股书称,"报告期内,公司基于谨慎性原则将研发支出全部计入管理费用,未进行资本化。2008年至2010年分别达到1 073.5万元、1 162.8万元和1 329.2万元,占公司管理费用的比重分别为67.53%、55.21%和62.59%。"

（四）税收依赖

案例:广西丰林木业集团股份有限公司

丰林木业于2010年8月30日首次上会被否。原因如下:公司2007—2009年营业利润分别为10 155万元、6 223万元和4 770万元,营业利润处于持续下降趋势。2007—2009年增值税即征即退金额分别为4 551.34万元、2 574.34万元和2 911.97万元,增值税即征即退金额占公司净利润比重较高。2010年增值税即征即退比率由100%降为80%,增值税即征即退比率下降将对公司未来业绩造成一定的影响。证监会认为,公司持续盈利能力存在不确定性,且公司经营成果对税收优惠存在严重依赖。

2011年7月29日公司再度上会,并获审核通过。招股说明书显示,扣除增值税即征即退的影响后,公司仍具有良好的盈利水平且呈持续上升趋势;募投项目的顺利投产将逐步降低此事对公司经营成果的影响;此事还有利于巩固发行人在纤维板行业的优势地位,增强发行人的长期盈利能力。

第六节　募集资金运用

一、要求

（1）符合公司发展战略需要,应当有明确的使用方向,原则上应当用于主营业务。

（2）募集资金数额和投资项目应当与发行人现有的生产经营规模、财务状况、技术水平和管理能力相适应。

(3) 募集资金投资项目应当符合国家产业政策、投资管理、环境保护、土地管理以及其他法律、法规和规章的规定。

(4) 募集资金投资项目实施后，不会产生同业竞争或者对发行人的独立性产生不利影响。

二、主要问题及案例

募集资金运用问题主要包括募集资金投资项目存在较大的经营风险，募集资金项目存在一定的财务风险，发行筹资的必要性不充分，募投项目的产能消化和市场前景不明朗导致对于发行人未来持续盈利能力的判断存在不确定性等。

案例：浙江九洲药业股份有限公司

根据招股说明书披露，公司本次发行的主要募集资金投资项目是川南原材料药生产基地一期工程建设项目。该项目包括年产250吨酮洛芬、年产200吨奥卡西平原料药生产线及其他产品生产线和辅助设施。酮洛芬产品在募投项目建成后替代原产能150吨，新增产能100吨。公司酮洛芬原料药及中间体2009年销量为245.10吨，占全球市场份额的73.12%；该产品2010年自用量为145.06吨、销量为181.20吨，与2009年自用量126.98吨、销量245.10吨的情况相比，未见较大增长。奥卡西平产品在募投项目建成后替代原产能为20吨，新增产能为180吨。报告期内，2008—2010年产能分别为14吨、20吨和20吨。该产品2009年全球销量为105.10吨，公司产品销售量占全球市场份额的24.08%。发审委认为，公司本次发行募投项目中部分产品可能面临产能过剩风险，投资项目的市场前景和盈利能力具有不确定性。

第七节 信息披露和中介报告

一、要求

发行人报送的发行申请文件不得有虚假记载、误导性陈述或者重大遗漏。

二、主要问题及案例

信息披露和中介报告瑕疵问题主要指发行人报送的发行申请文件包括招股说明书等申报材料、回复反馈意见材料、中介机构申报材料等文件未按照规定真实、准确、完整、及时、公平地披露相关信息，存在信息披露不准确、误导性陈述或者重大遗漏等情形。

案例:湖南胜景山河生物科技股份有限公司

证监会于2011年4月撤销了胜景山河首次公开发行股票的核准决定,重要的原因为胜景山河招股说明书未按要求披露下列事项:一是岳阳市明明德商贸有限公司是胜景山河的主要客户之一,根据相关规则,2007年12月至2008年5月期间,明明德商贸与胜景山河之间存在关联关系,而招股说明书中未披露明明德商贸与胜景山河间关联方关系和关联交易。二是平江汉昌建筑公司、岳阳辉轮贸易公司和深圳诚德商贸3家公司2008年向胜景山河采购黄酒金额分别为400万元、600万元和508.24万元,均超过招股说明书披露的第五大客户采购金额,招股说明书未披露上述直销客户情况。

第十章
附　　录

附录一 上海市中小企业挂牌和上市融资情况

（截至2014年底）

表10.1 上海市中小企业主板上市情况一览

序号	股票简称	注册区县	上市时间	IPO募集资金(亿元)	主承销商/保荐机构
1	大智慧	浦东	2011.1	25.52	西南证券
2	广电电气	奉贤	2011.2	19.95	东吴证券
3	环旭电子	浦东	2012.2	8.12	长城证券
4	华贸物流	浦东	2012.5	6.66	中银国际
5	龙宇燃油	浦东	2012.8	3.28	华泰联合
6	联明股份	浦东	2014.6	1.72	中信建投
7	北特科技	嘉定	2014.7	1.50	海通证券
合计				**66.75**	

表10.2 上海市中小企业中小板上市情况一览

序号	股票简称	注册区县	上市时间	IPO募集资金(亿元)	主承销商/保荐机构
1	科华生物	徐汇	2004.7	2	申银万国
2	思源电气	闵行	2004.8	2.2	巨田证券
3	威尔泰	闵行	2006.8	0.9	华龙证券
4	中国海诚	徐汇	2007.2	1.8	海通证券
5	汉钟精机	金山	2007.8	3.2	财富证券
6	斯米克	闵行	2007.8	4.6	国信证券
7	延华智能	普陀	2007.11	1.4	平安证券
8	海得控制	浦东	2007.11	3.6	平安证券

(续表)

序号	股票简称	注册区县	上市时间	IPO募集资金(亿元)	主承销商/保荐机构
9	海隆软件	徐汇	2007.12	1.5	国信证券
10	上海莱士	闵行	2008.6	5.1	华泰证券
11	美邦服饰	浦东	2008.8	13.8	瑞银证券
12	神开股份	闵行	2009.7	7.2	华欧国际
13	普利特	虹口	2009.12	7.9	招商证券
14	新朋股份	青浦	2009.12	14.5	齐鲁证券
15	柘中建设	奉贤	2010.1	7	东方证券
16	交技发展	浦东	2010.5	3.5	日信证券
17	摩恩电气	浦东	2010.7	3.7	南京证券
18	松芝股份	闵行	2010.7	10.92	国元证券
19	嘉麟杰	金山	2010.1	5.66	财富里昂
20	超日太阳	奉贤	2010.11	23.76	中信建投
21	新时达	嘉定	2010.12	8	广发证券
22	徐家汇	徐汇	2011.3	11.2	海通证券
23	上海绿新	普陀	2011.3	10.45	安信证券
24	百润股份	浦东	2011.3	5.2	华龙证券
25	姚记扑克	嘉定	2011.8	4.94	海通证券
26	金安国纪	松江	2011.9	7.84	华泰联合证券
27	康达新材	浦东	2012.4	3	光大证券
28	良信电器	浦东	2014.1	3.76	东吴证券
合计				**178.63**	

表 10.3　上海市中小企业创业板上市情况一览

序号	股票简称	注册区县	上市时间	IPO募集资金(亿元)	主承销商/保荐机构
1	上海佳豪	青浦	2009.1	3.5	国元证券
2	网宿科技	嘉定	2009.1	5.5	国信证券
3	上海凯宝	奉贤	2010.1	10.4	东吴证券
4	东方财富	嘉定	2010.3	14.2	中金公司
5	康耐特	浦东	2010.3	2.7	海际大和
6	安诺其	青浦	2010.4	5.7	平安证券

（续表）

序号	股票简称	注册区县	上市时间	IPO 募集资金（亿元）	主承销商/保荐机构
7	华平股份	杨浦	2010.4	7.2	招商证券
8	锐奇股份	松江	2010.1	7.16	平安证券
9	泰胜风能	金山	2010.1	9.3	安信证券
10	科泰电源	青浦	2010.12	8	海通证券
11	万达信息	徐汇	2011.1	8.4	民生证券
12	东富龙	闵行	2011.2	17.2	招商证券
13	汉得信息	青浦	2011.2	7.6	兴业证券
14	华峰超纤	金山	2011.2	7.9	建银投资
15	科大智能	浦东	2011.5	4.86	国元证券
16	金力泰	奉贤	2011.5	4.76	安信证券
17	上海钢联	宝山	2011.6	2.3	宏源证券
18	永利带业	青浦	2011.6	2.9	东海证券
19	上海新阳	松江	2011.6	2.38	宏源证券
20	天玑科技	青浦	2011.7	3.4	安信证券
21	卫宁软件	浦东	2011.8	3.71	招商证券
22	巴安水务	青浦	2011.9	3.01	平安证券
23	开能环保	浦东	2011.1	3.16	长江证券承销
24	安科瑞	嘉定	2012.1	2.6	日信证券
25	凯利泰	浦东	2012.6	3.78	国金证券
26	中颖电子	长宁	2012.6	4	国信证券
27	华虹计通	长宁	2012.6	3	东方证券
28	新文化	虹口	2012.7	6	海通证券
29	鼎捷软件	闸北	2014.1	5.98	长江证券
30	安硕信息	杨浦	2014.1	2.04	中德证券
31	飞凯材料	浦东	2014.10	3.63	国元证券
合计				**176.27**	

表 10.4　上海市中小企业在全国中小企业股份转让系统挂牌情况一览

序号	企业简称	园区	挂牌时间
1	华岭股份	张江	2012.9
2	新眼光	杨浦	2012.9
3	科曼股份	嘉定	2012.10

（续表）

序号	企业简称	园区	挂牌时间
4	腾龙电子	嘉定	2012.10
5	科新生物	张江	2012.12
6	点点客	张江	2012.12
7	白虹软件	张江	2012.12
8	宇昂科技	张江	2012.12
9	建中医疗	闵行	2013.5
10	风格信息	浦东	2013.5
11	申石软件	浦东	2013.5
12	伊禾农品	长宁	2013.7
13	绿岸股份	浦东	2013.7
14	翼捷股份	浦东	2013.7
15	大汉三通	浦东	2013.7
16	普华科技	浦东	2013.7
17	中卉生态	杨浦	2013.7
18	卓繁信息	徐汇	2013.7
19	易同科技	徐汇	2013.7
20	华宿电气	浦东	2013.7
21	新网程	浦东	2013.7
22	世富环保	虹口	2013.8
23	永天科技	浦东	2013.8
24	晟矽微电	浦东	2013.8
25	连能环保	徐汇	2013.8
26	优睿传媒	浦东	2013.8
27	东岩股份	青浦	2013.8
28	奉天电子	嘉定	2013.8
29	捷虹股份	浦东	2013.8
30	辰光医疗	闵行	2013.8
31	扬讯计算机	杨浦	2013.8
32	易所试网络	虹口	2013.8
33	巨灵信息	徐汇	2013.8
34	百林通信	浦东	2013.10

（续表）

序号	企业简称	园区	挂牌时间
35	科洋科技	金山	2013.11
36	优网科技	杨浦	2013.11
37	伟钊科技	嘉定	2013.11
38	银音科技	松江	2013.11
39	鼎晖科技	青浦	2013.11
40	安威士	闵行	2013.11
41	百傲科技	徐汇	2013.11
42	沃特奇能源	松江	2013.12
43	雷腾软件	浦东	2013.12
44	行悦信息	徐汇	2013.12
45	基美影业	浦东	2013.12
46	上海上电	嘉定	2013.12
47	明波通信	浦东	2014.1
48	昂盛智能	崇明	2014.1
49	宜达胜	徐汇	2014.1
50	长合信息	张江	2014.1
51	易城股份	杨浦	2014.1
52	华之邦	杨浦	2014.1
53	永继电气	金山	2014.1
54	飞田通信	浦东	2014.1
55	数聚股份	徐汇	2014.1
56	亚杜股份	徐汇	2014.1
57	陆道股份	徐汇	2014.1
58	弘陆股份	嘉定	2014.1
59	众合医药	浦东	2014.1
60	艾艾精工	闸北	2014.1
61	长信股份	嘉定	2014.1
62	合胜科技	长宁	2014.1
63	希奥股份	奉贤	2014.2
64	卡姆医疗	徐汇	2014.2
65	南安机电	闵行	2014.2

（续表）

序号	企业简称	园区	挂牌时间
66	展唐科技	徐汇	2014.2
67	法普罗	长宁	2014.2
68	菱博电子	闵行	2014.2
69	景格科技	张江	2014.2
70	派芬自控	杨浦	2014.2
71	摩威环境	闵行	2014.2
72	上海底特	嘉定	2014.2
73	青鹰股份	杨浦	2014.2
74	群雁信息	虹口	2014.2
75	莱博股份	徐汇	2014.2
76	金豹实业	金山	2014.2
77	财安金融	虹口	2014.2
78	派尔科	金山	2014.3
79	罗曼股份	杨浦	2014.3
80	现代环境	长宁	2014.4
81	天佑铁道	普陀	2014.4
82	巴兰仕	嘉定	2014.4
83	天跃科技	杨浦	2014.4
84	杰通股份	浦东	2014.4
85	海欣医药	浦东	2014.5
86	鸿图建筑	徐汇	2014.5
87	光维通信	青浦	2014.5
88	美诺福	杨浦	2014.5
89	威尔凯	奉贤	2014.6
90	晶纯生化	奉贤	2014.6
91	易之景和	浦东	2014.6
92	艾融软件	崇明	2014.6
93	沃迪装备	金山	2014.7
94	海魄科技	嘉定	2014.7
95	亚泽股份	杨浦	2014.7
96	维福特	闵行	2014.8

（续表）

序号	企业简称	园区	挂牌时间
97	复展科技	杨浦	2014.7
98	网波股份	杨浦	2014.8
99	海阳保安	杨浦	2014.8
100	裕荣光电	嘉定	2014.8
101	仁会生物	浦东	2014.8
102	君山股份	宝山	2014.8
103	明硕股份	虹口	2014.8
104	艾录股份	金山	2014.8
105	鹏盾石油	虹口	2014.8
106	磐合科仪	闵行	2014.8
107	金友电缆	嘉定	2014.8
108	领意信息	长宁	2014.8
109	银橙传媒	奉贤	2014.8
110	英特罗	奉贤	2014.8
111	景睿策划	张江	2014.8
112	浩驰科技	奉贤	2014.8
113	北塔软件	徐汇	2014.8
114	金东唐	奉贤	2014.8
115	桓伟电子	嘉定	2014.8
116	埃林哲	浦东	2014.8
117	杰盛通信	浦东	2014.8
118	易销科技	普陀	2014.8
119	腾远食品	虹口	2014.8
120	永冠股份	青浦	2014.9
121	力阳科技	金山	2014.9
122	欣影科技	闸北	2014.9
123	建科节能	徐汇	2014.9
124	全胜物流	普陀	2014.9
125	浩祯股份	松江	2014.9
126	远洲股份	青浦	2014.9
127	派拉软件	张江	2014.10

（续表）

序号	企业简称	园区	挂牌时间
128	瑞纽机械	浦东	2014.10
129	圣博华康	浦东	2014.10
130	洁昊环保	奉贤	2014.10
131	尊马管件	奉贤	2014.10
132	聚宝网络	张江	2014.10
133	双申医疗	青浦	2014.10
134	祺景光电	嘉定	2014.10
135	松科快换	张江	2014.11
136	钢钢网	闵行	2014.11
137	天悦实业	闵行	2014.11
138	零动数码	张江	2014.11
139	海希通讯	徐汇	2014.11
140	航嘉电子	浦东	2014.11
141	安畅网络	宝山	2014.11
142	海典软件	浦东	2014.11
143	信易科技	张江	2014.11
144	路骋国旅	宝山	2014.11
145	普适导航	浦东	2014.11
146	竞天科技	浦东	2014.11
147	丰汇医学	张江	2014.11
148	三强股份	奉贤	2014.11
149	南麟电子	张江	2014.12
150	智通建设	浦东	2014.12
151	帝联科技	普陀	2014.12
152	快易名商	嘉定	2014.12
153	光和光学	杨浦	2014.12
154	激动网	闵行	2014.12
155	科特新材	浦东	2014.12
156	华燕房盟	奉贤	2014.12
157	中晟光电	张江	2014.12
158	绩优股份	虹口	2014.12

（续表）

序号	企业简称	园区	挂牌时间
159	盛世大联	闸北	2014.12
160	富翊装饰	青浦	2014.12
161	未来宽带	长宁	2014.12
162	雷博司	嘉定	2014.12

表 10.5　上海市中小企业在上海股权托管交易中心挂牌情况一览

序号	企业名称	注册区县	挂牌时间
1	上海同田生物技术股份有限公司	浦东	2012.3
2	上海浦东软件园信息技术股份有限公司	浦东	2012.3
3	上海天谷生物科技股份有限公司	浦东	2012.3
4	上海优乐网络科技股份有限公司	徐汇	2012.3
5	上海中加飞机机载设备维修股份有限公司	浦东	2012.3
6	上海天启新能源科技股份有限公司	青浦	2012.3
7	上海电虎数码科技股份有限公司	杨浦	2012.3
8	上海悠游堂游乐设备股份有限公司	浦东	2012.3
9	吉天师动力科技(上海)股份有限公司	奉贤	2012.3
10	上海铂尔怡环境技术股份有限公司	浦东	2012.3
11	上海同田生物技术股份有限公司	浦东	2012.3
12	上海钢软信息技术工程股份有限公司	浦东	2012.3
13	上海福升威尔智能控制技术股份有限公司	徐汇	2012.3
14	上海宇度医学科技股份有限公司	浦东	2012.3
15	汉盛(上海)海洋装备技术股份有限公司	浦东	2012.3
16	上海兴诺康纶纤维科技股份有限公司	徐汇	2012.3
17	上海康捷保新材料股份有限公司	徐汇	2012.3
18	上海安防电子股份有限公司	宝山	2012.3
19	上海宇鸿信息科技股份有限公司	杨浦	2012.8
20	上海康岱生物医药技术股份有限公司	浦东	2012.8
21	上海迪纳声科技股份有限公司	松江	2012.8
22	上海极元金融信息咨询服务股份有限公司	浦东	2012.9
23	上海任远环保股份有限公司	嘉定	2012.10

（续表）

序号	企业名称	注册区县	挂牌时间
24	上海裕强户外用品股份有限公司	嘉定	2012.10
25	上海贝得美科技股份有限公司	普陀	2012.11
26	上海霓虹实业股份有限公司	黄浦	2012.12
27	上海四方锅炉集团工程成套股份有限公司	宝山	2012.12
28	上海博龙智医科技股份有限公司	黄浦	2012.12
29	上海金地农业发展股份有限公司	闵行	2012.12
30	上海帝铨环境科技股份有限公司	虹口	2012.12
31	上海联鼎软件股份有限公司	浦东	2012.12
32	诺臣光电科技(上海)股份有限公司	浦东	2012.12
33	上海晟事美安实业股份有限公司	奉贤	2012.12
34	上海辛葵科技股份有限公司	奉贤	2012.12
35	上海惠康物流股份有限公司	浦东	2012.12
36	昂华(上海)自动化工程股份有限公司	浦东	2012.12
37	上海晨辉科技股份有限公司	松江	2012.12
38	上海泰锋精密刀具股份有限公司	嘉定	2013.2
39	上海永成展示股份有限公司	嘉定	2013.2
40	上海云生竹业股份有限公司	嘉定	2013.3
41	上海斯歌特体育股份有限公司	嘉定	2013.5
42	上海乔孚舒适家居系统股份有限公司	嘉定	2013.5
43	上海华龙测试仪器股份有限公司	浦东	2013.6
44	上海一片天餐饮管理股份有限公司	嘉定	2013.6
45	上海简博市场研究股份有限公司	青浦	2013.6
46	上海耘克文化传播股份有限公司	嘉定	2013.7
47	上海飞华实业股份有限公司	嘉定	2013.7
48	上海长翊科技股份有限公司	闵行	2013.7
49	上海佳克计算机软件股份有限公司	金山	2013.7
50	上海傲霜科技股份有限公司	浦东	2013.8
51	上海格州电子股份有限公司	闸北	2013.8
52	上海昌福电子科技股份有限公司	浦东	2013.9
53	上海金匙环保科技股份有限公司	浦东	2013.9
54	上海华懋建筑工程股份有限公司	嘉定	2013.9

（续表）

序号	企业名称	注册区县	挂牌时间
55	上海科鑫液压股份有限公司	嘉定	2013.9
56	上海南翔食品股份有限公司	嘉定	2013.9
57	上海咖乐包装材料股份有限公司	嘉定	2013.9
58	上海崟有实业股份有限公司	宝山	2013.10
59	上海狮虎能源科技股份有限公司	松江	2013.10
60	上海鼎天时尚科技股份有限公司	嘉定	2013.11
61	协同共享企业服务(上海)股份有限公司	宝山	2013.11
62	上海肯米特唐华文化传媒股份有限公司	宝山	2013.11
63	斯篮搏(上海)体育文化发展股份有限公司	闸北	2013.11
64	上海轩致文化传媒股份有限公司	嘉定	2013.11
65	上海雄狮粉末科技股份有限公司	嘉定	2013.11
66	上海灵希文化传播股份有限公司	嘉定	2013.11
67	上海汉德加网络科技股份有限公司	嘉定	2013.12
68	有行鲨鱼(上海)科技股份有限公司	金山	2013.12
69	上海玖道信息科技股份有限公司	嘉定	2013.12
70	上海育生堂母婴护理服务股份有限公司	金山	2013.12
71	上海名君纺织科技股份有限公司	长宁	2013.12
72	三的部落(上海)科技股份有限公司	金山	2013.12
73	上海龙乡度假村股份有限公司	崇明	2013.12
74	上海博击市政工程股份有限公司	嘉定	2013.12
75	上海成耀物流股份有限公司	崇明	2013.12
76	上海欧美拉光电股份公司	松江	2013.12
77	上海天旅航空用品股份有限公司	浦东	2013.12
78	上海申凝企业股份有限公司	浦东	2013.12
79	上海沃森环保股份有限公司	浦东	2013.12
80	上海飘香酿造股份有限公司	嘉定	2013.12
81	上海纯翠实业股份有限公司	浦东	2013.12
82	上海统申实业股份有限公司	嘉定	2013.12
83	上海一成汽车检测科技股份有限公司	嘉定	2013.12
84	上海纬和汽车股份有限公司	宝山	2013.12
85	上海展骋高分子材料股份有限公司	青浦	2013.12

（续表）

序号	企业名称	注册区县	挂牌时间
86	上海慧升智能科技股份有限公司	闵行	2013.12
87	上海积晟电子股份有限公司	徐汇	2013.12
88	上海三立包装材料股份有限公司	松江	2013.12
89	上海锦泰新能源环保股份有限公司	崇明	2013.12
90	上海鼎凡电工机械股份有限公司	嘉定	2013.12
91	上海千帆科技股份有限公司	宝山	2013.12
92	上海兆祥建筑装饰股份有限公司	宝山	2013.12
93	上海每天节能环保科技股份有限公司	虹口	2013.12
94	上海威拿卡商务服务股份有限公司	奉贤	2014.3
95	上海美瀚汽车环保科技股份有限公司	浦东	2014.3
96	上海纵深实业股份有限公司	青浦	2014.3
97	上海皓京实业股份有限公司	宝山	2014.3
98	上海茂霖高分子科技股份有限公司	青浦	2014.3
99	上海紫坤实业股份有限公司	崇明	2014.4
100	上海国富光启云计算科技股份有限公司	徐汇	2014.3
101	上海公兴国际物流股份有限公司	自贸区洋山保税港区	2014.4
102	上海尚域实业发展股份有限公司	嘉定	2014.4
103	上海大俊凯电器科技股份有限公司	奉贤	2014.4
104	上海普益医疗器械股份有限公司	嘉定	2014.4
105	上海磊诺安防技术股份有限公司	青浦	2014.5
106	上海大知科技股份有限公司	嘉定	2014.5
107	上海上大鼎正软件股份有限公司	闸北	2014.4
108	上海厚谊俊捷国际物流发展股份有限公司	洋山保税港区	2014.5
109	上海建为历保工程科技股份有限公司	浦东	2014.4
110	上海定海针水产食品发展股份有限公司	杨浦	2014.5
111	上海夏莲万贤食品股份有限公司	浦东	2014.6
112	鲁斯兰信息科技(上海)股份有限公司	浦东	2014.5
113	上海伍德保网络科技股份有限公司	闵行	2014.5
114	上海一康康复医院股份有限公司	徐汇	2014.5
115	上海济众化学高分子技术股份有限公司	嘉定	2014.5
116	上海圣华物流股份有限公司	嘉定	2014.5

（续表）

序号	企业名称	注册区县	挂牌时间
117	上海汇域高建筑装饰工程股份有限公司	嘉定	2014.5
118	上海赐鑫电子材料股份有限公司	青浦	2014.6
119	上海华世邦模具科技股份有限公司	嘉定	2014.6
120	上海长盛实业发展股份有限公司	虹口	2014.6
121	慧赢（上海）文化传播股份公司	嘉定	2014.6
122	食全食美（上海）农业科技股份有限公司	嘉定	2014.6
123	上海璨森国际物流股份有限公司	青浦	2014.7
124	上海欧洁洁净室技术股份有限公司	嘉定	2014.6
125	蒂萨科技（上海）股份有限公司	嘉定	2014.7
126	上海源盛汽车销售服务股份有限公司	宝山	2014.7
127	上海非力空间设计股份有限公司	嘉定	2014.7
128	上海光大高科技股份有限公司	嘉定	2014.7
129	上海慧朔科技股份有限公司	嘉定	2014.7
130	铂恩塞尔新材料（上海）股份有限公司	金山	2014.7
131	上海宝星缝纫设备股份有限公司	青浦	2014.9
132	上海泰迪之家科技股份有限公司	浦东	2014.7
133	上海时尔迪塑胶科技股份有限公司	浦东	2014.7
134	上海明索重型机械股份有限公司	金山	2014.8
135	上海皓欣医疗科技股份有限公司	徐汇	2014.9
136	上海亿维工业科技股份有限公司	嘉定	2014.8
137	上海林海生态技术股份有限公司	宝山	2014.8
138	上海恒安聚氨酯股份有限公司	金山	2014.8
139	上海同译信息技术股份有限公司	闵行	2014.11
140	上海瀚宣文化传播股份有限公司	青浦	2014.9
141	皆爱西（上海）节能环保工程股份有限公司	宝山	2014.9
142	上海天翼物流股份有限公司	崇明	2014.9
143	上海顶信医疗设备股份有限公司	普陀	2014.9
144	上海山泉花卉市场经营管理股份有限公司	闸北	2014.10
145	上海环东光电科技股份有限公司	金山	2014.10
146	上海康丽电器股份有限公司	奉贤	2014.10
147	上海桑联通信设备股份有限公司	嘉定	2014.12

（续表）

序号	企业名称	注册区县	挂牌时间
148	上海新世界信息产业股份有限公司	黄浦	2014.12
149	上海禾龙智能科技发展股份有限公司	金山	2014.10
150	上海伊纬金融信息服务股份有限公司	宝山	2014.10
151	上海华仕达林业股份有限公司	浦东	2014.11
152	上海学远科技发展股份有限公司	嘉定	2014.11
153	上海紫絮家纺股份有限公司	金山	2014.11
154	上海政太纳米科技股份有限公司	嘉定	2014.11
155	禹辉(上海)转印材料股份有限公司	嘉定	2014.11
156	上海通球线缆股份有限公司	奉贤	2014.11
157	上海槎南再生资源股份有限公司	嘉定	2014.11
158	上海环能景观工程股份有限公司	嘉定	2014.11
159	上海红酒客科技信息股份有限公司	嘉定	2014.11
160	鹏璨文化创意(上海)股份有限公司	浦东	2014.11
161	上海萨逸检测设备制造股份有限公司	嘉定	2014.11
162	上海精创合金股份有限公司	嘉定	2014.11
163	三仟院(上海)纺织科技股份有限公司	青浦	2014.11
164	上海大满文化创意股份有限公司	嘉定	2014.11
165	昂轩(上海)投资股份有限公司	嘉定	2014.11
166	上海千予千愿信息科技股份公司	嘉定	2014.11
167	上海立博塑胶工具股份有限公司	嘉定	2014.11
168	上海一秀石油股份有限公司	崇明	2014.12
169	上海卓隽信息技术股份有限公司	浦东	2014.11
170	上海海笠新型环保建材股份有限公司	宝山	2014.12
171	轩驰(上海)网络科技股份有限公司	嘉定	2014.11
172	上海互赢物流股份有限公司	嘉定	2014.12
173	上海西通电子股份有限公司	青浦	2014.11
174	上海洋琪工贸股份有限公司	嘉定	2014.11
175	上海耀达信息技术股份有限公司	嘉定	2014.12
176	上海樯枫科技发展股份有限公司	嘉定	2014.12
177	上海罗亚国际货物运输代理股份有限公司	嘉定	2014.12

（续表）

序号	企业名称	注册区县	挂牌时间
178	上海宜生医疗科技股份有限公司	青浦	2014.12
179	上海天齐建设股份有限公司	嘉定	2014.12
180	上海远方客栈酒店管理股份有限公司	浦东	2014.12
181	汇彩涂料(上海)股份有限公司	嘉定	2014.12
182	上海镭昊光电股份有限公司	嘉定	2014.12
183	上海创和汽车服务股份有限公司	嘉定	2014.12
184	上海瑞姿包装材料股份有限公司	嘉定	2014.12
185	上海久星导热油股份有限公司	嘉定	2014.12
186	上海增欣机电科技股份有限公司	嘉定	2014.12
187	上海环创国际物流股份有限公司	青浦	2014.12
188	上海特朋节能设备股份有限公司	嘉定	2014.12
189	颐乐居(上海)养老投资股份有限公司	嘉定	2014.12
190	上海唯优家居用品租赁股份有限公司	长宁	2014.12
191	上海章金热风机股份有限公司	嘉定	2014.12
192	上海万卷印刷股份有限公司	宝山	2014.12
193	上海旭胜金融信息服务股份有限公司	浦东	2014.12
194	上海波宝仟赫科技股份有限公司	浦东	2014.12
195	上海仟井电器股份有限公司	浦东	2014.12
196	依柯力信息科技(上海)股份有限公司	浦东	2014.12
197	上海华克斯实业股份有限公司	嘉定	2014.12
198	好富(上海)投资管理股份有限公司	嘉定	2014.12
199	上海摩西海洋工程股份有限公司	浦东	2014.12
200	上海思无邪珠宝股份有限公司	嘉定	2014.12

表 10.6　上海市中小企业(部分)美国上市情况一览

市场板块	序号	公司简称	上市时间	募集资金(亿美元)
纳斯达克	1	携程	2003.12	0.45
	2	盛大	2004.5	7.88
	3	前程无忧	2004.9	0.38
	4	第九城市	2004.12	1.06

（续表）

市场板块	序号	公司简称	上市时间	募集资金（亿美元）
纳斯达克	5	分众传媒	2005.7	1.71
	6	如家	2006.10	1.09
	7	中国精密带钢	2006.12 反向收购	NA
	8	晶澳太阳能	2007.2	2.00
	9	展讯通信	2007.6	1.25
	10	双威教育	2007.10	NA
	11	盛大游戏	2009.9	10.44
	12	中房信	2009.10	2.16
	13	汉庭	2010.3	1.00
	14	联游网络	2010.8 借壳	NA
	15	麦考林	2010.10	1.49
	16	锐迪科	2010.11	0.68
	17	奥盛创新	2010.12	0.23
	18	BCD 半导体	2011.1	0.63
	19	世纪佳缘	2011.5	0.78
纽约证券交易所	1	橡果国际	2007.5	1.19
	2	易居中国	2007.8	2.01
	3	药明康德	2007.8	1.85
	4	巨人网络	2007.11	1.04
	5	康鹏化学	2009.6	0.73
	6	尚华医药	2010.10	0.87
	7	诺亚财富	2010.11	1.01
	8	淘米	2011.6	0.65
	9	土豆	2011.8	1.74
全美证券交易所（NYSE-Amex）	1	惠通集团	2008 年 2 月转板	NA
合计				**44.32**

表 10.7 上海市中小企业(部分)香港上市情况一览

香港上市板块	序号	公司简称	上市时间	募集资金(亿港元)
香港创业板	1	乾隆科技	2000.1	0.74
	2	复旦微电子	2000.8	1
	3	交大慧谷	2002.7	0.66
香港联交所	1	晨讯科技	2005.6	NA
	2	微创医疗	2010.8	15.4
	3	博士蛙控股	2010.9	20.89
	4	海隆控股	2011.4	9.54
	5	双桦控股	2011.6	1.71
	6	宝信汽车	2011.12	32.24
	7	克莉斯汀	2012.2	3.4
	8	小南国	2012.7	4.43
合计				**87.61**

附录二 “上海中小企业资本界专家团”及“上海市中小企业半月坛讲座专家团”成员

“上海中小企业资本界专家团”专家

(排名不分先后)

包建详 申万宏源证券有限公司投行部总经理
樊建强 国泰君安证券股份有限公司场外市场副总经理
吕 炜 国信证券股份有限公司场外市场部总经理
刘生瑶 东北证券股份有限公司董事总经理
张 飞 广发证券股份有限公司私募融资部华东二部总经理
李志强 金茂凯德律师事务所创始合伙人
陈瑛明 上海市瑛明律师事务所创始合伙人
江浩雄 上海市瑛明律师事务所资深合伙人
吕红兵 国浩律师集团事务所首席执行合伙人
沈国权 上海市锦天城律师事务所高级合伙人
许平文 上海市广发律师事务所合伙人

陈文君　上海市广发律师事务所合伙人
周云涛　上海市海华永泰律师事务所律师
夏明亮　北京金诚同达(上海)律师事务所合伙人
徐　宏　普华永道中天会计师事务所有限公司审计部合伙人
孙　勇　众华会计师事务所(特殊普通合伙)主任会计师
严　臻　众华会计师事务所(特殊普通合伙)工薪合伙人
顾洪涛　天健会计师事务所(特殊普通合伙)执行总经理、高级合伙人
郑培敏　上海荣正投资咨询有限公司董事长
张惠祥　上海康耐特光学股份有限公司董事、董秘、副总、财务总监
陈　刚　招商银行上海共和新路支行行长
李继伟　昆吾九鼎投资管理有限公司上海分公司投资副总监
李　苗　上海中企汇投资有限公司董事长

“上海市中小企业半月坛讲座专家团”专家

(排名不分先后)

熊晨曜　上海中小企业法律服务中心、中小企业服务专家志愿团、青年律师中小企业法律服务志愿团常务主任、副干事长、公职律师。
张大成　华一商道管理学院院长,台湾/中华企业经营管理顾问协会中国大上海地区发展顾问,新加坡营销学会及新加坡中华总商会会员,香港专业管理协会及香港中华总商会香港会员。
刘重庆　上海大学副教授,上海桥智培训中心高级讲师,上海市人事局、上海市人事局职业能力考试院、上海市企业联合会专家。
赵付春　上海社会科学院信息研究所副研究员、管理学博士。
朱廷杰　恒源祥原人力资源总监,上海文化与品牌研究所特聘专家,国务院国资委职业经理研究中心特聘人力资源管理专家,清华、复旦大学、上海大学、浙江商学院、上海工商学院特聘教授。
杨舜仁　华商电子商务服务联盟、CEC 华人精英协会俱乐部理事长,华为外聘讲师。
卢崇仁　中国生产力中心资深高级顾问师、台湾研发经理人协会秘书长、台湾服务科学学会产学合作委员会委员。
付源泉　TADASHISHOJI(塔达希国际时装公司)人事总监、经济师、人力资源管理师。
陈宗贤　鼎耀企管集团创办人。
黄超吾　台湾人本企管顾问公司总经理,台湾平衡计分卡推广协会理事长。
刘会来　上海东方企业发展促进中心副理事长。

袁启成 中国管理科学研究院区域改革发展研究所特约研究员，上海东方企业发展促进中心主任。

附录三 部分服务机构信息

● 国泰君安证券股份有限公司

国泰君安证券股份有限公司是国内最大的证券公司之一。1999 年 8 月 18 日，原国泰证券有限公司和原君安证券有限责任公司，通过新设合并、增资扩股组建成立国泰君安证券，目前注册资本 61 亿元。

自成立之日起，国泰君安秉持以客户为中心的服务理念，扎根于国内资本市场，是国内规模最大、经营范围最广、机构分布最广、服务客户最多的证券公司之一，旗下设国泰君安金融控股有限公司(注册地香港)、国泰君安期货有限公司、上海国泰君安证券资产管理有限公司、国泰君安创新投资有限公司、国联安基金管理有限公司 5 家子公司，在全国 30 个省、市、自治区设有 26 家分公司、193 个证券营业部。

国泰君安于 2001 年首批获得由中国证监会和中国证券业协会认定的代办股份转让业务资格，并于 2013 年 3 月首批取得全国中小企业股份转让系统有限公司授予的经纪业务和挂牌业务资格。可为中小企业提供 IPO、全国股转系统(新三板)挂牌、定向增发、中小企业私募债券发行、并购、资产证券化等专业服务。

地址：银城中路 168 号 29 楼

电话：38676666

● 国信证券股份有限公司

国信证券股份有限公司是全国性大型综合类证券公司，注册资本 70 亿元，在全国 57 个城市设有 11 家分公司、84 家营业网点。公司现有员工 9 411 人。

公司拥有齐全的证券业务牌照，各项业务市场地位和竞争优势突出。经纪业务自 2008 年以来，股票基金交易额连续 4 年稳居行业第三，2011 年代理买卖证券业务净收入排名行业第二；投资银行业务主承销家数 2006—2009 年连续 4 年排名行业第一，2010 年排名行业第二，是当年主承销家数、主承销金额同时进入行业前十的 2 家券商之一，2011 年项目主承销家数排名行业前二、主承销金额排名行业第一(联合保荐按平均数计算)；研究业务 2005—2011 年连续在《新财富》“最佳分析师”评选中获得“最具影响力研究机构”称号，共 90 多人次获得“最佳分析师”奖项。在中国证券业协会主持的全国证券公司经营业绩排名中，国信证券近 3 年的总资产、净资产、净资本、营业收入、净利润、代理买卖证券业务净收入、承销保荐业务项目发行家数等主要指标均进入行业前十。

地址：北京东路668号科技京城东楼30楼

电话：53599696

● 广发证券股份有限公司

广发证券成立于1991年9月8日，是国内首批综合类证券公司。公司营业网点遍布全国各主要经济区域。目前公司现有证券营业部238个，数量位列全国第二。自1994年开始，公司主要经营指标已连续19年稳居国内十大券商行列。

为配合上海金融中心建设和发展需要，广发证券特派驻总部投行部、行业研究所、债券部、私募融资部、销售交易部菁英在沪，面向上海市内各类企业提供私募、IPO、债券、新三板等金融服务。

自2006年2月起，广发证券将推荐中小企业进入新三板作为一项重点工作，目前市场占有率位居前列。2009年，广发证券被北京市人民政府授予"中关村20年突出企业贡献"称号（券商中仅有2家获此殊荣）。公司推荐挂牌的11家挂牌公司中，北陆药业不仅在新三板上完成了定向增资，并作为第一批上市公司成功登陆创业板市场。

地址：西藏南路518—528号东方国际广场裙楼4楼402室

电话：63867694

● 东北证券股份有限公司上海分公司

东北证券股份有限公司前身为吉林省证券有限责任公司。2000年6月经中国证监会批准，经增资扩股成立东北证券有限责任公司，注册资本9.78亿元。经过20多年的发展，公司已经开展全面证券及与证券相关的业务，包括证券经纪、证券承销与保荐、证券自营、证券资产管理、证券研究咨询、IB、直接投资、融资融券、中小企业私募债、债券质押式报价回购、约定购回证券交易、股票质押式回购交易、代销金融产品等业务，形成了较为完整的业务体系。并于2005—2007年连续3年被深圳证券交易所评为优秀保荐机构，2010年被《中国改革报》评为20年十佳保荐机构，2012年被《中国证券报》授予"中国新锐投行奖"。

目前，公司已在全国19个省、自治区、直辖市的37个大中城市设立了83家证券营业部、17家区域分公司，并在北京、上海设立了4家分公司，分别经营证券承销与保荐业务、证券资产管理业务、证券自营业务、证券研究咨询业务，公司全国战略布局趋于合理并形成了一定的规模优势和品牌优势。

地址：源深路305号

电话：4006000686

金茂凯德律师事务所

金茂凯德律师事务所是一家专业从事金融证券和公司法高端品牌及争端解决等业务的专业律师机构，是国家商务部《国际商报》2012年中国商务最具活力服务贸易50强企业，是上海市商务委员会和上海市司法局确认的上海市专业服务贸易重点单位，并具有中国人民银行认可的中国银行间市场交易商协会会员资格。上海市高级人民法院原副院长、上海市人民政府原参事室主任、著名法学家李昌道教授担任事务所负责人。事务所在上海市律师行业综合排名中名列前茅。

事务所主要办公地在上海香港新世界大厦，并在北京等多地设有分所和代表处或联盟所，从业人员120多名。事务所的主要业务领域为公司法业务、兼并收购、资本市场、房地产及工程建设、反垄断、银行业务、投资业务、知识产权与信息技术、海事海商业务、仲裁和诉讼等。金茂凯德所律师在公司重组、上市、再融资等资本市场运作方面以及海事海商诉讼、仲裁、谈判等争议解决方面积累了丰富的经验，办理了一批"中国第一"、"上海第一"的成功案例。事务所拥有一批在司法界享有盛誉的权威人士，拥有一批在省级人民政府、著名法学院担任过重要职务和在国际国内仲裁机构担任仲裁员的专家律师，拥有一批在国际律师组织担任重要职务并在业内有较大影响的著名律师。

地址：淮海中路300号香港新世界大厦13楼

电话：63353102

国浩律师(上海)事务所

国浩律师(上海)事务所原名上海市万国律师事务所，创建于1993年7月，是我国最早的以资本市场法律服务为主要业务的律师事务所之一，也是目前中国最大的跨地域合伙制律师事务所之一，在北京、上海、深圳、杭州、广州、昆明、天津、成都、宁波、福州、西安、南京、香港、巴黎等地设有执业机构。

国浩上海始终位于静安区，并取得了突飞猛进的发展。目前，国浩上海拥有专职律师148名，具有大学本科以上学历的有146名，其中拥有硕士、博士学位的律师近90名，具有海外学习或者工作经历者近37名。国浩上海的业务遍及证券与资本市场、公司与商业、金融与银行、国际投资、基础设施建设、知识产权、海商海事、新能源等所有经济发展的重点领域。尤其是在资本市场，国浩在境内外IPO、再融资、重大资产重组、收购兼并等综合指标上几乎每年均排名行业第一。

地址：南京西路580号南证大厦45楼

电话：52341668

上海市锦天城律师事务所

锦天城律师事务所是一家提供全方位法律服务的、全国领先的中国律师事务所，并多次被司法部、地方司法局、律师协会以及国际知名法律媒体和权威评级机构列为中国最顶尖的法律服务提供者之一，位居全国十大品牌律师事务所前列。目前已在北京、杭州、深圳、苏州、南京、成都、重庆、太原和香港设有分所。

锦天城在金融、证券、信托、投资等方面拥有丰富的经验，业绩在业界拥有较高的排名。在股票发行上市及资产重组业务方面，锦天城的市场占有率每年位居全国前列。大量的项目经验为锦天城向客户提供优质服务奠定了坚实的基础。并在长期实践中，与国内外知名的证券公司、投资银行、会计师事务所、评估师事务所保持良好的合作关系；在证券监管部门、外资管理部门、国有资产管理部门，锦天城也有着良好的声誉，并保持畅通的沟通和联系。

地址：浦东新区花园石桥路 33 号花旗集团大厦 14 楼

电话：61059000

● 瑛明律师事务所

瑛明律师事务所成立于 1998 年，是中国领先的商务律师事务所之一，并在中国内地和香港都具有从事中国法律业务的资格。自成立以来，瑛明律师事务所致力于为国内外各个行业的公司、金融机构、政府部门、中介机构等提供量身定制的法律服务，业务范围主要包括：资本市场、投资与并购、公司法、反垄断与反不正当竞争、破产、重组和清算、房地产、知识产权和争议解决。目前，瑛明所在上海、北京和香港都设有办公室，并拥有超过 90 名员工。

地址：浦东南路 528 号上海证券大厦北塔 1901 室

电话：68815499

● 北京金诚同达(上海)律师事务所

金诚同达律师事务所创立于 1992 年，目前拥有数百名律师及合伙人，是中国乃至亚洲居于领先地位的大型综合性律师事务所。2000 年金诚同达被司法部命名为“部级文明律师事务所”，2005 年被中华全国律师协会评为“全国优秀律师事务所”，2006 年被《亚洲法律事务》杂志(ALB)评选为“亚洲地区蓬勃发展中的 30 家律所”，成为中国大陆获得这一荣誉的 12 家律所之一。金诚同达总部设在北京，同时拥有上海、深圳、沈阳、西安、成都等多家分所，并与美国、欧洲多国、加拿大、澳大利亚、日本、韩国、新加坡、印度、阿根廷、南非等国家和港澳台地区的同行建立了紧密的业务合作关系。

金诚同达在诸多业务领域都已成为行业的领先者。各地区的分所与北京总所紧密合作，形成覆盖全国的网络，为客户提供广泛的法律服务，从公司、证券、金融、房地产、项目融资、基础建设、资产管理、保险、并购、税务、知识产权、反垄断，到外商投资、国际贸易、WTO 争端解决、商事仲裁诉讼等等。

地址：世纪大道 201 号渣打银行大厦 7 层

电话：60795656

上海市广发律师事务所

上海市广发律师事务所是一家致力于提供证券金融法律服务的专业机构，专业化的特色使广发所在证券金融法律服务领域更具有竞争优势。根据中国证监会统计 IPO 排名规则，广发务所近 3 年均位列全国前十、上海前三，是国内证券业务专业化程度最高的律师事务所之一。

专业化的发展模式使广发律师事务所在金融证券领域颇有建树，是为数不多的、拥有广泛声誉的中国金融证券业律师事务所。已成功为国内数十家公司提供与证券发行上市相关的法律服务，范围涵盖国内 A、B 股、新加坡红筹、香港 H 股和红筹（创业板或主板）、纳斯达克、纽约交易所上市等。

地址：世纪大道 1090 号斯米克大厦 19 楼

电话：58358014

盈科(上海)律师事务所

盈科律师事务所是一家全球化法律服务机构，总部设在中国北京，在中国内地拥有 25 家办公室，在纽约、伦敦、维罗纳、米兰、布达佩斯、圣保罗、首尔、伊斯坦布尔、华沙、墨西哥城、布鲁塞尔、特拉维夫、芝加哥、新加坡、迪拜、里斯本、马德里、莫斯科、香港分别设有办公室，盈科律师事务所有 4 000 名员工，致力于为客户提供全球商务法律服务。

证券法律业务是盈科律师事务所的核心业务领域。迄今，已为中国数百家企业的股份制改造、境内外首次发行 A 股、法人股、B 股、H 股以及上市公司配股、增发、发行可转换债券、并购与资产重组等提供优质法律服务，在证券领域居领先地位。在开展证券业务的过程中，盈科律师团队与相关中国政府监管部门，包括中国证监会、财政部、商务部、国家发展改革委员会等相关政府部门均建立了良好的工作联系；与从事投资银行业务的券商建立了良好的工作关系；与知名会计师事务所、评估师事务所建立了良好的工作关系。

地址：裕通路 100 号（恒丰路 500 号）洲际商务中心 15、16 层

电话：60561288

天健会计事务所(特殊普通合伙)

天健会计师事务所成立于 1983 年 12 月，是由一批我国资深注册会计师投资创办的全国性大型专业会计中介服务机构。现有从业人员 2 800 余人，注册会计师 1 100 人。天健拥有包括财政部和中国证监会批准的证券期货相关审计业务、中国人民银行和财政部批准的金融相关审计业务等 20 多项执业资格；同时也是国务院国有企业监事会工作办公室推荐的全国 40 家从事特大型国有企业审计的会计师事务所之一。

天健拥有30年的丰富执业经验和雄厚的专业服务能力。目前拥有包括省内外A股、B股、H股上市公司、大型国企、外商投资企业等在内的固定客户2 000多家。其中上市公司客户240家，按承办上市公司家数排名，在具有证券、期货相关执业资格的会计师事务所中，位居全国第一。

地址：长宁区天山路600弄思创大厦3号楼24层A—D座

电话：62281910

● 普华永道中天会计师事务所有限公司

普华永道会计师事务所是世界顶级的会计师事务所之一。各成员机构遍及全球158个国家和地区，有超过18万名员工，致力于在审计、税务及咨询领域提供高质量的服务。尤其在审计、首次公开募集资本、内部控制、企业重组以及合并与收购等业务中拥有丰富的经验。

目前，普华永道在北京、上海、天津、重庆、大连、西安、青岛、南京、苏州、杭州、宁波、厦门、广州、深圳、香港及澳门等地设有分支机构，拥有员工总数约13 500人，其中包括约490名合伙人。

地址：湖滨路202号普华永道中心11楼

电话：23233399

● 上海众华沪银会计师事务所有限公司

上海众华沪银会计师事务所有限公司成立于1985年9月，是中国恢复注册会计师行业后第一批成立的会计师事务所之一，发展至今，汇集了近800名优秀的专业人才，积累了大量的优质客户，是一家在国内外享有良好声誉的会计师事务所。

众华沪银是中国财政部、中国证监会和国家国有资产管理局第一批批准的可以从事证券、期货相关业务的大中型会计师事务所，已帮助近50家境内外公司进行股份制改制并挂牌上市，涉及制造、运输、IT、金融、零售、服务等多个行业。

地址：延安东路550号海洋大厦12楼

电话：63525500－860

● 上海真金创业投资管理有限公司

上海真金创业投资管理有限公司是一家由上海现代服务业联合会和上海浦东科技投资有限公司发起募集、上海市发改委创投引导基金出资支持的创业投资基金。基金的出资人包括上海创投、浦东科投、国盛集团、浦东文化传媒、北京中交通华及一些成功的民营企业家等。基金主要投向以高技术服务业为先导的产业，包括信息技术、健康医疗、先进制造、新材料等，具备完全市场化的投资管理、投资决策、交易及退出机制。真金投资管理资产近6亿元，稳定的管理团队由一批经验丰富的专业人士组成，具备丰富的行业背景以及投资和企业管理经验，能为基金投资的企业提供积极有益的帮助。真金投资依托政府、行业协会和基金出资人的有力支持，形成了自己特有的企业文化，倡导在投资人和企业家之间建立相互尊重和信任的合作伙伴关系，共享基金的资源网络。

地址：福山路 388 号宏嘉大厦 2105 室

电话：50663708

● 上海中企汇投资有限公司

上海中企汇投资有限公司于 1996 年 7 月在上海注册成立，主要从事资产管理、投资、投资咨询和企业投资管理等业务，是上海股权托管交易中心第 29 号推荐机构会员。公司拥有财务、法律、行业分析师等专业人员，运用专业的团队力量和产业领域积累的经验，先后从事过不同领域多家企业的尽职调查、公司改制和投资。且在多年的业务合作中，已与银行、证券、信托等金融机构和私募基金、创业投资公司、小额贷款公司、担保公司、会计师事务所、律师事务所和评估师事务所等专业机构建立了良好的合作关系和战略同盟。

目前，中企汇与上海市的部分高新园区、行业协会建立了战略合作伙伴关系，与其他中介机构一起共同创建了一个小微企业金融生态园，为小微企业提供一揽子的金融服务，包括但不限于公司改制、融资贷款、法律会计、挂牌上市等咨询和服务。

地址：常熟路 113 弄 6 号创艺大厦 2 层

电话：34613786－8010

● 上海荣正投资咨询有限公司

上海荣正投资咨询有限公司创立于 1998 年 7 月，是一家以国际规范的投资银行之理念与结构组建的股份化、知识型并向合伙人制发展的智力密集型企业。是中国证监会授予的证券投资咨询从业资格机构、中国证券业协会会员、投资银行专业委员会委员单位。

荣正咨询围绕资本市场的金融创新，从事非承销（公募融资）类投资银行业务和人力资本业务，一直致力于"人力资本上市"的研究与咨询，是国内唯一专注于股权激励交叉学科细分领域的证券投资咨询机构。目前，"荣正咨询"担任独立财务顾问的已公告股权激励的上市公司已有 80 多家，总体市场占有率近 20%，遥遥领先于同行业其他中介机构，其中，创业板客户占有率接近 35%。

地址：新华路 639 号院 E 座洋房

电话：52588686

● 上海朗程投资管理有限公司

上海朗程资本成立于 2005 年，是中国首批本土专业品牌股权投资机构之一。公司始终践行"投资+服务"的专业投资理念，专注于中国民营拟上市中小企业股权投资，为中国长三角地区乃至全国多家中小型企业提供发展资金，并协助企业规范公司治理结构，共同参与发展战略决策，改善企业管理水平，提高财务绩效，策划上市，为企业提供包括资金在内的有价值资源的有效整合。

朗程资本自成立以来，受托管理了由紫江集团发起设立的紫晨投资基金在内的三期基金，并设立项目合伙企业10余家，管理资产近20亿元，是国内本土股权投资机构中以投资成功率著称的业绩佼佼者。

地址：虹梅路3900弄6号3—4层

电话：62951100

● 昆吾九鼎投资管理有限公司

昆吾九鼎投资管理有限公司是在国家发展与改革委员会和中国证券投资基金业协会备案登记的专注于股权投资及管理的专业机构，是中国投资协会股权和创业投资专业委员会副会长单位。在中国股权投资第三方研究机构清科集团的中国私募股权投资机构综合排名中，九鼎投资在2011年、2012年连续2年位居"中国私募股权投资机构50强"第一名，获评"中国最佳私募股权投资机构"。

九鼎投资总部位于北京，在全国50个地区设有分支机构或派驻专业人员，管理了多只人民币基金和一只美元基金。九鼎投资在消费、服务、医药医疗、农业、装备、材料、矿业、节能环保等领域均有专业的投资团队进行长期研究、跟踪，并有大量的成长期和成熟期企业的投资案例。目前，九鼎投资累计投资企业超过100家，其中已上市企业及处于上市在审企业60余家。

地址：源深路1088号葛洲坝大厦25层

电话：38991533

附录四　重点法律法规文件索引

表10.8　总体适用法律索引

序号	名　称	文　号	实施日期	发文机构
1	《中华人民共和国物权法》	中华人民共和国主席令第062号	2007年10月1日起实施	全国人民代表大会
2	《中华人民共和国公司法》	中华人民共和国主席令第042号	2006年1月1日起实施	全国人民代表大会常务委员会

（续表）

序号	名　称	文　号	实施日期	发文机构
3	《中华人民共和国证券法》	中华人民共和国主席令第043号	2006年1月1日起实施	全国人民代表大会常务委员会
4	《中华人民共和国个人所得税法》(2011年修订)	中华人民共和国主席令第048号	2011年6月30日起实施	全国人民代表大会常务委员会
5	《中华人民共和国企业所得税法》(2007年修订)	中华人民共和国主席令第063号	2008年1月1日起实施	全国人民代表大会

表10.9　企业上市与保荐业务相关的重要法规文件索引

序号	名　称	文　号	实施日期	发文机构
1	《关于进一步加强保荐业务监管有关问题的意见》	证监会公告[2012]4号	2012年3月15日起实施	中国证券监督管理委员会
2	《证券发行与承销管理办法》(2014年修订)	中国证券监督管理委员会令(第98号)	2014年3月21日起实施	中国证券监督管理委员会
3	《中国证监会关于进一步推进新股发行体制改革的意见》	证监会公告[2013]42号	2013年11月30日	中国证券监督管理委员会
4	《发行证券的公司信息披露内容与格式准则第27号——发行保荐书和发行保荐工作报告》	证监会公告[2009]4号	2009年4月1日起实施	中国证券监督管理委员会
5	《证券发行上市保荐业务工作底稿指引》	证监会公告[2009]5号	2009年4月1日起实施	中国证券监督管理委员会
6	《关于进一步提高首次公开发行股票公司财务信息披露质量有关问题的意见》	证监会公告[2012]14号	2012年5月23日	中国证券监督管理委员会
7	《关于首次公开发行股票并上市公司招股说明书财务报告审计截止日后主要财务信息及经营状况信息披露指引》	证监会公告[2013]45号	2013年12月6日	中国证券监督管理委员会

（续表）

序号	名　称	文　号	实施日期	发文机构
8	《关于首次公开发行股票并上市公司招股说明书中与盈利能力相关的信息披露指引》	证监会公告[2013]46号	2013年12月6日	中国证券监督管理委员会
9	《深圳证券交易所上市公司保荐工作指引》(2014年修订)	深证上[2014]387号	2014年10月24日实施	深圳证券交易所
10	《公开发行证券的公司信息披露解释性公告第1号——非经常性损益》	中国证券监督管理委员会公告[2008]43号	2008年12月1日起实施	中国证券监督管理委员会
11	《首次公开发行股票并上市管理办法》第十二条"发行人最近3年内主营业务没有发生重大变化"的适用意见——证券期货法律适用意见第3号	中国证券监督管理委员会公告[2008]22号	2008年5月19日起实施	中国证券监督管理委员会
12	《首次公开发行股票并上市管理办法》第十二条"实际控制人没有发生变更"的理解和适用——证券期货法律适用意见第1号	证监法律字[2007]15号	2007年11月25日实施	中国证券监督管理委员会
13	《深圳证券交易所首次公开发行股票发行与上市指南》(2013年修订)		2013年1月28日起实施	深圳证券交易所
14	《深圳证券交易所股票上市公告书内容与格式指引(2013年修订)》	深证上[2013]475号	2013年12月30日起实施	深圳证券交易所

表 10.10　企业引进战略投资者进行私募的相关法规文件索引

序号	名　称	文　号	实施日期	发文机构
1	《关于外国投资者并购境内企业的规定》(2009 年修订)	中华人民共和国商务部、国务院国有资产监督管理委员会、国家税务总局、国家工商行政管理总局、中国证券监督管理委员会、国家外汇管理局令 2006 年第 10 号	2006 年 9 月 8 日起实施	中华人民共和国商务部、国务院国有资产监督管理委员会、国家税务总局、国家工商行政管理总局、中国证券监督管理委员会、国家外汇管理局
		中华人民共和国商务部令 2009 年第 6 号	2009 年 6 月 22 日起实施	商务部
2	《关于上市公司涉及外商投资有关问题的若干意见》	外经贸部资发[2001]538 号	2001 年 10 月 8 日起实施	对外贸易与经济合作部、中国证券监督管理委员会
3	中国证监会、科技部关于印发《关于支持科技成果出资入股确认股权的指导意见》的通知	证监发[2012]87 号	2012 年 11 月 15 日起实施	科学技术部/中国证券监督管理委员会

表 10.11　企业改制上市税收问题的相关重要法规文件索引

序号	名　称	文　号	实施日期	发文机构
1	《征收个人所得税若干问题的规定》	国税发[1994]89 号	1994 年 4 月 1 日起实施	国家税务总局
2	《国家税务总局公告 2011 年第 46 号——国家税务总局关于贯彻执行修改后的个人所得税法有关问题的公告》	国家税务总局公告 2011 年第 46 号	2011 年 9 月 1 日起实施	国家税务总局
3	《国家税务总局关于股份制企业转增股本和派发红股征免个人所得税的通知》	国税发[1997]198 号	1997 年 12 月 25 日起实施	国家税务总局
4	《国家税务总局关于盈余公积金转增注册资本征收个人所得税问题的批复》	国税函[1998]333 号	1998 年 6 月 4 日起实施	国家税务总局
5	《财政部、国家税务总局关于股权转让有关营业税问题的通知》	财税[2002]191 号	2003 年 1 月 1 日起实施	财政部/国家税务总局

（续表）

序号	名 称	文 号	实施日期	发文机构
6	《土地增值税暂行条例》	中华人民共和国国务院令第138号	1994年1月1日起实施	国务院
7	《财政部、国家税务总局关于土地增值税一些具体问题规定的通知》	财税[1995]48号	1995年5月25日起实施	财政部/国家税务总局
8	《中华人民共和国税收征收管理法实施细则》(2012年修订)	中华人民共和国国务院令第628号	2002年10月15日起实施	国务院
9	《关于推进经济发展方式转变和产业结构调整的若干政策意见》	沪府办发[2008]38号	2008年8月23日起实施	上海市财政局、上海市发展和改革委员会、上海市经济委员会、上海市地方税务局和上海市对外经济贸易委员会
10	《关于企业所得税应纳税所得额若干税务处理问题的公告》	国家税务总局公告(2012年第15号)	2011年1月1日实施	国家税务总局
11	《国家税务总局关于企业所得税核定征收有关问题的公告》	国家税务总局公告(2012年第27号)	2012年1月1日实施	国家税务总局

表10.12 国内主板、中小企业板上市相关法规文件索引

序号	名 称	文 号	实施日期	发文机构
1	《首次公开发行股票并上市管理办法》	中国证券监督管理委员会令第32号	2006年5月18日起实施	中国证券监督管理委员会
2	《公开发行证券的公司信息披露内容与格式准则第9号——首次公开发行股票并上市申请文件》(2006年修订)	证监发行字[2006]6号	2006年5月18日起实施	中国证券监督管理委员会
3	《公开发行证券的公司信息披露内容与格式准则第1号——招股说明书》(2006年修订)	证监发行字[2006]5号	2006年5月18日起实施	中国证券监督管理委员会
4	《上海证券交易所发行上市业务指引》	2013年修订	2013年12月27日	上海证券交易所

（续表）

序号	名　称	文　号	实施日期	发文机构
5	《上海证券交易所上市审核实施细则》	上证发[2013]28 号	2013 年 12 月 27 日	上海证券交易所
6	《深圳证券交易所首次公开发行股票发行与上市指南》		2014 年 5 月 9 日	深圳证券交易所
7	《中小企业板块上市公司特别规定》	深证会[2004]93 号	2004 年 5 月 21 日起实施	深圳证券交易所

表 10.13　国内创业板上市相关法规文件索引

序号	名　称	文　号	实施日期	发文机构
1	《首次公开发行股票并在创业板上市管理办法》	中国证券监督管理委员会令第 99 号	2014 年 5 月 14 日起实施	中国证券监督管理委员会
2	《创业板上市公司证券发行管理暂行办法》	中国证券监督管理委员会令第 100 号	2014 年 5 月 14 日起实施	中国证券监督管理委员会
3	《公开发行证券的公司信息披露内容与格式准则第 28 号——创业板公司招股说明书》(2014 年修订)	中国证券监督管理委员会公告([2014] 28 号)	2014 年 6 月 11 日起实施	中国证券监督管理委员会
4	《公开发行证券的公司信息披露内容与格式准则第 29 号——首次公开发行股票并在创业板上市申请文件》(2014 年修订)	中国证券监督管理委员会公告([2014] 29 号)	2014 年 6 月 11 日起实施	中国证券监督管理委员会
5	《公开发行证券的公司信息披露内容与格式准则第 30 号——创业板上市公司年度报告的内容与格式》(2012 年修订)	中国证券监督管理委员会公告([2012] 43 号)	2013 年 1 月 1 日起实施	中国证券监督管理委员会
6	《公开发行证券的公司信息披露内容与格式准则第 31 号——创业板上市公司半年度报告的内容与格式》(2013 年修订)	中国证券监督管理委员会公告([2013] 29 号)	2013 年 6 月 28 日起实施	中国证券监督管理委员会
7	《深圳证券交易所创业板市场投资者适当性管理实施办法》	深证发[2009]17 号	2009 年 7 月 15 日起实施	深圳证券交易所
8	《创业板市场投资者适当性管理业务操作指南》		2009 年 7 月 2 日起实施	深圳证券交易所

表 10.14 “新三板”挂牌相关法规文件索引

序号	名称	文号	实施日期	发文机构
1	《国务院关于全国中小企业股份转让系统有关问题的决定》	国发[2013]49 号	2013 年 12 月 13 日	国务院
2	关于修改《非上市公众公司监督管理办法》的决定	中国证券监督管理委员会令第 96 号	2013 年 12 月 26 日	中国证券监督管理委员会
3	《非上市公众公司信息披露内容与格式准则第 1 号——公开转让说明书》	中国证券监督管理委员会公告[2013]50 号	2013 年 12 月 26 日	中国证券监督管理委员会
4	《非上市公众公司信息披露内容与格式准则第 2 号——公开转让股票申请文件》	中国证券监督管理委员会公告[2013]51 号	2013 年 12 月 26 日	中国证券监督管理委员会
5	《全国中小企业股份转让系统股票挂牌业务操作指南(试行)》(2014 年修订)	股转系统公告[2014]118 号	2015 年 1 月 12 日	全国中小企业股份转让系统有限责任公司
6	《全国中小企业股份转让系统业务规则(试行)》	股转系统公告[2013]40 号	2013 年 12 月 30 日	全国中小企业股份转让系统有限责任公司
7	《全国中小企业股份转让系统公开转让说明书内容与格式指引(试行)》	股转系统公告[2013]42 号	2013 年 12 月 30 日	全国中小企业股份转让系统有限责任公司
8	《全国中小企业股份转让系统挂牌申请文件内容与格式指引(试行)》	股转系统公告[2013]43 号	2013 年 12 月 30 日	全国中小企业股份转让系统有限责任公司
9	《全国中小企业股份转让系统股票发行业务细则(试行)》	股转系统公告[2013]49 号	2013 年 12 月 30 日	全国中小企业股份转让系统有限责任公司
10	《全国中小企业股份转让系统股票发行业务指引第 1 号——备案文件的内容与格式(试行)》	股转系统公告[2013]50 号	2013 年 12 月 30 日	全国中小企业股份转让系统有限责任公司

表 10.15 公司治理相关法规文件索引

序号	名称	文号	实施日期	发文机构
1	《上市公司治理准则》	证监发[2002]1 号	2002 年 1 月 7 日起实施	中国证券监督管理委员会、国家经济贸易委员会

（续表）

序号	名　称	文　号	实施日期	发文机构
2	《上市公司章程指引》（2014年修订）	中国证券监督管理委员会公告［2014］47号	2014年10月20日起实施	中国证券监督管理委员会
3	《深圳证券交易所交易规则》（2013年修订）	深证会［2013］135号	2013年8月5日起实施	深圳证券交易所
4	《深圳证券交易所股票上市规则（2014年修订）》	深证上［2014］378号	2014年11月16日起实施	深圳证券交易所
5	《深圳证券交易所中小企业板上市公司规范运作指引》	深证上［2010］243号	2010年9月1日起实施	深圳证券交易所
6	《深圳证券交易所创业板股票上市规则》（2014年修订）	深证上［2014］378号	2014年11月16日起实施	深圳证券交易所
7	《深圳证券交易所创业板上市公司规范运作指引》	深证上［2009］106号	2009年10月15日起实施	深圳证券交易所
8	《上市公司股东大会规则》	中国证券监督管理委员会公告［2014］46号	2014年10月20日起实施	中国证券监督管理委员会
9	《关于规范上市公司对外担保行为的通知》	证监发［2005］120号	2006年1月1日起实施	中国证券监督管理委员会、中国银行业监督管理委员会
10	《关于规范上市公司与关联方资金往来及上市公司对外担保若干问题的通知》	证监发［2003］56号	2003年8月28日起实施	中国证券监督管理委员会、国务院国有资产监督管理委员会
11	《上海证券交易所上市公司关联交易实施指引》（仅做参考）	上证公字［2011］5号	2011年5月1日起实施	上海证券交易所
12	《中国证券监督管理委员会公告［2012］44号——上市公司监管指引第2号——上市公司募集资金管理和使用的监管要求》	中国证券监督管理委员会公告［2012］44号	2012年12月9日起实施	中国证券监督管理委员会
13	《中国证券监督管理委员会关于修改上市公司现金分红若干规定的决定》	中国证券监督管理委员会令第57号	2008年10月9日起实施	中国证券监督管理委员会
14	《中国证券监督管理委员会关于进一步落实上市公司现金分红有关事项的通知》	证监发［2012］37号	2012年5月4日起实施	中国证券监督管理委员会

（续表）

序号	名　称	文　号	实施日期	发文机构
15	中国证监会发行监管部、创业板发行监管部、会计部关于做好首次公开发行股票公司2012年度财务报告专项检查工作的通知	发行监管函［2012］551号	2012年12月28日起实施	中国证券监督管理委员会

表10.16　境外证券市场上市相关法规文件索引

序号	名　称	文　号	实施日期	发文机构
1	《国家外汇管理局关于境内居民通过境外特殊目的公司融资及返程投资外汇管理有关问题的通知》	汇发［2005］75号	2005年11月1日起实施	国家外汇管理局
2	国家外汇管理局关于印发《境内居民通过境外特殊目的公司融资及返程投资外汇管理操作规程》的通知	汇发［2011］19号	2011年7月1日起实施	国家外汇管理局
3	《外商投资项目核准暂行管理办法》	中华人民共和国国家发展和改革委员会令第22号	2004年10月9日起实施	中华人民共和国国家发展和改革委员会
4	《关于规范境内上市公司所属企业到境外上市有关问题的通知》	证监发［2004］67号	2004年7月21日起实施	中国证券监督管理委员会
5	《国务院关于进一步加强在境外发行股票和上市管理的通知》	国发［1997］21号	1997年6月20日起实施	国务院
6	《关于到香港上市公司对公司章程作补充修改的意见的函》	证监海函［1995］1号	1995年4月3日起实施	中国证券监督管理委员会、国家经济体制改革委员会
7	《到境外上市公司章程必备条款》	证委发［1994］21号	1994年8月27日起实施	国务院证券委员会、国家经济体制改革委员

附录五　尽职调查内容清单

一、业务考察

1. 公司发展历史调查
1.1　部门、子公司及公司组织结构演变过程
1.2　公司过去的产品、服务及市场情况
2. 公司经营范围调查
2.1　产品/服务类别清单
2.2　公司前十大客户名单及对其销售金额
2.3　主要产品销售明细
2.4　占公司总业务80%的子公司或部门名单
3. 公司收入构成调查
3.1　公司收入来源构成明细
3.2　经常性收入占总收入的比重及来源明细
3.3　构成经常性收入来源的主要产品和服务说明
3.4　产品定价
3.5　提供维修服务的期限
3.6　与客户发生磨擦的记录
3.7　长期性主营业务与过渡性业务描述
3.8　季节性变化
3.9　周期性
4. 竞争对手/市场份额调查
4.1　产品市场规模、增长潜力及市场份额分布
4.2　公司产品的主要竞争对手名单及公司对竞争者市场份额的估计
4.3　在产品、价格、分销渠道及促销手段等方面与竞争对手的比较
5. 公司经营策略调查
5.1　产品销路与服务需求
5.2　竞争对手的规模及占有的市场份额
5.3　公司产品的需求弹性
5.4　短期及长期的风险/机会
5.5　现行策略的脆弱性
6. 产品研究开发策略调查
6.1　公司主要产品技术发展方向、研究重点及正在开发的产品和新产品清单

6.2　收购新产品的机会判断

6.3　从事开发的人力资源情况

6.4　开发项目的组织、规划管理及控制描述

6.5　新产品开发生产的质量保证及测试情况

6.6　产品技术服务与支持

6.7　产品更新换代周期

6.8　过去几年的研究开发活动

6.9　研究开发的资金需求及融资渠道，购买主要设备的需求及满足途径

6.10　公司研究开发与竞争对手的比较

6.11　公司拥有或已申请的专利与商标

7. 产品或服务的销售与促销调查

7.1　营销机构、销售队伍与销售半径

7.2　销售人员的地域分布及人数，销售队伍的素质、销售培训、市场及客户

7.3　销售能力：推销员人均销售收入、报酬结构、账户范围、经验与培训

7.4　销售程序

7.5　分销渠道、配套市场，直销、分销商与代理商数量与分布

7.6　代理销售协议范本(代销条件)

7.7　广告与促销手段

7.8　存在的主要问题说明

二、生产过程与生产设施

1. 生产设施调查

1.1　设施与用地说明

1.2　设施布局与环境状况

1.3　重要设备新旧程度、维修维护情况、建造成本及净值可变说明

1.4　设施所有权：拥有还是租赁？租赁条件是什么？

1.5　受区域划分法之建筑规约的限制

1.6　设施维修保养的资本化与折旧政策

2. 生产过程调查

2.1　生产原料及辅助材料说明

2.2　生产流程介绍

2.3　独有的生产工艺设施及工艺技术说明

3. 质量保证情况调查

3.1　产品或服务质量保证计划

3.2　历史退货率记录

3.3　产品质量测试程序、测试设备及测试人员素质

4. 生产过程中的环保问题调查

4.1　目前与潜在的环保问题评估

4.2　目前已完成的测试及相应的改进措施、改制效果

4.3　面临经费问题估计

4.4　保险情况

三、公司财务

1. 历史财务报表分析与考查

1.1　损益表

A. 营业收入确认政策，收入分部门、分地区分布情况

B. 利润构成考查

C. 产品销售成本构成：直接材料、直接人工与制造费用

D. 管理费用、财务费用和销售费用明细及间接费用分配政策

E. 公司主要会计政策与会计估计说明（如折旧政策、成本核算方法、坏账准备计提、投资跌价损失准备、利息资本化政策、外币折算政策）等

F. 公司利润分配政策及历年利润分配情况说明

G. 税率和面临的赋税负担

1.2　现金流量表与融资

A. 现金收入与构成

B. 现金支出与构成

C. 折旧与摊销政策及折旧与摊销金额

D. 资本支出与营运资金支出

E. 自由现金流量、融资需求与融资额

1.3　资产负债表

A. 考查核实现金及现金等价物余额及本期变动情况

B. 存货明细（原料、在制品、成品等）及存货可变现资值考查，存货管理办法及管理效果，存货账面值与盘点记录比较

C. 应收款明细及相关管理措施：账目集中、欠款追讨、质量、准备金、疑问账目、注销记录、追索、过期账目、账龄分析、应收款政策等

D. 固定资产明细、历史成本与可变现价值、折旧政策等

E. 长期投资明细及长期投资管理办法

F. 银行长短期借款明细

G. 应付债券明细

H. 其他负债及备付科目考查：递延负债、预付及应收未付账项、现有合同中的保证及责任、准备金及客户赔偿金

I. 资产负债表外的资产（合资、少数投资、风险投资）与负债情况说明

J. 或有负债说明

1.4 合并财务报表考查

1.5 积压未交订货摘要(拨款与未拨款)

1.6 主要合同摘要

2. 未来5年财务预测

2.1 公司业务计划、主要客户摘要及主要业务部门资料(未来5年)

2.2 损益表预测

从销售出发,考查预测数据并评价预测假设。合并财务报表(未来5年)

2.3 现金流量表预测

主要考查投资需求、资本支出维持水平、计划资本支出、计划折旧和摊销时间表、账面和课税折旧及摊销预测、账面和课税资产寿命、融资需求、产生净现金的能力

2.4 资产负债表预测

主要考查各主要账户的估计变动、固定资产变动、负债、流动负债变动情况及变动的合理性,与销售和损益的对照

3. 财务会计组织、管理与控制考查

3.1 数据处理设施

3.2 财务申报结构(资料的收集与传播)

3.3 政府规定的会计程序

3.4 审计人员(内部与外部)

3.5 会计控制

3.6 现金管理制度

四、公司组织与管理

1. 组织

1.1 公司与业务部门组织结构图

1.2 公司上下级关系描述

1.3 子公司所有权、少数投资及合资企业

2. 管理层

2.1 主要管理与技术人员简历

2.2 管理人员酬金与雇佣合约

3. 员工

3.1 部门、地域、设施人员分布状况

3.2 工人技术状况

3.3 劳动力统计(年龄、教育程度、工资水平)

3.4 人事政策及程序手册,劳资关系

3.5 人员流动统计

3.6 罢工记录

3.7 对具体关键人员的依赖程度描述

4. 报酬结构

4.1 薪金制与计时工

4.2 奖励计划(资金、股权与期权安排、储蓄计划等)

4.3 退休与养老金计划(描述及资金提供状况)

五、其他相关情况调查

1. 专利/许可证/商标
2. 诉讼:可能影响公司业务的法规方面的未决变化
3. 与政府监管部门的情况及所需的批准概况
4. 保险单、承保水平及未清索赔摘要
5. 税务审计情况(在美国,包括部门/子公司的课税标准及过年的税单)
6. 最新股东名单及股数
7. 期权持有人名单及股权控制变化时其他股票/"金保护伞"领受者
8. 公司章程及附则(或同类文件)
9. 公司营业执照及其他注册登记文件
10. 银行贷款协议:股权控制变动条款
11. 审计师的处理文书
12. 过去的收购与公司分拆情况摘要
13. 未了结的合同关系
14. 国际经营:子公司结构、分销协议、销往国际市场的产品国际设施、销售队伍及促销安排、外汇问题与会计处理、外国税务情况、外国竞争的性质
15. 其他资产:闲置土地、营业净额
16. 非经营项目及中断的营业
17. 保险事项